Jean-Claude Ferniot

Le Natufacturing

*Lois et principes qui régissent la Nature :
un modèle optimal pour le pilotage
de l'Entreprise*

Édition : BoD – Books on Demand, info@bod.fr
Impression : BoD – Books on Demand, In de
Tarpen 42, Norderstedt (Allemagne)
Impression à la demande

ISBN : 978-2-3225-4069-3

Dépôt légal : Juin 2024

Table des matières

Table des figures

Avant-propos

À 10 ans, je me suis perdu dans la forêt avec ma sœur Florence, de 3 ans mon aînée. On y cherchait des champignons. Quel souvenir ! Après nous avoir retrouvés en pleurs à la nuit tombée sur la petite route du Grand-Bois, les gendarmes et les voisins partis avec mon père à notre recherche avaient été conviés à partager une immense omelette aux pommes de terre maison. Le lendemain, j'étais l'attraction de ma classe.

Depuis ce jour, les sentiers de notre royaume d'enfants n'eurent plus de secrets pour moi. Tel Robinson sur son île, nous construisions des forteresses dans la canopée à l'épreuve d'animaux fantastiques, du déluge et, surtout, de nos ennemis jurés : les avortons du village voisin.

La Guerre des boutons[1] était une immense farce, pour nous les durs de durs qui nous entraînions à manier le glaive en bois et le bouclier (un couvercle de poubelle) contre le clan rival situé à moins d'une lieue. À l'aide d'un vieux canif soigneusement aiguisé sur la meule en pierre de l'écurie, les torches de noisetiers nous fournissaient les puissants arcs cintrés par les ficelles des bottes de foin de notre élevage de lapins. Nos meilleures flèches : les tuteurs des fleurs artificielles récupérés sur les tombes du cimetière bordé de cyprès, en haut du village.

Durant toutes ces années à grandir au lait de ferme et à explorer les granges et les clochers, je n'ai jamais vu une araignée rater sa toile, un oiseau qui ne sache pas faire son nid. Les ruches de mon père et les fourmilières, quant à elles, étaient des civilisations extraordinaires dont la coordination parfaite me rappellera plus tard la Cité Radieuse[2] du Corbusier.

---

[1] *La Guerre des boutons* est un roman français écrit par Louis Pergaud en 1912 qui retrace les querelles de deux bandes d'enfants de villages rivaux.
[2] La Cité Radieuse est une résidence édifiée à Marseille entre 1945 et 1952 par l'architecte suisse Charles-Édouard Jeanneret, dit Le Corbusier (1887-1965). À travers elle, ce dernier a voulu concrétiser une nouvelle forme de cité, un « village vertical », appelé « Unité d'Habitation ».

Les paillettes tapissant le ciel des chaudes nuits d'été m'ont rapidement fasciné. Je leur parlais, elles me répondaient à travers ma première revue : *Ciel & Espace*. Et de comprendre finalement que l'organisation de ce patchwork incandescent en permanente évolution n'était pas anarchique ; qu'il existait des constantes dans la forme des galaxies, la course des étoiles ou des planètes qui les composent.

L'infiniment petit me montrera plus tard le même visage, avec d'autres forces mises en jeu.

Entre ces deux extrêmes, j'ouvrais petit à petit mes yeux sur notre monde biologique en perpétuelle mutation. Autant de diversités d'espèces que d'homologies dans la construction des différentes branches de la vie, héritage des principes communs de développement des cellules.

L'Homme a démontré une capacité de réflexion et d'analyse unique dans le règne animal et, fort de cela, il a cherché à comprendre ces similitudes et à rassembler ses observations sous un formalisme scientifique.

Grâce aux sciences, nous sommes non seulement capables d'expliquer le monde tel qu'il est, mais aussi d'en prévoir l'évolution ; de savoir pourquoi l'eau peut être un solide, un liquide ou un gaz selon les niveaux de pression et de température du milieu.

Les sciences physiques et la biologie présentent la particularité d'être mesurables par les mathématiques et donc sujettes à une interprétation objective. Il n'en est pas de même pour la philosophie, la psychologie ou d'autres sciences humaines dont les divers courants témoignent d'autant de postulats de base différents.

Dans quelle catégorie doit-on classer l'organisation d'entreprise ? Les sciences expérimentales ou les sciences humaines ?

Il existe aujourd'hui beaucoup d'écrits sur l'organisation et la gestion d'entreprise. De nombreux thèmes y sont traités : la gestion de projet, la stratégie de développement, la chaîne logistique, la qualité totale, la gestion de production, le développement durable, etc. Différentes méthodes d'organisation ou d'analyse y sont détaillées, reprises par la plupart des sociétés de conseil très prisées des grands groupes, avec pour but le même résultat exemplaire : l'Entreprise Idéale. La pertinence des solutions proposées est à la mesure de l'offre pléthorique. Les projets d'optimisation sont pris en charge par un département « Amélioration Continue » dont le rôle consiste à déployer les mêmes chantiers dans différents secteurs de l'entreprise selon une approche thématique, réductionniste, par opposition à une réflexion plus globale.

On connaît les limites d'une médecine qui soignerait seulement les manifestations locales du mal et ne traiterait pas sa cause profonde dont les contours ne sont d'ailleurs pas toujours très distincts. En raison du caractère holistique de l'organisation des êtres vivants, des intrications mutuelles des différents organes, la recherche de l'origine de la pathologie est l'exercice le plus difficile : faire le bon diagnostic. Ensuite seulement peut-on déterminer le traitement approprié. Cela nécessite parfois du temps et surtout une implication du patient qui détient souvent une grande partie de la solution dans la connaissance de son corps et de son comportement. Aussi, de la même façon qu'une ordonnance incompréhensible couchée sur un morceau de papier constitue l'acte curatif magique du médecin pour le patient, la délégation pleine et entière de la prise en charge des problèmes de l'entreprise à des spécialistes déresponsabilise les dirigeants de la résolution de ceux-ci. Au bout du compte, quelles que soient la valeur du médecin ou du consultant et l'efficacité à court terme du traitement, la non prise en charge de lui-même par le patient fera que le mal ressurgira tôt ou tard, c'est absolument certain. La rechute enfonce alors le doute dans l'esprit des demandeurs en déroute et, comme un soufflé peut redescendre aussi vite qu'il est monté, rares sont les chantiers d'amélioration pérennes dans les PME.

Comment y parvenir ? Comment emmener l'entrepreneur sur un chemin décisionnel juste, de manière simple et didactique, tout en lui laissant la possibilité de s'écarter du dogmatisme des solutions clé en main ?

L'Homme est tiraillé entre ce qu'il voit autour de lui : un monde vivant, riche d'une multitude d'espèces en mutation continue et la rigidité des règles de l'entreprise. L'évolution constante de l'Univers perçu néanmoins comme stable à l'échelle de temps humaine nous permet de dégager des principes d'organisation universels à l'origine de la vie. Les réponses y sont systématiques, minimalistes et immédiates par opposition aux réactions anarchiques, coûteuses et asynchrones des organisations humaines. Ces mêmes règles régulent le fonctionnement de notre planète depuis plus de 4,5 milliards d'années. Ce recul suffisant nous autorise à leur faire confiance et à nous en inspirer. Le travail le plus important est alors de les identifier, de les comprendre pour enfin les appliquer dans le monde de l'Entreprise. Ce n'est pas un exercice si difficile, dans la mesure où la Nature constitue une référence vers laquelle nous pouvons nous tourner à chaque instant.

Ainsi, contrairement à l'idée que l'on s'en fait, la gestion d'Entreprise n'est pas une science complexe uniquement réservée à des spécialistes. Je souhaite ici rassurer les patrons de PME des pays à fort coût de main-d'œuvre que le succès est entre leurs mains et que le modèle naturel leur met à disposition des solutions optimales pour les aider à relever rapidement leurs défis, de manière durable.

Ce *Natufacturing*, démarche qui consiste à étendre des principes fondamentaux issus de l'observation de la Nature dans le monde des Hommes, est extrêmement puissant.
Quels sont ces principes ? Comment les appliquer pour piloter simplement le développement de nos entreprises tout en les rendant plus efficaces ?
Quels liens sous-jacents existent entre le Natufacturing et les différents outils dispensés par les professionnels de l'amélioration ?

L'écriture de cet ouvrage n'était pas un projet en soi. Issue d'un processus continu, sur la base des notes prises au cours de mon parcours de vie, de mes études et de ma saga industrielle confrontée à mon intérêt pour les sciences, elle s'est, comme un organisme vivant, construite au fil du temps.
L'idée majeure qui en émane est de proposer une approche naturelle de réflexion qui peut s'adapter à toute situation et dans divers domaines opérationnels. La gestion d'entreprise en fait partie, au même titre que les sciences expérimentales.

Je me suis attaché à traiter la plupart des thèmes de la manière la plus simple et la plus concise possible, en m'affranchissant des lourdeurs mathématiques.

J'espère vous rencontrer à travers ces lignes.

Introduction

Depuis l'origine de l'humanité jusqu'à l'ère industrielle, l'Homme a puisé les ressources indispensables à sa subsistance dans son habitat naturel ; que ce soit les matériaux nécessaires à son habitation, son alimentation ou encore ses sources d'énergie. En raison des différences de climat et de topographie du milieu, émergèrent d'innombrables peuples éclatés en tribus, synonymes d'autant de langages et de modes de vie distincts. Peu à peu, le développement des moyens de communication et les conquêtes territoriales successives ont permis la transmission des sciences et de la culture, favorisant ainsi la mixité, pour finalement « standardiser » les modes de vie au sein d'un État devenu Nation.

Avec la révolution informatique des années 80 et l'explosion d'Internet pour le grand public, le phénomène s'est accéléré pour traverser les frontières des continents. Aujourd'hui, l'Homme voyage virtuellement à travers un écran d'ordinateur ou un smartphone et n'a plus besoin de se déplacer physiquement pour échanger. On parle de réseaux, de communautés virtuelles. La coutume est au partage et à l'échange d'une cohorte d'informations publiques ou privées, si bien que l'on sait tout à chaque seconde sur l'actualité du monde et l'intimité de chaque foyer.

Si elle est une voie de développement pour des pays en pleine reconstruction économique, politique et sociale, la Mondialisation est cependant au cœur des préoccupations des populations des pays (de moins en moins) industrialisés. Le prix d'achat le plus bas possible est devenu le paramètre le plus important ; de sorte que l'on achète de plus en plus, non seulement des gadgets, mais également des biens de consommation courante fabriqués à l'autre extrémité de la planète. Même les denrées périssables sont touchées par la délocalisation : 50 % du marché mondial des tomates est aujourd'hui produit en Chine (pour les sauces italiennes…).
Ce phénomène n'est pas près de s'arrêter, pour au contraire s'accélérer jusqu'à ce qu'il se déplace un jour, naturellement, quand les critères

de choix géopolitiques et économiques seront plus intéressants sur une autre partie du globe.

Cette situation est-elle inéluctable ?
Que peut-on faire face à la fuite de la production et des services vers des horizons certes lointains, mais dont les conditions sont aujourd'hui plus favorables aux investisseurs qui cherchent à obtenir une rentabilité maximale dans les délais les plus courts ?

Pour tenter de répondre à une partie de ces questions, une nouvelle méthode de gestion des organisations a pris son essor dans la deuxième moitié du XXème siècle : le Lean Manufacturing.
Mais qu'est-ce au juste que le Lean Manufacturing ? Comment est-il apparu ? Quels sont finalement les mécanismes naturels mis en jeu derrière cette appellation et comment l'intégrer dans le concept plus global du *Natufacturing*, au-delà de ce qui est enseigné aujourd'hui ?

Nous aborderons alors quelques lois et principes physiques universels et montrerons comment ceux-ci sont appliqués dans les organisations vivantes. Nous en déduirons les notions de chaîne de valeur, de flux, de goulot et de gaspillage que nous appliquerons au monde des bipèdes, et à l'Entreprise en particulier.
En cours de chemin, nous présenterons une méthode simple et efficace d'ordonnancement développée par l'auteur dans le cadre de ses réflexions : la méthode CROM.
Enfin, dans la dernière partie de l'ouvrage, nous verrons comment le Natufacturing peut nous amener à repenser notre approche traditionnelle de la Maîtrise Statistique des Procédés pour la muter en méthode de Compliance De Classes.

Prenons encore un peu de hauteur. Ce modèle aux vertus tentaculaires ne s'arrête pas aux portes de l'Entreprise. Bien au contraire. Puisant ses fondements au cœur de la Nature, il éclaire la route de l'Homme qui se veut responsable et respectueux de son environnement. Son déploiement dans nos structures industrielles étant certainement la meilleure interface pour initier le formatage à ce nouveau courant de pensée.

De nombreux exemples concrets issus d'une longue expérience vécue sur le terrain illustrent les notions théoriques abordées. Des résultats remarquables tant par leur ampleur que par leur facilité et rapidité de mise en place montrent de façon objective que tout manager a les moyens à disposition pour faire de son entreprise un modèle stable et performant et que **la crise, qu'elle soit économique ou environnementale, n'est pas une fatalité, mais une opportunité pour devenir plus fort.**

Chapitre 1
Le Lean Manufacturing

Ma première immersion dans le monde du travail fut comme un saut en pleine mer depuis un hélicoptère. Après des études en microtechniques, j'eus la chance d'être recruté par une prestigieuse manufacture chaux-de-fonnière de micromoteurs, dans laquelle j'avais préalablement effectué mon projet de fin d'études d'ingénieur. L'entreprise avait depuis peu été rachetée par un grand groupe industriel américain, pionnier du Lean Management, dans le sillage de Toyota. Pendant les dix années à venir, j'allais être baigné dans cette culture du *Just in Time* et de la chasse aux gaspillages, aiguillonné par des Sensei japonais toujours avares en félicitations.

Mais pour l'heure, j'allais rejoindre mon ancien maître de stage dans la division Innovation du département Recherche et Développement. Bardé de diplômes et luisant d'arrogance, j'étais bien déterminé à ne faire qu'une bouchée du premier problème corsé que celui-ci me réservait : l'optimisation du rendement d'un moteur brushless à aimant disque de nouvelle génération, la future spécialité maison. Sauf que ça ne s'est pas tout à fait déroulé comme ça…

Comme les autres avant moi, je suais sur mes équations et simulations numériques depuis deux mois, tandis qu'à mon grand désespoir et au grand bonheur de mes collègues, la pierre d'achoppement ne se laissait décidément pas franchir.

C'est alors que me revinrent en mémoire les discussions passionnantes que j'avais eues, gamin, avec les paysans de mon village dont le bon sens poétique m'avait toujours fasciné. Brûlé d'impatience, je descendis quatre étages pour rejoindre le deuxième bâtiment où se situaient l'atelier Mécanique et la douzaine de prototypistes. Ces derniers étaient choisis parmi les meilleurs, des orfèvres du tour 102 et de la fraiseuse, la crème de la crème. Un peu intimidé de pénétrer dans cet antre des blouses bleues, on m'orienta rapidement vers le responsable, un type au demeurant charmant. Nous fîmes le tour de l'atelier, des machines et de l'équipe, pendant que je faisais mine de tout comprendre à ce que l'on me racontait.

« Voilà, lui c'est André, vous travaillerez ensemble, il est rattaché à votre département. Te laisse pas faire, c'est une tête dure de Jurassien ! »

Cette entrée en matière eut au moins le mérite de tous nous faire rire et de me détendre un peu.

« Salut, vu qu'on va travailler ensemble, dorénavant moi c'est Dédé ! »

Il me tendit une paluche rêche comme une râpe à fromage que j'eus du mal à saisir. À partir de ce jour, nous serons inséparables.

Cinq semaines plus tard, j'entrais en gonflant le torse dans le bureau du directeur accompagné de mon chef. Les problèmes chroniques de consommation électrique étaient enfin résolus et le cahier des charges concernant le couple moteur parfaitement rempli.

Ce succès fut mon laissez-passer à travers l'usine et allait rapidement m'ouvrir d'autres champs d'investigation. Cependant, je savais, et je sais toujours aujourd'hui en écrivant ces lignes, à qui je devais tout ça. L'avant-veille, l'incroyable Dédé, avec ses mots bien à lui magnifiquement choisis, m'avait fait comprendre, alors qu'il faisait tourner l'actionneur à la main, que la séquence des pas magnétiques n'était pas tout à fait normale. Il ressentait comme un régime discontinu, saccadé, par rapport à une rotation plus fluide intuitivement moins énergivore. J'étais resté jusqu'à minuit sur mon ordinateur pour simuler l'idée que le bon sens de mon désormais compagnon m'avait suggérée. Le lendemain, je l'avais attendu à 6h00 pour modifier ensemble la forme des tôles du circuit magnétique et nous avions remonté la bête jusqu'à la nuit tombée. Après les premiers résultats affichés sur l'oscilloscope, je ne tenais plus en place. J'aurais voulu soulever le moustachu débonnaire qui m'avait depuis plus d'un mois accompagné dans ma galère.

« C'est bien p'tit, j'suis content pour toi, tu me paieras une bière demain pour fêter ça ! Maintenant faut que je file à la maison, j'ai un métier ! »

Ce soir-là, au volant de ma guimbarde pour rejoindre mon petit appartement, commencèrent à se planter dans mon esprit les premières graines qui changeront plus tard ma vision du Monde, et, avant celui-ci, celle du Lean Manufacturing.

1. Définition[3]

Le Lean Manufacturing (ou production « maigre, allégée ») est un système de gestion de la production et de développement de produits, basé sur la recherche de la performance (Qualité, Délais, Coûts), grâce à l'amélioration continue et la suppression des gaspillages.

La formulation sur le terrain assimilée à cette définition se traduit généralement par un catalogue de solutions et d'outils standards (5S, VSM, SW, TPM, SMED, etc.) spécifiques à chaque domaine ou département de l'entreprise.

Je considère cette définition toutefois réductrice car la notion de **Lean Manufacturing** intègre finalement beaucoup plus de choses qui nous permettent d'en faire une lecture plus globale. Il s'agit surtout **d'une philosophie dont le principe est de répondre efficacement, simplement et le plus rapidement possible aux sources de dérive d'un système quel qu'il soit.**

Dans ce cadre, le Lean Manufacturing n'est pas réservé au seul domaine de la production et cette notion plus généraliste nous permet d'envisager d'autres outils, dans la mesure où ils constituent des solutions nécessaires et suffisantes adaptées à une problématique donnée.

Pour revenir à mon anecdote de moteur, aucun des outils standards mis à disposition par notre « bible » japonaise n'aurait permis de me mettre sur la voie de la solution. Et pourtant, la démarche appliquée s'inscrivait finalement dans une logique simple et naturelle : capitaliser sur l'expérience des anciens pour aider les plus jeunes.

2. Histoire de Toyota

L'histoire de Toyota commence au XIXème siècle avec Sakichi Toyoda, un ingénieur et bricoleur de génie qui se lance en 1894 dans la fabrication de métiers à tisser manuels.

---

[3] Proposition synthétique des différentes sources s'y référant.

En 1924, il crée le premier métier à tisser automatique du Japon et, en 1926, il fonde la Toyoda Automatic Loom Works Company.

Avec l'arrivée de l'automobile en ce début du XXème siècle, il comprend que le monde est en train de changer durablement et envoie alors son fils Kiichiro apprendre le génie mécanique à la prestigieuse université de Tokyo.

En 1930, il vend le brevet de son métier à tisser automatique « qui ne tombait jamais en panne ».

En 1935, Kiichiro utilise le capital reçu pour lancer la première voiture Toyoda baptisée A1 et fonder en 1937 la Toyota Motor Corporation, firme automobile désormais indépendante de la Toyoda Automatic Loom Works (le changement de Toyoda en Toyota serait dû au fait que ce dernier ne contient que 8 traits en écriture japonaise, chiffre porte-bonheur).

Pendant la Deuxième Guerre mondiale, l'activité automobile de Toyota s'intensifie avec la fabrication de camions pour les besoins de l'armée impériale. À la fin du conflit, cette production est relancée par les Américains, dans le cadre du projet de reconstruction du Japon dévasté.

Le début des années 50 voit l'industrie automobile américaine dominée par Ford et General Motors qui, compte tenu du potentiel énorme du marché intérieur, peuvent se permettre de lancer de grandes quantités de modèles standards. En revanche, le marché japonais était beaucoup plus restreint à cette époque, nécessitant la production de petits volumes de différents modèles.

Face aux Géants d'outre-Pacifique, Toyota n'a d'autre option pour s'en sortir que de lancer un vaste programme d'optimisation du processus de production. L'objectif de ce dernier est de fabriquer des petites séries à faible coût avec le temps de passage le plus court possible afin de dégager rapidement des liquidités pour son autofinancement.

Ainsi est né le concept de fabrication « pièce à pièce » lequel, avec le flux tiré par le client, est à l'origine du TPS, le Toyota Production System.

3. Le Lean Manufacturing, une philosophie

La notion de Lean Manufacturing n'a jamais été prévue ni réfléchie comme un concept préalable à son implantation. Il s'agissait au départ d'une réaction de Toyota par rapport aux difficultés financières qu'il rencontrait. En quelque sorte, Toyota n'avait pas d'autre choix que de s'ajuster aux conditions compliquées de son marché intérieur et de trouver des solutions différentes de celles des grands groupes américains qui n'étaient pas appropriées. On parlera donc plus de philosophie ou d'esprit « Lean » dont le principe est de s'adapter le plus rapidement et efficacement possible aux contraintes.
Ne peut-on d'ores et déjà relever une forte analogie avec les principes de la théorie de l'évolution de Lamarck[4] ? Quel que soit le problème rencontré, qu'il soit externe ou interne à l'entreprise, celui-ci réclame une réponse systématique et appropriée.

Il est par ailleurs intéressant de constater que Toyota s'est inspiré de concepts déjà largement développés dans d'autres secteurs ; la notion de flux tiré, par exemple, dont le principe est de fabriquer uniquement ce dont le client a besoin. Avant de devenir l'un des piliers du TPS, elle était déjà dans les années 50 l'un des fondements de l'organisation logistique des grands magasins américains face à la problématique de périssabilité des denrées.
De même, la notion de flexibilité des moyens de production pour répondre rapidement aux changements de séries avait déjà été imaginée par Henri Ford. Cependant, elle n'avait jamais été appliquée dans son entreprise compte tenu du modèle de production de produits standards à grands volumes.

Le Lean Manufacturing aurait-il pu naître sous d'autres latitudes ?

Avant de répondre à cette question, intéressons-nous tout d'abord aux modes de pensée asiatiques, construits notamment autour de langues constituées d'idéogrammes (Chine, Japon). Alors que le langage occidental est un langage ontologique, décrivant des objets en tant

---

[4] Voir chapitre 2, §7.1., p. 53.

qu'entités, des étants, la langue asiatique décrit des processus, des évolutions ou transitions continues[5].

Par ailleurs, la société japonaise est profondément traditionnelle, très proche de la Nature, l'observe attentivement et s'en inspire, comme on peut le voir notamment dans les arts martiaux.

Si on ajoute à ces deux facteurs des contraintes permanentes liées à une géologie particulièrement hostile, une situation géopolitique compliquée avec de nombreux conflits armés (et deux bombes atomiques !), on comprend que ce peuple soit particulièrement résilient et on en conclut que le meilleur endroit où puisse naître la culture de l'amélioration continue dans les entreprises est le Japon.

Néanmoins, son implantation et son développement ne sont pas réservés à la culture ou à l'esprit nippons, dans la mesure où l'on arrive à adopter la même approche pragmatique et que l'on considère les processus comme évolutifs.

Le Lean Manufacturing n'est pas non plus limité à la production de masse ou aux grandes structures comme certains peuvent faussement le penser. En définitive, il peut être appliqué à n'importe quels types d'organisation et de produits. En allant plus loin, on pourrait même affirmer que son déploiement est d'autant plus simple et efficace que la structure concernée est de petite taille car moins sujette à l'inertie et à la résistance au changement.

Les solutions proposées par le Lean Manufacturing sont toujours des réponses simples et précises à des problématiques simples et précises, de quelque nature que ce soit : production, logistique, qualité, RH, finances, ventes, etc. Ces solutions font toujours appel au bon sens, lequel, comme nous pourrons le voir, s'inspire des lois universelles qui régissent la Nature qui nous entoure et, pour la plupart des cas, notre quotidien. Le flux tiré par exemple, qui suppose, rappelons-le, que l'on ne produit que ce que l'on consomme, n'est-il pas un principe issu du métabolisme de tous les organismes vivants ?

---

[5] Étienne Klein, *Discours sur l'origine de l'Univers*, Flammarion, Champs Sciences, 2012, p. 158.

Toutes les réponses sont autour de nous. Il suffit de bien observer l'organisation de notre milieu et d'adapter à l'Entreprise les solutions nécessaires et suffisantes, et donc optimales, que la Nature nous propose gratuitement.

Toyota n'a pas inventé le Lean Manufacturing. Ce concept fait partie de l'organisation du Monde et la culture japonaise fut l'une des premières à l'intégrer dans la construction et le développement de sa société. La vraie performance de cette entreprise qu'il faut par ailleurs saluer, a été d'inventorier ses différentes causes de déséquilibre puis d'éditer un « manuel » de solutions afin d'en assurer le déploiement au sein de sa structure, ainsi qu'à travers toute la planète. Ce qui est déjà remarquable.

Afin d'étendre la notion de Lean Manufacturing à celle plus globale de *Natufacturing*, nous allons maintenant aborder différentes lois de la physique qui régissent l'Univers. Nous en tirerons une liste de perturbations qui chahutent le monde artificiel que nous avons créé et, les mêmes causes générant les mêmes effets, nous aurons à disposition une palette de solutions naturelles et gratuites pour les compenser.

Chapitre 2
Lois et principes qui régissent l'Univers

1. Loi 1 : Conservation de l'énergie

Cette première loi correspond au premier principe de la thermodynamique, une science née en 1824 avec les travaux de Sadi Carnot[6]. À cette époque, celle-ci traitait principalement des transferts de chaleur dans les machines thermiques, comme les machines à vapeur ou les moteurs à explosion. Grâce à ses travaux, Carnot permet d'établir les règles de base de fonctionnement de ces machines et d'en prévoir le dimensionnement pour des caractéristiques intrinsèques données, comme le rendement ou les gradients de température internes. Les résultats fondamentaux issus de ses recherches sont d'ailleurs toujours appliqués aujourd'hui.

Avec le développement de la physique statistique de la deuxième partie du XIXème siècle et notamment avec les travaux de Maxwell[7] et de Boltzmann[8], cette science traite aujourd'hui plus généralement des transferts énergétiques dans tous les processus de transformation. Elle s'applique aussi bien à des macrosystèmes comme les moteurs ou

---

[6] Nicolas Sadi Carnot, ingénieur et physicien français (1796-1832), *Réflexions sur la puissance motrice du feu et sur les machines propres à développer cette puissance* (Paris, 1824). Il est le premier à construire les fondements d'une nouvelle science que William Thomson nommera quelques décennies plus tard la Thermodynamique.

[7] James Clerk Maxwell, physicien et mathématicien écossais (1831-1879). Sa contribution scientifique majeure dans divers domaines, tant sur le plan de la physique que des mathématiques, a fait de lui l'un des plus grands scientifiques de tous les temps. Il est notamment le père de l'électromagnétisme et a contribué aux développements mathématiques statistiques des phénomènes thermodynamiques.

[8] Ludwig Eduard Boltzmann, physicien et philosophe autrichien (1844-1906). Considéré comme le père de la physique statistique, il est principalement connu pour ses travaux sur la cinétique des gaz et la mécanique des fluides.

les centrales thermiques, qu'aux échanges énergétiques à l'intérieur des microsystèmes biologiques ou chimiques.

<u>Énoncé du principe de conservation de l'énergie</u> :
Dans un système fermé (où les échanges d'énergie ne sont pas possibles avec l'extérieur), il ne peut y avoir ni apport ni perte d'énergie, mais seulement une transformation de celle-ci en différentes formes possibles.
Autrement dit : « rien ne se gagne, rien ne se perd, tout se transforme »[9].

Tout ce qui se passe dans l'Univers obéit à cette règle immuable. N'ayant jamais été mise en défaut, que ce soit aux très grandes ou aux très petites échelles, cette loi est devenue un postulat. Un de ses grands héritages scientifiques, au début du XXème siècle, est sans conteste l'élaboration de la théorie de la relativité restreinte issue des travaux d'Henri Poincaré[10], puis reprise par Albert Einstein[11]. En 1905, ce dernier explicite notamment la célèbre équation $E = MC^2$, qui stipule qu'énergie et matière sont équivalentes.
À l'échelle atomique, son application la plus remarquable (et la plus discutable) est l'énergie issue de la fission nucléaire, exploitée à plus grande échelle dans les centrales et bombes tant redoutées.

---

[9] Célèbre phrase d'Antoine Laurent de Lavoisier, physicien, chimiste et biologiste français (1743-1794).

[10] Henri Poincaré, ingénieur, physicien, mathématicien et philosophe français (1854-1912). Scientifique universel doté de connaissances mathématiques élevées, il a laissé derrière lui une contribution d'importance majeure dans le domaine des mathématiques (calcul infinitésimal, équations différentielles), l'optique, la relativité restreinte. Il a également bâti les fondements de la théorie du Chaos.

[11] Albert Einstein, physicien allemand (1879-1955). Considéré comme l'un des plus grands scientifiques de tous les temps, il est mondialement connu par ses travaux sur la relativité restreinte en 1905 et la construction de la théorie de la relativité générale en 1915. Fervent opposant à la physique quantique, il contribue néanmoins indirectement à son développement et reçoit notamment le prix Nobel de physique en 1921 pour ses travaux sur l'effet photoélectrique.

À l'échelle astronomique, cette théorie nous permet de comprendre notamment l'origine et la durée du rayonnement stellaire issu de la fusion nucléaire[12] et celui du Soleil en particulier. L'équivalence matière-énergie nous permet également de « fabriquer » des particules élémentaires dans des grands collisionneurs comme le LHC du CERN à Genève, ainsi que d'en découvrir de nouvelles.

Et l'Entreprise dans tout ça ?

Eh bien, même si elle est une création de l'Homme, c'est un système faisant partie intégrante du monde réel, physique, lequel système n'échappe pas au même principe de conservation de l'énergie.

Dans une entreprise, il y a de l'énergie que l'on peut catégoriser comme « positive », créant de la valeur ajoutée au système et de l'énergie « négative », supprimant tout ou partie de la valeur ajoutée créée par l'énergie positive.

On peut répertorier comme énergie positive : les ressources humaines, les machines, les matières premières, qui s'associent pour créer un « travail », lequel est le plus souvent valorisé en unité monétaire.

Du côté de l'énergie négative, on citera toutes les causes susceptibles de réduire la part de l'énergie positive. Taiichi Ohno[13], le grand maître à penser de Toyota, a été le premier à répertorier ces gaspillages appelés « mudas » en japonais.

---

[12] À ce titre ne pas confondre fission nucléaire qui consiste à décomposer le noyau instable d'un atome lourd (comme l'uranium) en deux autres noyaux stables plus légers, processus accompagné d'une importante libération d'énergie, avec la fusion nucléaire qui consiste à fusionner des noyaux d'atomes légers (comme l'hydrogène) en noyaux plus lourds (hélium), avec une contribution énergétique encore plus importante. En dépit de nombreuses recherches, l'Homme n'a pas encore réussi à maîtriser la fusion nucléaire pour en tirer des applications industrielles. Les efforts se poursuivent dans ce sens, car, outre son rendement supérieur, la fusion nucléaire présente l'avantage par rapport à la fission de ne pas engendrer d'éléments radioactifs.
[13] Taiichi Ohno, ingénieur japonais (1912-1990), auteur en 1978 de l'ouvrage *Toyota Production System : Beyond Large-Scale Production*.

Ils sont au nombre de 7 :
  1- Les temps d'attente
  2- Les transports inutiles
  3- Les mouvements ou déplacements inutiles
  4- Les machines ou processus excessifs
  5- Les stocks inutiles
  6- La non-qualité
  7- La surproduction

On pourra en ajouter trois autres non recensés par Ohno, que nous aborderons plus en détail avec les sept premiers au chapitre 10 :
  8- Les coûts indirects inutiles
  9- La surqualité inutile
  10- Le potentiel humain non valorisé

Quelle que soit la répartition entre la contribution des énergies positive et négative, leur somme en valeur absolue reste constante (pour une structure et une période données). Le client, lui, ne paie que l'énergie positive, la valeur ajoutée. Aussi, **l'enjeu du chef d'entreprise et de son équipe est de réduire au maximum la part des gaspillages, soit en les éliminant, soit en les transformant en valeur ajoutée avec le minimum d'énergie dépensée, c'est-à-dire au moindre coût**.

2. Loi 2 : Augmentation de l'entropie

Cette deuxième loi correspond au deuxième principe de la thermodynamique, introduit par Sadi Carnot avec le principe d'irréversibilité des phénomènes physiques. Ces travaux sont ensuite repris et complétés par Rudolf Clausius[14].
Au cours de ses recherches, ce dernier évoque en 1865, pour la première fois, la notion d'entropie.

---

[14] Rudolf Emmanuel Clausius, physicien allemand (1822-1888). Il a largement contribué au développement de la thermodynamique et a notamment énoncé en 1865 le principe d'entropie encore appliqué de nos jours.

Qu'est-ce que l'entropie ?

L'entropie (symbole S), est le rapport Q/T, où Q est la chaleur (énergie) échangée par un système à la température T.
Au niveau microscopique, cette notion d'entropie est une mesure du degré de désordre des particules : plus l'entropie d'un système est élevée, moins ses éléments sont ordonnés, organisés de façon cohérente et plus la part d'énergie inefficace pour produire un travail est importante.
Une manifestation simple (parmi d'autres) de ce concept est le volume infini que prennent les molécules d'un gaz si on ne les confine pas dans un espace fermé. Autrement dit, tant qu'il y a de la place, ces molécules se dispersent et s'approprient tout le volume à disposition.
On remarquera que la notion d'entropie fait partie intégrante du monde naturel qui nous entoure, dans lequel tout système non régulé tend à s'étendre indéfiniment : espèces végétales et animales invasives, et, entre autres, l'espèce humaine.
Si on applique maintenant cette notion d'entropie dans l'Entreprise, une illustration de celle-ci serait des personnes courant dans toutes les directions au lieu d'effectuer des tâches coordonnées au service d'un objectif commun.

<u>Énoncé du deuxième principe</u> :
Au cours d'une transformation, l'entropie S, assimilée à la notion de désordre d'un système, ne peut que croître.

Plus clairement, ceci signifie qu'il y aura toujours une perte d'énergie dans tout processus de transformation.
Au niveau d'une machine, ceci se traduit par le fait qu'un rendement ne peut jamais être égal à 1.
À l'échelle de notre planète, le réchauffement climatique associé à la population terrestre hors de contrôle est l'une des manifestations de l'augmentation de son entropie. Autre exemple à une échelle encore plus grande : l'expansion de l'Univers.

L'augmentation de l'entropie d'un système est un principe physique, une loi universelle qui n'a encore jamais été prise en défaut jusqu'à ce jour. Par conséquent, que ce soit au niveau d'un processus industriel ou d'une organisation, les différentes sources de dérive feront que son efficacité ne pourra que se dégrader dans le temps, de manière naturelle et inéluctable.

Toute entreprise serait-elle donc condamnée à disparaître ?

La réponse est clairement oui, dans la mesure où on laisserait le système évoluer de façon autonome, sans apporter de contremesures aux sources de dérive. C'est juste une question de temps. Pour s'en convaincre, il nous suffit de comptabiliser dans tous les pays, le nombre d'entreprises qui disparaissent chaque année au profit d'une concurrence mieux armée. C'est une lutte permanente et, pour qui ne sait pas s'adapter aux contraintes du marché, comme dans le monde des vivants, la Nature est impitoyable. Les plus forts d'hier ne sont pas certains de l'être demain : les grandes civilisations (Grecque, Romaine, Inca), les grandes entreprises (Nokia, Yahoo, General Motors).
À quoi peut-on imputer toutes ces déroutes ? À la conjoncture, à la malchance, à la concurrence des pays à faible coût de main-d'œuvre ? Et à quoi peut-on attribuer le succès des autres ? Par exemple, comment a donc fait Porsche pour s'en sortir après une quasi-faillite à la fin des années 90 ?

Les réponses à toutes ces questions sont multiples, tout en présentant une base commune : **le succès ou l'échec d'une entreprise réside avant tout dans son organisation et dans son aptitude à réagir aux contraintes qu'elle subit, qu'elles soient internes ou externes**.
C'est le même principe qui permet le maintien, l'évolution ou la disparition des espèces depuis des millénaires, lequel est repris aujourd'hui à travers une discipline aux accents « avant-gardistes » : **l'agilité**.

<u>Remarque</u> : l'énergie est exprimée en Joules (J), tandis que l'entropie est exprimée en Joules par Kelvin (J/K), de sorte que ces deux grandeurs ne sont pas équivalentes. Néanmoins, dans un souci de simplification de la compréhension des concepts et formulations décrits dans cet ouvrage on pourra, par abus de langage, parler d'entropie lorsque l'on abordera les notions d'énergie négative ou

de gaspillages (on supposera dans ce cas des transformations à température/activité moyenne constante).

Afin de répondre à son instinct de conservation des espèces, la Nature n'est cependant pas extrémiste dans son aspiration inaliénable d'augmentation du désordre en son sein. Effectivement, elle a en parallèle développé un principe de modération de l'augmentation de l'entropie locale des systèmes. Ce dernier, s'il est bien connu dans les phénomènes physiques et électromagnétiques en particulier, pourrait, comme nous allons le voir, être étendu à l'ensemble des processus dynamiques.

3. Loi 3 : Loi de modération de Faraday-Lenz

Cette loi est issue des observations macroscopiques faites au cours des travaux sur l'induction électromagnétique de Michael Faraday[15] et Heinrich Lenz[16] au milieu du XIXème siècle.
Définie comme une loi de modération, son énoncé se présente de la sorte (il n'existe pas de formulation officielle) :
Dans les phénomènes électromagnétiques, les effets s'opposent aux causes qui leur donnent naissance.
Autrement dit, quand on déplace une charge électrique par exemple, celle-ci « résiste » pour s'opposer à ce déplacement.
Tous les phénomènes électromagnétiques obéissent à cette loi.

Les applications industrielles qui en résultent sont très nombreuses et baignent notre quotidien. Commençons par la plus remarquable, la fabrication de l'électricité à partir d'une génératrice.
Principe : lorsque l'on fait tourner un aimant cylindrique fixé sur un axe à partir d'une source d'énergie externe (roue de vélo, turbine, etc.)

---

[15] Michael Faraday, physicien et chimiste britannique (1791-1867). Il est notamment connu pour ses travaux en électromagnétisme et sur le diamagnétisme, dont il tirera le principe qui porte son nom.
[16] Heinrich Friedrich Lenz, physicien germano-russe (1804-1865). Après avoir repris les travaux de Faraday, il est principalement connu pour la loi de modération électromagnétique portant également son nom.

à l'intérieur d'une bobine de fil électrique, les spires de cette dernière « voient » un champ magnétique qui varie à la même « vitesse » que celle de la rotation de l'aimant (modulo le nombre de paires de pôles). Le principe de Faraday-Lenz suppose que « la Nature » s'oppose à cette variation de champ magnétique en créant dans la bobine un autre champ magnétique de même fréquence mais de sens opposé. Pour y parvenir, ce principe induit naturellement dans la bobine un courant électrique alternatif.

Toutes nos centrales électriques, qu'elles soient thermiques, hydrauliques ou nucléaires (à l'exception des centrales solaires), fonctionnent actuellement selon ce principe, la principale différence se situant au niveau de la source d'énergie à l'origine de la mise en mouvement des génératrices. Aussi, sans cet effet de compensation, la fée électricité n'existerait tout simplement pas !

La cuisson par courants de Foucault[17] est une autre application de ce phénomène, mais en inversant les rôles : dans ce cas c'est le courant alternatif du secteur qui génère un champ magnétique variable à travers le fond d'une casserole métallique. Les électrons constitutifs de la matière de ce dernier réagissent en créant un champ magnétique induit qui s'oppose au champ magnétique du générateur (la plaque à induction). Le déplacement de ces électrons entraîne une dissipation d'énergie dans le métal sous forme de chaleur (effet Ohm) à l'origine de l'échauffement de la casserole.

Cette loi de modération a principalement été étudiée dans le domaine de l'électromagnétisme, qui est l'une des branches de la physique dans son sens plus global. Aussi, de la même façon que la physique contemporaine entreprend de regrouper les trois types de forces élémentaires (faible, forte et électromagnétique)[18] qui agissent à

---

[17] Léon Foucault, physicien et astronome français (1819-1868). Connu mondialement pour son fameux pendule, il découvre en 1855 le principe de l'échauffement du métal parcouru par une variation de champ magnétique.
[18] On considère aujourd'hui que ces trois forces élémentaires n'en constituaient qu'une seule lors de la création de l'Univers, alors à très haute énergie. Cette théorie, dénommée Théorie de Grande Unification, ou GUT (Grand Unified Theory), est toutefois incomplète, ne prenant pas en compte

l'intérieur des atomes, on peut franchir un pas en supposant que la loi de Faraday-Lenz puisse s'appliquer à l'ensemble des phénomènes physiques de notre Univers, tous les éléments constitutifs de ce dernier étant composés des mêmes particules élémentaires.

Illustrons cette réflexion par trois exemples qui nous sont familiers (Fig. 1, 2 et 3) :

   - La modification de la vitesse d'un objet nécessite l'application d'une force externe

La relation fondamentale de la dynamique (RFD) de Newton[19] nous précise que *pour un objet de masse M se déplaçant à la vitesse V, toute variation de vitesse ne peut être due qu'à l'action d'une force F extérieure à l'objet.*[20]

Plus clairement, qu'est-ce que cela signifie ?
Eh bien, tout simplement que dans un système non perturbé par des contraintes externes (comme dans le vide intersidéral), la vitesse de déplacement d'un corps reste constante. Aussi, la seule façon de modifier cette vitesse est de lui appliquer une force dont la valeur est proportionnelle à sa masse. Ainsi, la masse (ou le moment d'inertie pour un système en rotation) d'un objet matériel constitue la résistance au changement de sa vitesse, cette masse ou cette inertie n'ayant plus d'influence à vitesse constante.

   - Les frottements dynamiques

Les frottements dynamiques, contrairement aux frottements statiques, caractérisent des résistances mécaniques lors de mouvements, comme

---

la quatrième force élémentaire, la force de gravité, pour donner ce que l'on appelle la Théorie du Tout, ou TOE (Theory Of Everything).

[19] Isaac Newton, mathématicien, physicien et philosophe anglais (1642-1727). Figure emblématique des sciences modernes, il est le père de la mécanique classique basée sur sa théorie de la gravitation universelle. Il est également reconnu pour ses travaux en optique et sur le calcul infinitésimal.

[20] $F = M.\frac{dV}{dt}$, où $\frac{dV}{dt}$ représente la variation de vitesse par rapport au temps.

lors du déplacement d'un corps dans un fluide (liquide ou gazeux), ou d'un patin sur la glace.

Il est aisé de démontrer que l'intensité d'une force de frottement dynamique est nulle quand l'objet est à l'arrêt, pour augmenter proportionnellement à sa vitesse de déplacement. Dans ce cas, on parlera de résistance au changement de position, où la masse de l'objet n'est pas la seule contrainte, mais également la nature et la structure de la surface de frottement.

- La poussée d'Archimède

Elle constitue un phénomène physique naturel qui caractérise la résistance d'un fluide à l'introduction d'un corps en son sein. Par réaction, *le liquide ou le gaz considéré repousse l'objet par une force verticale dont l'intensité est égale au poids du volume immergé.*

Sans ce principe universel de modération, adieu les montgolfières et les bateaux !

Figure 1 : La masse d'un objet constitue la résistance au changement de sa vitesse

Figure 2 : Les frottements dynamiques

Figure 3 : La poussée d'Archimède

La liste n'est pas exhaustive. D'une manière générale, on constate que la Nature n'aime pas le changement et que toute variation d'état d'un système doit être payée par un effort.

En outre, dans un monde où chacun de ses constituants est en interaction directe et permanente avec les autres, cette correction est systématique et immédiate.

En voici quelques illustrations :

- le vent matérialise des déplacements de masses d'air pour équilibrer des différences de pression et de température dans l'atmosphère ;

- l'autorégulation des populations de prédateurs en fonction des proies disponibles ;

- la stabilité des climats et microclimats ;

- la régulation de la température interne et de la pression sanguine des animaux ;

- la stabilité des accents linguistiques des différentes régions d'un même pays indépendamment des brassages culturels.

Et bien d'autres exemples encore que le lecteur pourrait facilement trouver… Ne sont-ils pas remarquables quand on considère le nombre de variables en jeu ?

4. Vie et entropie

La pérennité des espèces nécessite un brassage continu des individus pour se renouveler, faute de quoi la consanguinité peut mener à la dégénérescence. Tous les éleveurs de bétail connaissent bien ce principe naturel de croisement des lignées qu'ils pratiquent pour les renforcer. Et puis vivre, c'est mourir un peu. Nous sommes agressés en permanence par des bactéries, des virus et autres altérations internes ou externes contre lesquels nous devons lutter pour, malgré tout, marcher vers notre fin programmée. Cette destinée inéluctable de tous les êtres vivants est nécessaire car le mouvement est indissociable de la Vie. Certains apparaissent pour en remplacer d'autres et l'immobilité rend stérile : les cailloux ne font pas de petits. Afin de nous permettre de vivre, les cellules qui nous constituent sont paramétrées pour mourir après multiplication. Le cancer, quant à lui, est une dégénérescence de certaines d'entre elles qui se démultiplient à l'infini en consommant l'énergie des autres : l'immortalité entraînant la mort. D'une certaine manière, la Vie est une manifestation de la Nature à vouloir maintenir un équilibre entre la destruction cellulaire et sa régénération associée, qui ne peut être que partielle. Ainsi, la compensation de l'entropie ne peut être totale et il en résulte une dégradation lente mais irrémédiable des processus naturels laissés libres à eux-mêmes.

Par ailleurs, cette correction même partielle a une limite, car une trop forte perturbation de l'équilibre peut prendre beaucoup de temps à être corrigée, voire, dans les cas extrêmes, conduire à un nouvel état d'équilibre différent du précédent, lequel sera la nouvelle référence. La rapide extinction des dinosaures au Crétacé, source de multiples théories, ou les alternances de périodes de glaciations étroitement liées à l'activité volcanique terrestre en sont deux exemples.

Et l'Homme, à son niveau, avec son activité industrielle notamment, a les moyens d'agir directement et rapidement sur les paramètres susceptibles de modifier les conditions d'équilibre de sa planète.

5. Entropie et loi de modération dans l'Entreprise

Les principes physiques que nous venons d'aborder sont universels et donc également valables dans le milieu de l'Entreprise.

La résistance naturelle aux changements d'états physiques énoncée par la loi de Faraday-Lenz est une base remarquable de transposition : que l'on ajoute ou enlève quelque chose au cadre ou aux règles de fonctionnement de l'Entreprise, on constate que cela se manifeste TOUJOURS au début par un rejet. Cette phase est systématique. Aussi, il est inutile de s'énerver, s'agissant d'un processus absolument normal, obéissant à un principe incontournable.

Par ailleurs, l'Entreprise est un microsystème artificiel créé par l'Homme ne s'inscrivant pas dans une logique de transmission de la Vie au sens du développement des espèces. Par conséquent, si le principe de compensation est valable pour tous les phénomènes liés à l'activité de l'Entreprise, il ne l'est pas pour le Projet associé à cette dernière, qui n'a pas de sens autre que celui que lui a donné l'entrepreneur.

Pour s'en sortir, l'Homme doit donc s'inspirer du monde naturel pour lever les résistances et corriger les dérives constantes et inévitables de son système ; soit en contrebalançant les perturbations, soit en les supprimant.

6. Loi 4 : Loi de Laplace-Gauss ou Loi Normale

Cette loi porte le nom des deux mathématiciens Laplace[21] et Gauss[22] qui ont contribué à sa formulation aux XVIIIème et XIXème siècles. C'est l'une des plus connues et des mieux adaptées pour modéliser les phénomènes naturels issus de plusieurs événements aléatoires au comportement linéaire ou localement linéaire. Elle permet de caractériser la densité de probabilité $p(x_i)$ qu'un événement x_i se déroule en fonction d'un échantillonnage représentatif[23].

Cette fonction est continue et la représentation graphique de cette distribution est la fameuse courbe en cloche, ou « courbe de Gauss » (Fig. 4).

---

[21] Pierre Simon de Laplace, mathématicien, astronome, physicien et homme politique français (1749-1827). Fervent défenseur du déterminisme, il a affirmé que le passé, le présent et l'avenir d'un système peuvent chacun être déterminés par la connaissance de l'ensemble de ses variables à un instant donné.

[22] Carl Friedrich Gauss, mathématicien, astronome et physicien allemand (1777-1855). Considéré comme l'un des plus grands mathématiciens de tous les temps, ses travaux ont apporté des avancées conséquentes dans tous les domaines qu'il a explorés.

[23] $p(x_i) = \dfrac{1}{\sigma\sqrt{(2\pi)}} . e^{\frac{-\left(\frac{x_i-\mu}{\sigma}\right)^2}{2}}$, où σ représente l'écart type de la série de valeurs et μ son espérance (ou moyenne).

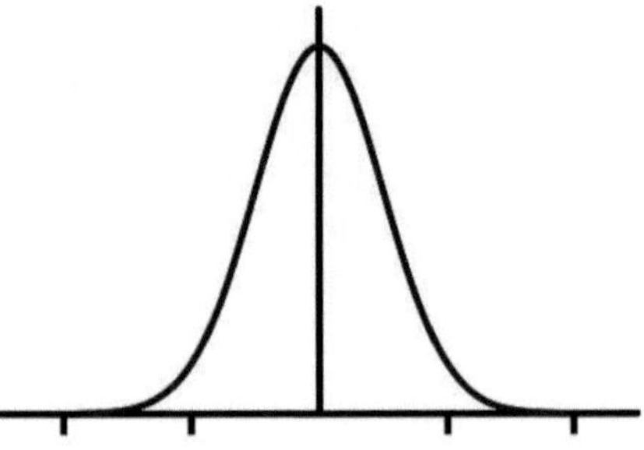

Figure 4 : Courbe de Gauss

On la voit partout, depuis la pyramide des âges des populations (Fig. 5), jusqu'aux modélisations mathématiques de phénomènes physiques, en passant par le pilotage des productions industrielles.

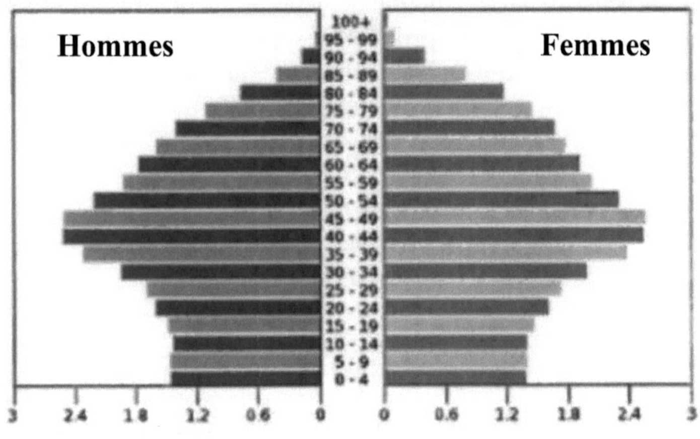

Figure 5 : Pyramide des âges hommes / femmes en Italie

<u>Théorème de convergence</u> :
Si une grandeur physique subit l'influence d'un nombre important de facteurs indépendants et si l'influence de chaque facteur pris séparément est faible, alors la distribution de cette grandeur physique obéit à la loi de Laplace-Gauss.

Les systèmes naturels s'inscrivent globalement dans cette catégorie et, mis à part des phénomènes exceptionnels tels qu'une éruption volcanique, un tsunami ou la chute d'une météorite, on constate que les différents facteurs présentent généralement des niveaux d'influence respectifs du même ordre de grandeur.

Autrement dit, tout paramètre est influent, avec des niveaux d'égale et de faible importance[24]. Les conditions nécessaires au théorème de convergence s'appliquent et nous pouvons par conséquent utiliser la loi de Laplace dans la plupart des phénomènes physiques qui nous entourent, ce qui justifie son autre appellation : Loi Normale.

Comment se situe cette loi par rapport au principe d'augmentation de l'entropie abordé précédemment ?

Les travaux de Shannon[25] au XXème siècle répondent à cette question, et montrent que la loi normale est d'entropie maximum. Il y a donc bien cohérence entre ces deux grandeurs.

Par ailleurs, si l'on observe attentivement la forme de la courbe de Gauss, on constate qu'elle est un bon compromis entre une entropie infinie qui cherche à déployer de manière uniforme toutes les classes de la distribution (Fig. 6) et la loi de Faraday-Lenz dont l'effet est opposé, cherchant à ne favoriser qu'une seule classe en ramenant la distribution sur la valeur cible (Fig. 7).

---

[24] Nous verrons au chapitre suivant comment cette caractéristique propre aux systèmes naturels peut engendrer le CHAOS, c'est-à-dire l'impossibilité de prédire leur état à moyen et long termes.

[25] Claude Elwood Shannon, ingénieur et mathématicien américain (1916-2001). Il est le père de la théorie de l'information et a notamment grandement contribué à l'étude du traitement du signal.

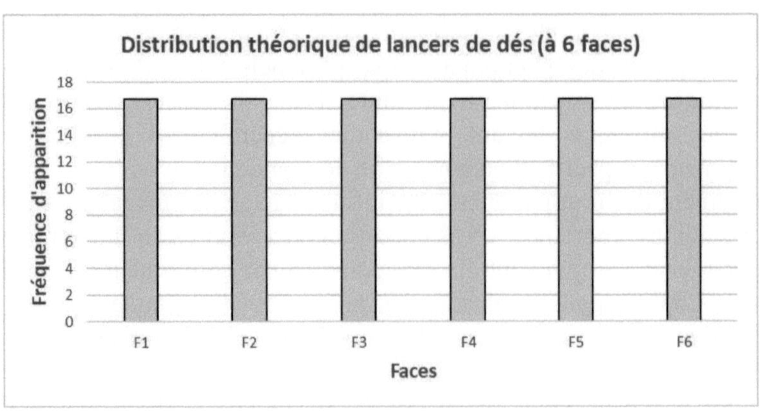

Figure 6 : Distribution entropique uniforme

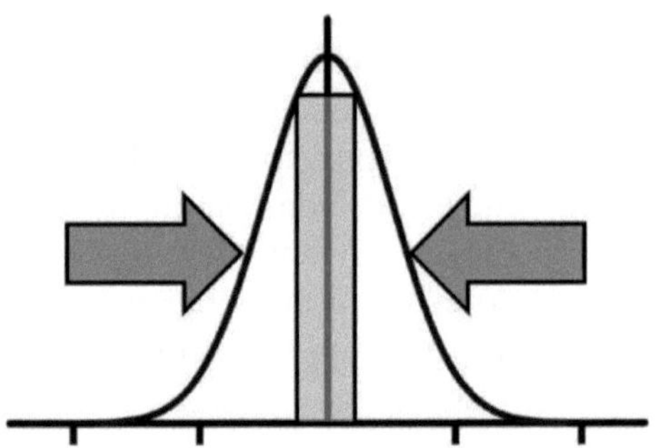

Figure 7 : Principe de modération de Faraday-Lenz

La représentation de la Loi Normale synthétise donc à la fois les aspirations de la Nature à créer du déséquilibre tout en le corrigeant en permanence. Cette compensation n'est cependant pas naturelle dans le monde artificiel des Hommes.

Nous verrons au chapitre 13, consacré à la Maîtrise Statistique des Procédés, qu'il faut, dans l'Entreprise, s'inspirer de cette dualité naturelle où tout **l'enjeu est de maîtriser et standardiser une production ou un service en compensant en temps réel les sources de dérive.** Laquelle dérive tend à générer un produit ou un service différent, en dehors des standards recherchés.

7. La (Les) Théorie(s) de l'Évolution

Les sciences de la vie, comme la biologie et la médecine, ont depuis toujours connu un retard de développement par rapport aux sciences de la matière, aux mathématiques et à la physique.

Jean Staune[26] considère que ce décalage est finalement normal, sachant que les moyens d'investigation demandés par les sciences de la vie dépendent en premier lieu des sciences physiques.

J'ajouterais une autre dimension : la dynamique des modèles. Alors que la physique s'appuie sur un modèle de l'Univers « quasi-stable » et des lois mathématiques invariables, le vivant défile sous nos yeux avec des mutations permanentes. Il est ainsi beaucoup moins aisé d'en appréhender les règles. C'est la raison pour laquelle, s'agissant de l'étude de celui-ci, nous ne parlerons pas de lois, mais de théories ou de courants de pensée, en attente d'une consolidation future.

7.1. Le lamarckisme

Le lamarckisme est une doctrine scientifique inspirée des travaux et réflexions de Jean-Baptiste de Lamarck[27] qui a été l'un des premiers à envisager une Théorie de l'Évolution pour expliquer l'origine des espèces. Cette théorie dite transformiste est fondée sur deux principes fondamentaux :

- L'organisation des êtres vivants se complexifie au fil des générations (on peut d'une certaine manière envisager ici un modèle entropique avant l'heure dans la dynamique des métabolismes).

- La spécialisation des individus ou de certaines de leurs fonctions est une conséquence d'une adaptation à leur environnement.

---

[26] Jean Staune, *Notre existence a-t-elle un sens ?*, Pluriel, 2017, pp. 44 à 45.

[27] Jean-Baptiste Pierre Antoine de Monet, chevalier de La Marck, dit Jean-Baptiste de Lamarck est un naturaliste français (1744-1829). Il a étudié la botanique avant de se consacrer à la zoologie des invertébrés et d'en faire leur classification.

Depuis le début du XXème siècle, est apparu un mouvement qui tend à reprendre les idées de De Lamarck grâce à de nombreuses découvertes en biologie moléculaire : le néo-lamarckisme, pour lequel la transmission de caractères acquis n'est de loin pas négligeable, par opposition au modèle d'hérédité génétique classique.

7.2. Le darwinisme

C'est le modèle de l'évolution qui est officiellement reconnu aujourd'hui dans la communauté scientifique.

Charles Darwin[28] succède à De Lamarck qui l'a influencé, et, tout en proposant également un modèle évolutif de l'origine des espèces, il en effectue une interprétation fondamentalement différente : les caractéristiques des êtres vivants ne sont plus dictées par leur adaptation au milieu, mais par le processus de la sélection naturelle, où seuls les individus les mieux équipés survivent.

Ceci présuppose d'avoir en amont une distribution aléatoire des caractères dans la population primaire sur laquelle va s'effectuer la sélection et que la compétition entre les individus soit suffisamment importante pour engager leur survie.

Contrairement à l'interprétation que l'on en fait aujourd'hui, le darwinisme originel ne s'opposait pas à la transmission des acquis. Le fait est que cette doctrine a progressivement évolué, de la même façon que le concept qu'elle sous-tend avec les différentes visions des disciples de Darwin, pour entrer dans l'ère du néo-darwinisme. Dans cette dernière approche, la transmission des acquis est exclue au profit de la seule sélection naturelle de mutations aléatoires du patrimoine génétique.

---

[28] Charles Darwin, naturaliste anglais (1809-1882), rendu célèbre notamment par son ouvrage *De l'origine des espèces,* 1859, dans lequel il présente et développe sa théorie de l'évolution par sélection naturelle.

7.3. Modèle quantique de l'Évolution

S'agissant de processus évolutifs, le néo-darwinisme et le néo-lamarckisme supposent toutefois une transition continue entre les espèces (même si dans une moindre mesure pour le néo-lamarckisme). Mais comment alors expliquer les chaînons manquants que l'on constate parfois lors du passage d'un morphotype à un autre (et notamment chez l'Homme) ? Doit-on les attribuer au fait qu'ils n'ont pas encore été découverts et qu'il faut être patient ?

Et que peut-on entrevoir derrière la récurrence des formes et les similitudes entre les métabolismes d'entités biologiques très différentes et, à l'extrême, entre ceux des animaux et des végétaux ? Pour justifier ceci, certains scientifiques s'accordent à penser que les mutations naturelles seraient cadrées dans un schéma discret et discontinu, sur le modèle des quanta de la physique éponyme[29].

La Nature cheminerait alors toujours de manière linéaire et adaptative en réponse aux exigences du milieu, mais à l'intérieur de certaines limites, issues d'une bibliothèque de solutions universelles optimales prédéfinies au départ. Ce postulat de limiter le choix des possibles dans le monde du vivant n'est finalement pas hors de propos si l'on considère que toute forme de vie est constituée de particules élémentaires dont le comportement étrange est dicté par le capharnaüm quantique.

7.4. Une Nature économe

Quel que soit le modèle considéré, qu'il s'inscrive dans une approche continue ou quantique de la transmission de la vie, tous les courants épistémologiques s'accordent sur un point : **le caractère économe des choix effectués par la Nature afin de solliciter le minimum d'énergie** dans les processus physico-chimiques. Aussi, la notion d'exister pour exister est exclue car tout a une utilité, sinon disparaît naturellement. Et ce n'est pas parce que nous n'entrevoyons pas aujourd'hui la finalité d'une spécificité a priori inutile qu'elle n'existe

---

[29] Ibid. note 26, pp. 260 à 264.

pas. Il faut parfois savoir regarder au-delà des besoins vitaux de l'individu et avoir une vision holistique de l'équilibre des écosystèmes. Comme une note de musique orpheline n'est qu'un bruit qui s'estompe rapidement dans les courants d'air, les molécules doivent se marier pour nous livrer le chant d'une symphonie collective.

Mais alors, « Quelle est la place de l'esthétique dans tout ça ? » me direz-vous. On peut légitimement se poser cette question devant la beauté outrageante des orchidées ou de l'oiseau de paradis. À l'inverse, pourquoi d'autres espèces nous repoussent-elles ? Il est difficile de savoir si les codes du beau et du laid sont inscrits dans l'essence des êtres, sans ouvrir les portes de la métaphysique. Pour l'heure, je préfère, dans le cadre de cet ouvrage, en rester au fait que le langage artistique de la Vie fait partie intégrante de son harmonie fonctionnelle et que tout jugement de valeur doit être écarté car « tous les goûts sont dans la Nature ».

7.5. La Théorie de l'Évolution dans l'Entreprise

L'Entreprise est un picosystème qui s'inscrit dans le nanomonde artificiel de l'Homme perdu dans l'immensité de l'Univers. Partant de là, il va de soi que les principes physiques universels qui régissent ce dernier s'appliquent également sur notre environnement professionnel si l'on s'affranchit d'y percevoir une quelconque finalité. Il en est ainsi pour ce qui est de notre capacité à faire évoluer, grandir ou mourir nos institutions et nos organisations.

Dans ce cadre, de la même manière que les macroévolutions sont des passages d'une espèce à une autre dans le milieu du vivant, elles soutiennent les différences de structures ou de philosophies entre plusieurs modèles organisationnels. Les concepts de flux poussé ou tiré que nous envisagerons plus loin dans ce recueil en sont des exemples cardinaux, la transition d'un modèle à l'autre ne pouvant être ici considérée comme un processus évolutif mais comme une transition étagée.

Concernant les microévolutions, ce sont principalement des réponses et des adaptations de processus à des perturbations internes ou externes qui affectent toute entité. Au final, c'est ce qui fera la différence entre une entreprise A et une entreprise B a priori similaires.

On s'attachera donc à faire l'inventaire exhaustif des sources de variance afin de ne pas subir les transformations mais au contraire :
  - soit les éviter si elles sont néfastes, par éradication des éléments perturbateurs ;
  - soit accompagner celles qui sont incontournables pour garantir l'efficacité globale du système.

Pour rebondir sur ce parallèle entre l'évolution des structures vivantes et les organisations, nous pouvons relever qu'à chaque fois que nous tentons de comprendre un phénomène, quelle que soit sa nature, nous cherchons à remonter à la cause racine qui l'a engendré. C'est là finalement le lien entre toutes les sciences. Néanmoins, celle-ci nous échappe parfois, sachant que la plupart du temps les facteurs sont multiples dans un monde enchevêtré. Cette difficulté à appréhender le passé conditionne alors notre même difficulté à prédire le devenir des systèmes. Lesquels systèmes multifactoriels sont majoritairement non linéaires et ne peuvent être appréhendés qu'à travers une approche spécifique : la Théorie du Chaos.

Chapitre 3
Introduction à la Théorie du Chaos

1. L'infiniment grand et l'infiniment petit

Jusqu'au début du XXème siècle, l'Homme considère l'Univers comme statique, ayant toujours été tel qu'il se présentait à lui et tel qu'il le serait jusqu'à la fin des temps.

La doctrine du déterminisme[30] règne alors en maître, consolidée par des lois de la physique identiques dans l'Espace et à travers le Temps. Dans ces conditions, la difficulté majeure qui se présente aux scientifiques de l'époque est de comprendre l'origine immanente de ce monde, aidés en cela par le postulat de l'existence d'un dieu Créateur.

La découverte de l'expansion de l'Univers en 1929 par l'astronome Edwin Hubble[31] est une véritable révolution et une bouteille d'oxygène pour la science qui se trouvait dans une impasse et permet l'exploration de nouveaux champs d'investigation. On ne considère désormais plus le monde matériel comme un système statique immuable, mais dynamique, le rapprochant en cela du monde des vivants.

La mesure du taux d'expansion de l'Univers identique dans toutes les directions (à un instant donné) a notamment mené au développement

---

[30] Doctrine philosophique et scientifique qui stipule que chaque phénomène physique ou événement peut être déterminé, dans la mesure où nous avons la connaissance du passé et des lois de la physique. L'astronome et mathématicien français Pierre Simon de Laplace en est le premier grand défenseur : « Nous devons envisager l'état présent de l'Univers comme l'effet de son état antérieur, et comme la cause de celui qui va suivre », *Essai philosophique sur les probabilités*, (1840).

[31] Edwin Powell Hubble, astronome américain (1889-1953). La paternité de la loi déterminant le taux d'expansion de l'Univers qui porte son nom est cependant controversée, le prêtre et astronome belge Georges Lemaître ayant publié des résultats analogues auparavant.

de la théorie du Big Bang, dans laquelle la problématique de l'origine de l'Univers se réduit à une singularité. Elle justifie également de corriger la théorie de la relativité générale d'Einstein en supprimant la constante cosmologique qu'il avait introduite afin de rendre compte d'un Univers qu'il supposait statique.

L'entrée de la mécanique quantique[32] au début du XXème siècle est une deuxième douche froide pour le courant déterministe auquel même Einstein souscrivait avec acharnement[33]. En effet, l'un des piliers fondamentaux de cette théorie est que les phénomènes physiques à petite échelle sont indéterminés, contraints en cela par le principe d'incertitude d'Heisenberg[34].
Mesurer précisément à la fois la position p et la vitesse v[35] d'une particule n'est plus possible. On parle alors de densité de probabilité de se trouver dans tel ou tel état.

À ce jour, l'Homme n'a toujours pas réussi à construire une Théorie de Grande Unification qui permettrait de réunir la théorie gravitationnelle d'Einstein, science de l'infiniment grand, et la mécanique quantique, science de l'infiniment petit. En attendant sa construction, un courant scientifique en marge de ces deux grandes théories classiques tente de combler ce fossé en appréhendant de manière différente, grâce notamment au développement de l'informatique, l'étude des phénomènes physiques à l'échelle humaine : la Théorie du Chaos.

---

[32] Théorie scientifique qui étudie les phénomènes physiques aux échelles atomiques et subatomiques. Elle a été difficilement acceptée à ses débuts car elle suppose de nouveaux principes non intuitifs, comme la quantification de l'énergie, la dualité onde-particule (une particule peut se comporter comme un objet physique ou comme une onde), ou le principe d'indétermination, pour finalement s'imposer plus tard comme LA science physique du XXIème siècle.

[33] « Dieu ne joue pas aux dés », disait-il.

[34] Werner Heisenberg, physicien allemand (1901-1976). Il présente en 1927 le principe d'incertitude qui portera son nom, et reçoit en 1932 le prix Nobel de physique pour sa contribution majeure à la mécanique quantique.

[35] Plus exactement, il s'agit de la quantité de mouvement m × v, produit de la masse par la vitesse.

2. Un Monde non linéaire

2.1. Les systèmes linéaires

On qualifie de linéaire un système dont le comportement obéit au principe de superposition : la réponse à plusieurs sollicitations est égale à la somme des réponses individuelles.

Les systèmes linéaires sont pratiques et populaires car simples à étudier : l'allongement d'un ressort soumis à une force, la fréquence d'oscillation d'un pendule par exemple, bien connus des étudiants.

2.2. Une linéarité bafouée

Si les phénomènes linéaires sont la plupart du temps accessibles à la modélisation mathématique, on constate cependant que dans la Nature les systèmes vraiment linéaires sont très minoritaires.

Finalement, il semblerait que le Monde soit intrinsèquement non linéaire et le plus souvent les solutions analytiques à des problèmes, même simples, sont très compliquées ou n'existent tout simplement pas.

2.3. Système à trois corps

Considérons deux objets célestes comme la Terre et le Soleil, soumis à leurs champs gravitationnels respectifs.

Dans l'hypothèse où nous ne considérons que ces deux corps, nous pouvons décrire leurs mouvements grâce aux équations de la mécanique classique de Newton.

Ajoutons maintenant notre satellite naturel : la Lune. Nous ne sommes cette fois-ci plus en mesure de résoudre le problème par les mathématiques classiques, comme a pu le montrer Henri Poincaré[36].

Autrement dit, la détermination de leurs trajectoires respectives

---

[36] Trinh Xuan Thuan, *Le Chaos et l'Harmonie*, Gallimard, Folio Essais, 1998, pp. 121 à 125.

n'admet pas de solution analytique exacte et, dans la pratique, les astronomes utilisent un modèle à trois corps restreint donnant une solution approchée mais satisfaisante.

Si la modélisation de 3 objets célestes nous confronte déjà à des difficultés, celles-ci sont encore plus importantes si on étudie le système solaire avec ses 8 planètes (Pluton n'étant plus considérée comme telle depuis 2006) et le Soleil. Mission impossible si l'on envisage les interactions à l'intérieur de notre galaxie, la Voie Lactée, qui en contient des milliards !

Dans un autre registre : comment expliquer la forme des nuages, la diversité des cristaux de glace, les arabesques d'un Havane ? Comment prévoir le temps qu'il fera ou le cours de la Bourse dans un mois, la propagation des épidémies ? Autant de questions de notre quotidien auxquelles la science « classique » et la loi des grands nombres ne savent répondre.

Des solutions analytiques peuvent toutefois être envisagées grâce à des approximations du type :
    - linéarisation : on approche le modèle de comportement non linéaire par un modèle linéaire ;
    - réductionnisme : on décompose un système complexe constitué de plusieurs entités par la juxtaposition de sous-systèmes simples et indépendants.

Depuis plus de trois siècles, la grande avancée de la physique nous incite à penser que ces deux méthodes permettent d'obtenir d'excellents résultats dans la plupart des applications, de sorte que chacun serait en mesure de croire que notre Monde est essentiellement composé de systèmes au comportement proche de la linéarité.
On pourrait aussi expliquer ceci par le fait que les scientifiques se sont principalement concentrés sur des systèmes ayant ce type de comportement, ou alors ont restreint leurs investigations sur des zones d'études favorables : le comportement linéaire d'un ressort par exemple, n'est pas valable pour les très petites ou très grandes amplitudes d'allongement, mais se situe entre les deux.

Pour tenter de modéliser les systèmes complexes naturels constitués de variables interdépendantes, certains scientifiques ont compris qu'il fallait appréhender les choses sous un angle différent, celui des systèmes globaux et des mathématiques non linéaires.

2.4. Phénomènes de saturation et non linéarité

Prenons l'exemple simple d'une éponge que l'on utilise pour essuyer un verre de vin renversé sur une jolie table en chêne (on l'a tous vécu). Si l'éponge est bien essorée, la quantité de liquide qu'elle absorbe est au départ proportionnelle au volume imprégné. Puis progressivement, on assiste à un phénomène de saturation et le comportement n'est plus linéaire.

D'une manière plus générale, partout où intervient la saturation, les comportements perdent de leur linéarité : champs électriques ou magnétiques, hygrométrie, etc. Toutefois, leur étude reste envisageable dans la mesure où le nombre de variables en interaction est limité et qu'il est possible de les modéliser localement.

Remarque : il est intéressant de constater que notre capacité d'assimilation suit le même type de comportement qu'une éponge : quand nous recevons trop d'informations en même temps, nous saturons et le processus d'apprentissage est bloqué.

2.5. L'effet papillon

Dès que le nombre de variables non linéaires augmente, le modèle global perd de sa prédictibilité et même les tentatives de linéarisations locales ne permettent plus de traduire le comportement réel du système.

Bien qu'Henri Poincaré ait déjà envisagé ce type de phénomènes, c'est au météorologue américain Edward Lorenz[37] que l'on doit les premiers résultats concrets sur les mathématiques non linéaires. En effet, si l'étude des systèmes linéaires permet des formulations mathématiques analytiques accessibles aux grands mathématiciens comme Poincaré, ceci n'est pas possible pour les systèmes non linéaires. Dans ce cas, la seule solution est d'effectuer des simulations numériques successives et le nombre important d'itérations requiert l'utilisation d'un ordinateur. Ce n'est donc qu'avec l'apparition de la technologie informatique, à l'aube des années 60, que purent s'effectuer de tels travaux. Le coût des machines était alors prohibitif malgré des performances très modestes engendrant des temps de calculs très longs, les réservant à de grandes structures comme le Massachussetts Institute of Technology où travaillait Lorenz.

Ce dernier débute ses recherches en modélisation météorologique par l'élaboration d'un modèle simple mais suffisamment représentatif. Il visualise de façon graphique les différents paramètres comme la vitesse du vent ou la température, lesquels, même s'ils ne correspondent pas exactement aux mesures du terrain, en donnent une bonne approximation. Puis soudain, sans rien comprendre, il observe un comportement totalement erratique avec des résultats sans liens apparents et très éloignés de la réalité.

Afin de percer ce mystère, il décide un jour d'effectuer la même simulation que la veille mais sur une période plus longue. Dans le but d'économiser du temps, il reprend le calcul à mi-chemin de ce qu'il avait simulé le jour précédent, en introduisant à la main les valeurs des différentes variables relevées. Il assiste alors à un phénomène qui allait être à l'origine d'une nouvelle science : le CHAOS.

Si, au départ, la nouvelle courbe coïncide bien avec la première, après une heure de simulation elle commence à s'en écarter légèrement, pour ensuite diverger complètement (Fig. 8)[38].

---

[37] Edward Norton Lorenz, scientifique américain (1917-2008), il a commencé par travailler comme météorologue au MIT.
[38] James Gleick, *La Théorie du CHAOS*, Flammarion, Champs Sciences, 1991, p. 34.

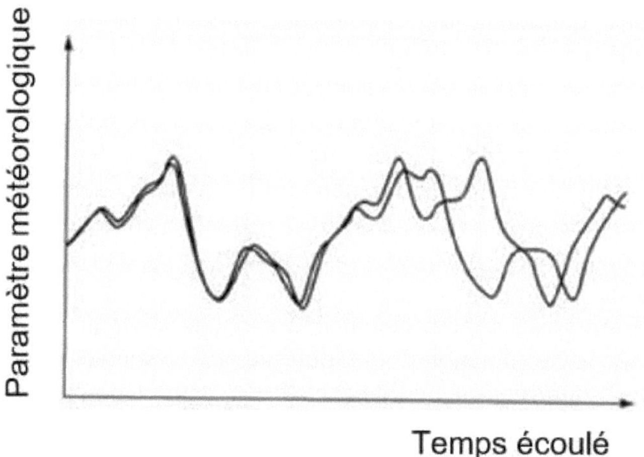

*Figure 8 : Influence des conditions initiales sur le comportement
d'un modèle météorologique*

Lorenz refait les calculs plusieurs fois en introduisant les valeurs avec plus de chiffres après la virgule mais rien n'y fait, pas même le changement de machine. Les courbes s'écartent toujours l'une de l'autre, après un temps de calcul proportionnel à la précision des données. Il comprend alors que ce type de comportement est intrinsèque aux systèmes non linéaires : **la sensibilité aux conditions initiales**, où une toute petite variation dans l'un des paramètres d'entrée peut engendrer une réponse complètement différente.
Il nommera plus tard, en 1972, cette caractéristique d'effet papillon : *le battement d'ailes d'un papillon au Brésil peut provoquer une tornade au Texas.*

Nous connaissons tous des manifestations de l'effet papillon :
   - En météorologie, la moindre perturbation dans l'atmosphère fait qu'il est impossible de prévoir le temps à moyen terme aux latitudes où les influences des nombreuses variables météorologiques sont du même ordre de grandeur. C'est la caractéristique des climats tempérés ou équatoriaux. Toutefois, dans le désert, ces conditions ne sont plus remplies. La température extrême et l'hygrométrie très faible font que le climat y restera stable et prévisible.

- Notre quotidien, fait d'une succession de petits événements apparemment anodins, est également soumis à l'effet papillon. Pierre et Claire ne se seraient pas rencontrés ce soir-là s'ils n'avaient décidé chacun de leur côté d'aller visiter des amis respectifs, pour se retrouver à cette seconde précise l'un à côté de l'autre dans le métro. Il eût ensuite fallu qu'elle se plonge dans un livre qui est son favori à lui afin que la conversation s'engage... Que de conditions fortuites sans lesquelles leur petite Marie ne serait pas en train de gambader aujourd'hui.

- L'Entreprise, contrairement à des objets statiques immuables, repose sur la coordination d'une multitude de ressources humaines et machines soumises en permanence à des stimulations internes ou externes. Autant de sources de dérive multi-chaotique, engendrant un modèle fondamentalement non prédictif.

La Vie sur Terre tout simplement, n'est-elle pas la conséquence de conditions exceptionnelles et improbables mais nécessaires à son développement ?

3. Notions de localité et de périodicité

Nous avons précédemment évoqué que, même si la plupart des systèmes physiques ne sont pas parfaitement linéaires, il est parfois possible d'en obtenir un modèle au comportement déterministe.
D'autres, pas forcément très complexes a priori, comme le système à trois corps célestes, résistent cependant à la modélisation analytique.
Pourquoi cette différence ?

3.1. Localité

Certains systèmes sont régis par des forces locales, dans le sens où elles interviennent sur un environnement proche, comme pour les interactions fortes, faibles et électromagnétiques des atomes,

contrairement à la gravité qui agit sur de très longues distances[39].
Dans ce premier cas, les niveaux d'interférences entre les différentes variables sont faibles car limités dans l'espace.
Ce type de système présente alors un comportement déterministe, ou pseudo-déterministe (si on intègre la notion de probabilité).

3.2. Régulation

D'autres systèmes, comme l'alternance jour/nuit, les saisons, les marées, présentent une périodicité à l'échelle de temps humaine en raison de l'influence d'un paramètre de régulation externe important : les périodes de rotation et de révolution de la Terre et de la Lune. Grâce à ces organes de régulation, on peut prédire qu'il fera froid en hiver et chaud en été dans l'hémisphère nord, et inversement dans l'hémisphère sud.
Cette caractéristique n'est cependant plus satisfaite à l'échelle de temps de l'Univers, où tous ces phénomènes dérivent et subissent les lois du Chaos.

4. Désordre dans l'ordre

Nous avons déjà évoqué que l'effet papillon est très important en météorologie et en considérant les trois points suivants cela n'est pas surprenant :
- le nombre de paramètres en intrication mutuelle est élevé (température de l'air, température des terres, pression atmosphérique, hygrométrie, vent, latitude, longitude, topologie, position de la Terre par rapport au Soleil, etc.) ;
- leurs influences respectives sont du même ordre de grandeur ;
- les distances sur lesquelles s'exercent les forces et contraintes géographiques sont importantes.

---

[39]Trinh Xuan Thuan, *Le Chaos et l'Harmonie,* Gallimard, Folio Essais, 1998, p. 509.

D'autre part, même si les phénomènes météorologiques suivent globalement le cycle périodique des saisons avec notamment des températures moyennes relativement stables, les multiples facteurs locaux font qu'il est très difficile de fournir des prévisions fiables à plus d'une semaine.

Ce type de système est donc localement indéterminé, tout en étant globalement défini : le désordre dans l'ordre.

5. Ordre dans le désordre

À l'époque où seul le formalisme des mathématiques analytiques est reconnu, les travaux de Lorenz reçoivent un accueil plus que mesuré de la part de la communauté des mathématiciens très conservateurs qui ne voient dans ces simulations numériques qu'un bricolage de laboratoire. Cependant, la nouvelle génération arrive dans les années 70 en même temps que le développement croissant de l'informatique. Robert May[40] en fait partie. Physicien théorique de formation, il est de plus en plus attiré par les sciences de la vie et décide de changer de voie pour se consacrer à l'étude de la dynamique des populations, l'une des branches de l'écologie alors très peu développée. Il reprend notamment l'étude d'une fonction simple, l'équation logistique de Verhulst[41], qui traite de l'évolution d'une population à partir de son taux de fécondité.

La problématique de ses recherches est la suivante : connaissant le nombre d'individus d'une population animale à un instant donné et son taux de fécondité μ (ou taux de reproduction), quel sera le nombre d'individus l'année suivante, ainsi que celles d'après (les autres

---

[40] Robert May, scientifique australien (1938-2020). De formation initiale en physique théorique, il choisit ensuite d'orienter ses travaux de recherches sur les systèmes non linéaires et notamment l'écologie théorique et la dynamique des populations.

[41] Pierre-François Verhulst, mathématicien belge (1804-1849). Il publie en 1845 le modèle de Verhulst qu'il qualifie d'équation logistique, qui est une série du type : $P_{n+1} = \mu.P_n(1-P_n)$, où P_n représente la population à l'année n (dont la valeur peut varier entre 0 et 1), et μ le taux de fécondité de l'espèce.

variables telles que les ressources en nourriture ou l'espace à disposition étant fixées dans le modèle) ?

La figure 9 nous présente 4 types de comportements en fonction de la valeur de µ :
- a) Extinction
- b) Équilibre stationnaire
- c) + d) Oscillations périodiques
- e) Variation chaotique

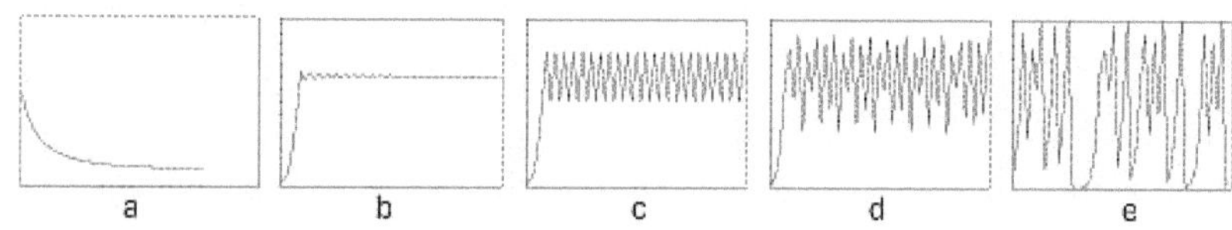

Figure 9 : Évolution de la population pour différentes valeurs de µ

Pour plus de lisibilité, il reporte ensuite uniquement la population finale sur l'axe vertical (Fig. 10)[42].

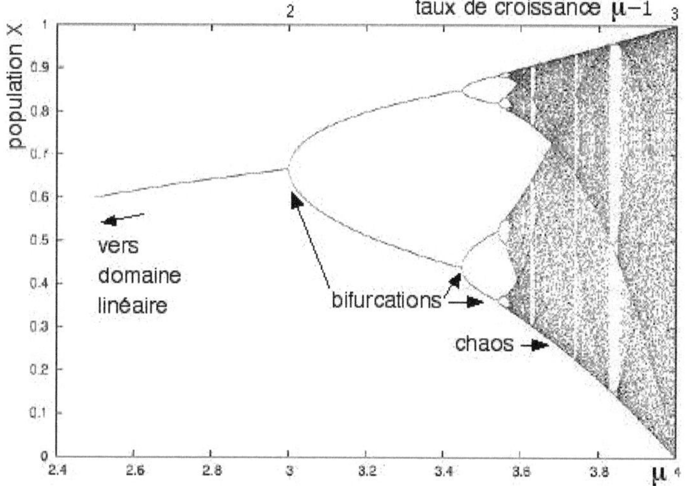

Figure 10 : Population finale en fonction de µ

---

[42] Ibid. note 38, p. 100.

Pour des valeurs de μ supérieures à 3, les régimes périodiques se succèdent : périodes 2, 4, 8, 16, etc., caractérisées par des bifurcations de la courbe.

Pour une période 2, la population alterne toutes les années entre deux valeurs et entre quatre pour une période 4.

Au-delà d'une valeur de μ critique, on entre dans le domaine chaotique et la population finale peut prendre une infinité de valeurs d'une année sur l'autre sans aucune logique apparente.

Cependant, en observant le comportement de plus près, on peut constater des régimes périodiques à l'intérieur de cette distribution aléatoire et, en agrandissant successivement les zones chaotiques, on voit que les motifs se reproduisent fidèlement à l'infini (Fig. 11).

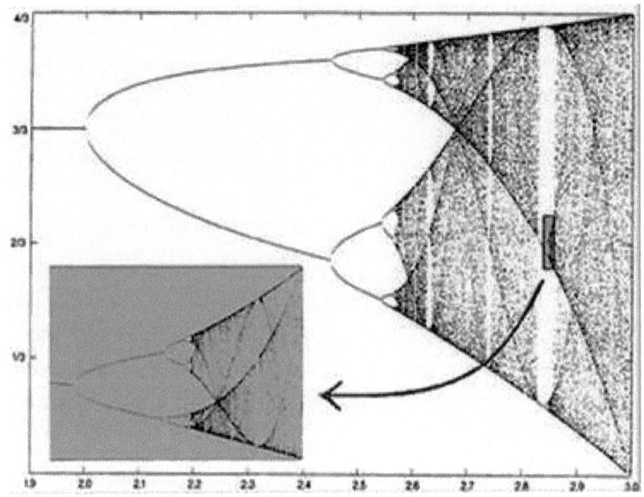

Figure 11 : Reproductibilité du comportement au sein du régime chaotique

Ainsi, même dans le chaos l'ordre subsiste : l'ordre dans le désordre.

Ce type de comportements commença à intéresser de truculents scientifiques, engendrant bientôt de nouveaux objets mathématiques très populaires : les fractales.

6. Les Fractales

Au début des années 70, Benoît Mandelbrot[43], un personnage haut en couleur et détesté par la (presque) totalité de ses confrères, jette un pavé dans la mare du conservatisme de son époque. Il publie successivement différents articles sur la nécessité d'étudier les phénomènes ou objets naturels sous l'approche de fluctuations aléatoires plutôt que d'en lisser le comportement par l'application des méthodes statistiques traditionnelles.

En 1974, dans son plus grand ouvrage, *Les objets fractals - Forme, hasard et dimension*, il fait référence à des objets mathématiques connus mais jusqu'alors boudés par les mathématiciens : le flocon de Koch, les ensembles de Julia et de Mandelbrot, qui ont pour caractéristique commune de présenter la même structure à toutes les échelles (Fig. 12, 13 et 14). L'originalité et la beauté des illustrations lui assurent immédiatement un succès mondial auprès du grand public qui perçoit dans ces formes mathématiques torturées des objets familiers.

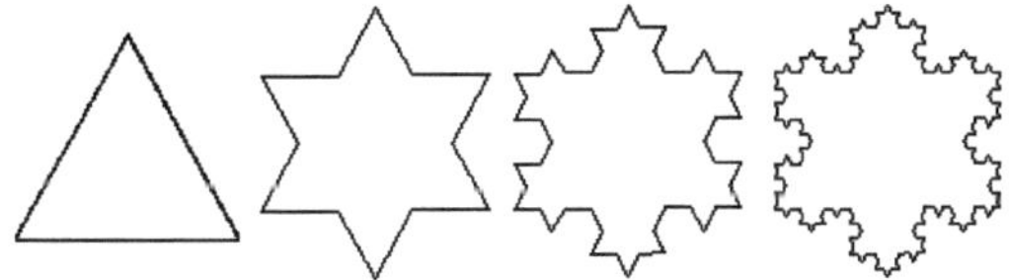

Figure 12 : Flocon de Koch

---

[43] Benoît Mandelbrot, mathématicien franco-américain (1924-2010). Il démarre sa carrière en France par des travaux sur la théorie de l'information, avant de partir aux États-Unis en 1958 pour travailler chez IBM sur les problématiques de traitement du signal. Ceci le conduit à découvrir de nouveaux objets mathématiques qui deviendront universels et dont les illustrations géométriques fantastiques lui permettent d'accéder à la popularité : les Fractales.

Figure 13 : Ensemble de Julia

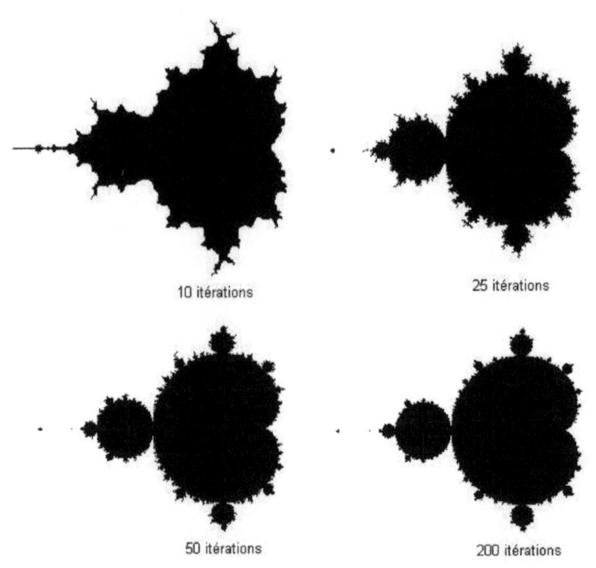

Figure 14 : Ensemble de Mandelbrot

7. Le Chaos dans la Nature

Les objets fractals de Lorenz, Julia ou Mandelbrot sont « invariants d'échelle », de sorte que « le tout est contenu dans l'unité ».
Cette caractéristique est très intéressante puisqu'elle permet de construire des structures complexes tout en mobilisant le minimum d'informations. Elle n'est pas sans rappeler le codage ADN des êtres vivants qui n'est autre qu'une empreinte unique et exclusive portée par chacune de leurs cellules, conformément au caractère obsessionnel de la Nature pour l'optimisation et l'économie.
Benoît Mandelbrot a passé la moitié de sa vie à étudier ces architectures et a réussi à démontrer que la Nature regorge de telles constructions, que ce soit au niveau du monde minéral ou de celui des organismes biologiques.

7.1. Exemples

La côte bretonne présente le même niveau d'irrégularités vue de l'espace ou d'un promeneur (Fig. 15).

Figure 15 : Structure fractale de la côte bretonne

Mandelbrot utilise alors la notion de dimension non entière[44] pour caractériser de tels objets. Les nuages et les montagnes présentent les mêmes caractéristiques, avec une dimension fractale propre.

Autre illustration : la structure fractale des arbres, identique des branches jusqu'aux feuilles (Fig. 16).

Figure 16 : Structure fractale d'un arbre

Les parois internes des poumons ou des intestins présentent également une architecture fractale leur permettant de disposer de la plus grande surface d'échange dans un volume minimum (Fig. 17).

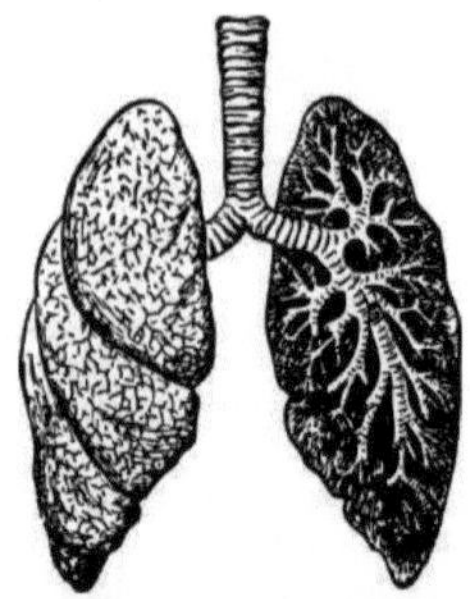

Figure 17 : Structure fractale des poumons

---

[44] Dans ce cas, comprise entre 1 (une courbe) et 2 (une surface).

Le réseau sanguin des animaux ou les racines des plantes présentent des analogies dans l'organisation chaotique de leurs embranchements et leur nature fractale ne permet pas de distinguer au microscope les petits des grands vaisseaux.

Finalement, le chaos est indissociable de la Nature et il serait même indispensable à la Vie. Sans lui, point de diversité, il n'y aurait qu'une Nature statique morne et ennuyeuse. Dès que le hasard intervient, des mutations génétiques peuvent se produire, par brassage ou simplement erreur de retranscription du code.

Cette nature capricieuse du monde des vivants avait déjà conduit des philosophes comme Platon à décomposer le monde en deux, avec :
   - d'un côté, le monde matériel et changeant des corps ;
   - de l'autre, le monde immatériel et invariant des idées, auquel appartiennent les mathématiques.

7.2. Fractales et principe de modération

Le chaos fait partie intégrante du monde naturel. C'est, d'une certaine manière, la manifestation de sa nature entropique. Sa structure fractale apporte de l'ordre dans ce désordre et vient quelque part compenser sa dérive inexorable, comme la loi de Faraday-Lenz pour les phénomènes électromagnétiques.
Par ailleurs, répétons qu'elle s'inscrit logiquement dans le caractère économe et minimaliste de la Nature qui lui permet de transmettre le maximum d'informations avec le minimum d'énergie.

7.3. Fractales et réductionnisme

Dans le prolongement de la nature fractale des êtres vivants, on constate que la Nature a simplifié et optimisé au maximum le fonctionnement de leurs organes selon une spécialisation, une fonction majeure qui s'intègre en partie dans la thèse réductionniste de Descartes[45].

L'exemple du processus d'alimentation des animaux est sur ce point intéressant, sachant que les mêmes observations pourraient être faites chez les insectes et les végétaux, selon une formulation forcément adaptée :

- La mastication tout d'abord, dont l'action mécanique permet de réduire les aliments en particules susceptibles d'être ingérées dans l'estomac.

- Dans ce dernier a lieu la décomposition de la nourriture sous la forme d'une bouillie qui pourra ensuite être assimilée dans l'intestin.

- Les nutriments (protéines, lipides, glucides) y sont séparés et transférés dans le sang afin d'alimenter les cellules ou d'être mis en réserve.

- Les déchets non synthétisables sont expulsés, comme les fibres végétales pour l'être humain.

- Au niveau des poumons s'effectuent des échanges gazeux. Absorption de l'oxygène et évacuation des produits issus de l'oxydation du glucose : $H_2O + CO_2$.

- Le cœur est la pompe qui permet d'assurer la circulation du sang riche (nutriments et oxygène) vers les cellules et du sang pauvre (CO_2) vers les poumons.

- Le foie est l'exception. Contrairement aux autres organes précités, il présente une grande capacité à se régénérer qui lui permet de pouvoir assumer plusieurs fonctions majeures : dégradation des substances toxiques et stockage des nutriments, synthèse de la bile via la vésicule ainsi que la plupart des protéines du sang.

- Les autres organes contribuent individuellement à la bonne marche des fonctions vitales avec chacun un rôle bien déterminé.

---

[45] René Descartes, mathématicien, physicien et philosophe français (1596-1650), considéré comme l'un des pères de la philosophie moderne.
Fondateur du mécanisme, il développe sur ce thème la thèse de l'animal-machine.

Ainsi, même si la Nature est construite sur la base de principes de vie non linéaires à l'origine de sa diversité, elle a su créer des îlots où l'ordre existe afin d'assurer la viabilité des espèces vivantes.

8. Chaos et physique quantique

La mécanique quantique nous apprend que les particules de la matière dont nous sommes constitués possèdent une double nature onde-corpuscule, selon qu'elles sont soumises ou non à l'observation et que, si les prédictions sur le comportement de particules individuelles sont impossibles, on peut en revanche prévoir celui d'un ensemble (nuage électronique par exemple). Cette caractéristique qui a défrayé la chronique et effrayé le monde scientifique au début du XXème siècle n'est cependant pas très éloignée de notre incapacité à établir des prévisions météorologiques locales tout en connaissant la tendance globale.

Alors que le monde macroscopique nous montre un visage chaotique à l'architecture fractale, le Chaos et la physique quantique se rejoignent pour nous éloigner d'un modèle déterministe du monde au profit d'une représentation probabiliste.

Cette condition est naturelle car indispensable au développement de la Vie et il ne saurait en être autrement.

9. Le Chaos dans l'Entreprise

Nous avons vu que les principaux paramètres favorables au développement du chaos sont :

- un nombre important de variables interdépendantes dans le système étudié ;
- des variables présentant des niveaux d'influence de même ordre de grandeur ;
- des interactions portant sur des distances importantes ;
- l'absence de système de régulation.

Le caractère chaotique des phénomènes est un principe universel qui ne se limite pas au milieu naturel et le monde de l'Entreprise n'échappe pas à la propagation du chaos. Par conséquent, évitons de nous perdre dans un exercice compliqué de prévision du futur qui sera forcément différent, que ce soit dans la bonne comme dans la mauvaise direction ; la vie est ainsi faite.

Alors oui, nous sommes capables de dire que demain, à Berlin, le jour se lèvera à 6h34 et se couchera à 19h12 et que la prochaine éclipse de Soleil dans l'hémisphère nord est prévue dans 3 années, 6 mois et 14 jours. Ceci ne remet pas en cause la réalité du chaos, parce qu'à l'échelle de temps de l'Univers, la fenêtre temporelle de quelques années représente moins d'un millième de seconde sur une journée de 24 heures.

Essayons maintenant de prédire ce qu'il adviendra du climat de la Terre dans 10'000 ans, ce qui reste, rappelons-le, extrêmement proche vis-à-vis de ses 4.5 milliards d'années. Peine perdue, nul ne le sait. Trop de paramètres influents entrent en jeu et le modèle approché dont nous disposons perd de sa force à mesure que nous cherchons à voir plus loin. Ce satané effet papillon ! Bien entendu, le développement des sciences nous permettra d'affiner graduellement le modèle, mais ceci prendra beaucoup de temps à l'échelle de notre existence sans toutefois jamais appréhender un modèle complet.

Doit-on pour autant se résigner ? Non, bien entendu.
Alors, que faire ?

Le premier challenge du chef d'entreprise sera de s'extraire d'un schéma instable s'il souhaite prévoir et respecter ses engagements sur les niveaux de Qualité, Délais et Coûts de fabrication de ses produits ou services.
Pour y parvenir, il doit faire en sorte de :

    - réduire le nombre de variables de son modèle industriel ou commercial ;

    - choisir et valoriser certaines d'entre elles en prenant garde de limiter les interactions qui pourraient être néfastes à la stabilité de l'entreprise ;

    - favoriser les échanges de courte distance.

Ce que l'on pourrait traduire par :
- définir une organisation claire, en recherchant la simplicité maximale ;
- structurer et hiérarchiser l'organisation en favorisant ce qui est susceptible de générer de la valeur ajoutée ;
- privilégier des relations commerciales (achats, ventes) de proximité.

La dérive étant cependant inéluctable, le responsable devra dans un deuxième temps créer un système de régulation de celle-ci. Pour y parvenir, la mise en place d'un système efficace d'identification de ses diverses causes (indicateurs de performance, méthode MSP[46]) est nécessaire afin de déterminer les actions correctives pertinentes.

Nous développerons dans les chapitres suivants ces différents points en prenant soin de les illustrer par des exemples concrets.
Mais avant cela, nous allons aborder un principe à la base des fondements de l'organisation de la Nature : la chaîne de valeur.

---

[46] MSP : Maîtrise Statistique des Processus, chapitre 13.

Chapitre 4
La chaîne de valeur

1. La chaîne de valeur dans la Nature

Sur notre belle planète, on distingue schématiquement deux grandes organisations : la chaîne alimentaire terrestre et la chaîne alimentaire océanique.

Considérons la chaîne alimentaire terrestre. Tout ce qui la constitue est parfaitement agencé et coordonné : les végétaux, les insectes, les oiseaux, les rongeurs, les grands mammifères, les petits et grands prédateurs, puis l'Homme, quand il est présent. C'est une chaîne de la Vie, dont l'objectif est sa transmission pour le maintien et le développement individuel des espèces dans le respect de l'harmonie collective. Chaque élément constitutif de cette chaîne est important et chaque maillon est interdépendant d'un autre, de sorte que toute perturbation est compensée en temps réel pour la préservation de l'équilibre global. À l'inverse, tout ce qui ne contribue pas à cette organisation est inutile et disparaît systématiquement.

Ne subsiste que ce qui est nécessaire et suffisant.[47]

2. La chaîne de valeur dans l'Entreprise

De la même façon que la Vie est la valeur véhiculée dans la Nature, nous pouvons définir la notion de chaîne de valeur dans le monde de l'Entreprise :

La chaîne de valeur d'un produit ou service est l'ensemble des opérations permettant de valoriser le produit ou service auprès du client.

---

[47] Arthur Schopenhauer, *De la Volonté dans la nature*, Presses Universitaires de France, Quadrige, 3ème édition, 2017, p. 111.

Selon cette formulation, on ne considère que les besoins du client et rien d'autre, conformément au principe de ce qui est nécessaire et suffisant. Par conséquent, il est inutile d'offrir une prestation ou une option que celui-ci n'a pas demandée. À l'inverse, ne pas minimiser des besoins tels que l'accessibilité pour la maintenance technique, le coût et la disponibilité des pièces de rechange ainsi que la qualité du service après-vente qui sont très importants. Si on prend l'exemple du marché automobile ou celui des biens d'investissement comme les machines-outils, l'un des critères de choix final des clients est notamment la qualité du service après-vente, au même titre que les caractéristiques techniques intrinsèques du produit. Ceci, devant le prix d'achat.

Une image vaut souvent mieux qu'un long discours. Considérons maintenant une application concrète pour illustrer les différentes notions et développements qui vont suivre, à commencer par la chaîne de valeur.

3. Fil rouge : les rouages horlogers

Au cours de mes différentes expériences professionnelles, j'ai eu l'occasion d'industrialiser des produits techniques, mais pas toujours connus du grand public. L'un d'entre eux fait exception : la fabrication de mouvements horlogers. En effet, la plupart d'entre nous a au moins une idée même grossière de ce à quoi ressemble le mécanisme d'une horloge, d'une pendule ou d'une montre et j'illustrerai les divers thèmes abordés avec ce beau produit sur lequel j'ai eu la chance de travailler.
Nous ne rentrerons pas dans le détail du principe de fonctionnement d'une montre ou d'une horloge analogique (à aiguilles). Cependant, qu'elle soit à quartz ou mécanique, chacune possède des rouages à l'intérieur qui permettent notamment de transmettre, depuis une source d'énergie (une batterie ou un ressort), un mouvement de rotation aux différentes aiguilles pour afficher l'heure (heures, minutes, secondes, dans sa forme la plus classique).

Aussi, et afin de ne pas apporter de complexité inutile, nous nous limiterons dans cet ouvrage à l'étude de la fabrication des mobiles, qui sont les sous-ensembles primaires des rouages horlogers (Fig. 18)[48].

Figure 18 : Mobiles horlogers constitués d'un pignon P et d'une roue R

Ce choix est intéressant car simple en nombre de composants (seulement deux : un pignon en acier et une roue en laiton) et, nous allons le voir, par le nombre limité d'opérations de transformation. Néanmoins, le lecteur pourra bien entendu, s'il le souhaite, choisir un autre exemple par souci de confort ou de sensibilité au produit.

<u>Gamme opératoire</u>

On appelle gamme de travail ou gamme opératoire la succession des opérations nécessaires à la réalisation d'un produit. Ces opérations peuvent être de trois natures différentes :

- opérations à valeur ajoutée de niveau 1 : celles qui sont indispensables, souhaitées et payées par le client ;

- opérations à valeur ajoutée de niveau 2 : celles qui sont non visibles par le client mais nécessaires au cours du processus de production ;

- opérations existantes mais a priori non nécessaires ; autrement dit, les gaspillages.

---

[48] D'après le site www.horlogerie-suisse.com

Sur le tableau de la figure 19, nous avons succinctement décrit les gammes opératoires relatives à la fabrication d'un mobile horloger. Sont représentés :

- **en gras** : les opérations à valeur ajoutée de niveau 1 ;
- *en italique* : les opérations à valeur ajoutée de niveau 2 ;
- ~~en barré~~ : les gaspillages.

PIGNON	ROUE
Décolletage	**Découpage rondelle brute**
Lavage + comptage	*Lavage + comptage*
~~Contrôle intermédiaire~~	~~Contrôle intermédiaire~~
Taillage	*Polissage*
Lavage + comptage	*Lavage + comptage*
~~Contrôle intermédiaire~~	**Taillage**
Trempe	*Lavage + comptage*
Polissage	~~Contrôle intermédiaire~~
Lavage + comptage	**Découpage trou de centre**
~~Contrôle intermédiaire~~	*Lavage + comptage*
Roulage	~~Contrôle intermédiaire~~
Lavage + comptage	*Polissage*
~~Contrôle intermédiaire~~	*Lavage + comptage*
Revenu	~~Contrôle intermédiaire~~
Polissage (brillantage)	**Galvanoplastie**
Lavage + comptage	*Comptage*
~~Contrôle final~~	~~Contrôle final~~
Mise en stock	*Mise en stock*
ASSEMBLAGE PIGNON + ROUE	
Assemblage	
Lavage + comptage	
~~Contrôle final~~	
Mise en stock	

Figure 19 : Étapes standards de fabrication d'un mobile horloger

On constate immédiatement que la somme des opérations de niveau 2 et des gaspillages l'emporte sur celles qui génèrent un vrai travail.

Ce fil rouge n'est pas un cas particulier, la majorité des flux de production partageant ce même paradoxe.

- **Chaîne de valeur de la fabrication du pignon**

- Décolletage, ou microtournage, avec un tour automatique (décolleteuse).
- Taillage des dents du pignon, en utilisant une machine automatique (tailleuse).
- Trempe, dans un four sous protection gazeuse afin de durcir les pièces pour optimiser l'opération de polissage. L'association de ces deux opérations permet d'améliorer l'esthétique des pièces et de casser les bavures générées lors du taillage (car elles sont alors plus fragiles). Nous avons cependant choisi de classer l'opération de polissage en niveau 2, sachant que l'on pourrait chercher à effectuer le taillage des pignons sans bavures.
- Roulage des pivots du pignon, avec une machine automatique (rouleuse). Les mobiles horlogers pivotent au niveau de leurs extrémités à l'intérieur de paliers lisses qui sont traditionnellement en rubis synthétiques. L'opération de roulage est une opération d'écrouissage (écrasement) qui permet de garantir la dimension et une faible rugosité (frottements limités) de ces extrémités appelées pivots.
- Revenu thermique, dans un four sous protection gazeuse afin d'amener les pièces à la dureté souhaitée par le client.
- Brillantage (léger polissage), dans le but de redonner de l'éclat aux pignons après le revenu thermique.

- **Chaîne de valeur de la fabrication de la roue**

- Découpage d'une rondelle brute dans une bande de matière, grâce à une presse hydraulique automatique.
- Taillage des dents de la roue, au moyen d'un deuxième type de tailleuse automatique.

- Découpage du trou au centre de la roue (en prenant comme référence le diamètre extérieur taillé), avec une presse automatique.

- Dépôt d'une fine couche d'or ou de nickel, par galvanoplastie, pour des questions tribologiques et/ou afin de protéger les pièces de l'oxydation. Dans certains cas, cette opération de galvanoplastie a lieu avant l'opération de taillage de manière à éviter de laisser un dépôt galvanique sur le profil les dents.

- **Chaîne de valeur du mobile : ensemble pignon + roue**

- Assemblage de la roue avec le pignon, avec une machine automatique (presse pneumatique ou électrique).

Pour ces trois chaînes de valeur, nous effectuons également diverses opérations de lavage, comptage (par pesées), contrôle et mise en stock, sans valeur ajoutée pour le client, mais a priori nécessaires.

4. Optimisation de la chaîne de valeur dans la Nature

Dans le monde naturel, tout ce qui existe « sert » à quelque chose, de sorte que la notion de non valeur ajoutée ou de gaspillage n'existe pas. Selon cette logique, les attributs et caractéristiques des êtres vivants évoluent en fonction de leur environnement, pouvant muter, apparaître ou même disparaître selon les exigences du milieu.
C'est le principe à la base des deux principaux courants transformistes (le néo-lamarckisme et le néo-darwinisme, abordés au chapitre 2) qui permettent d'expliquer notre évolution ainsi que les différences entre les populations d'une même espèce présentes sur plusieurs continents.

5. Optimisation de la chaîne de valeur dans l'Entreprise

5.1. Vers un chemin optimal – Suppression des opérations sans valeur ajoutée

- **Autocontrôle**

Dans de nombreuses organisations, l'usage est de faire contrôler le travail réalisé en Production par un service Contrôle séparé de cette dernière. Les défenseurs de cette approche argumentent le plus souvent qu'elle assure une neutralité de décision et que les producteurs ne peuvent être juges et parties de leur propre travail.

La véritable raison cachée et non avouée ne serait-elle pas plutôt de contourner l'épineuse problématique de la responsabilisation directe des acteurs de la production, laquelle constitue toujours un véritable challenge ?

Soulignons ici que **la qualité d'un produit ou service se crée au cours de son processus d'élaboration, pas après** !

Dans toute organisation industrielle, qui d'autre que les régleurs ou les opérateurs de production peuvent mieux connaître les pièces qu'ils fabriquent ? Ce sont des spécialistes, dans le sens où ils ont les produits dans les mains toute la journée. Comment alors imaginer déléguer la responsabilité du contrôle à d'autres personnes qui sauront forcément moins rapidement et moins bien interpréter les résultats vis-à-vis des paramètres de réglage ?

Le contrôle en cours de production fait vraiment partie intégrante du travail de ces spécialistes et se substituer à eux entraîne systématiquement un relâchement dans le sérieux des tâches qui leur incombent, d'où une dégradation naturelle de la qualité du produit.

On pourrait résumer ceci par : **moins il y a de contrôles externes à l'atelier, meilleure sera la qualité.**

Autres désavantages d'un contrôle centralisé :

- Il coûte cher : en matériel de contrôle, en surface et en personnel qualifié. Par ailleurs, le client s'engage à payer un produit fabriqué avec la qualité demandée. Il ne paye pas les contrôles additionnels qui n'apportent aucune valeur ajoutée au produit.

- Risque de détection tardive des défauts : compte tenu d'un contrôle différé avec le rythme de production, le risque de contamination des en-cours par un défaut est beaucoup plus grand qu'avec un contrôle « en live ». Dans le jargon industriel, « on compte les morts » plutôt que de les éviter.

Pour toutes ces raisons, il est indispensable de supprimer, dans la mesure du possible et des compétences du personnel direct, les contrôles externes à l'atelier et de mettre en place la démarche d'autocontrôle, quelles que soient les réticences initiales des collaborateurs.

La mise en place de l'autocontrôle est cependant une opération délicate car la plupart du temps le personnel de production refuse d'assumer seul la responsabilité de la qualité de son travail et préfère se reposer sur un service de contrôle externe. Il faut alors faire preuve de patience et privilégier une implémentation progressive avec un projet témoin simple. Le rôle du manager sera de valoriser cette tâche et de tout faire pour que l'autocontrôle ne soit pas vécu comme une contrainte, mais comme un support pour améliorer la maîtrise des procédés de production.
Toutefois, dans le souci de conserver un niveau de qualité élevé et de ne pas prendre de risques, il est recommandé de maintenir en parallèle les contrôles externes pendant le déploiement de la démarche d'autocontrôle.

La Maîtrise Statistique des Procédés (MSP) que nous aborderons au chapitre 13 est une méthode générique de contrôle continu de la production. Si sa mise en place est effectuée de manière didactique, son approche analytique permettra de bien faire assimiler la puissance de l'autocontrôle aux opérateurs qui l'utiliseront alors comme un outil de pilotage et d'anticipation des dérives.

Au bout du compte, après une période d'instabilité et de doute qu'il faut lever avec eux, il en ressort une grande fierté de la part des régleurs et opérateurs à utiliser des outils simples et performants d'autoévaluation de leur travail.

On parle ici de **responsabilisation qualitative** du personnel direct.

Revenons à notre fil rouge. La chaîne de valeur obtenue en supprimant les opérations de contrôle intermédiaire et de contrôle final (sans valeur ajoutée) est représentée à la figure 20.

PIGNON	ROUE
Décolletage	**Découpage rondelle brute**
Lavage + comptage	*Lavage + comptage*
Taillage	*Polissage*
Lavage + comptage	*Lavage + comptage*
Trempe	**Taillage**
Polissage	*Lavage + comptage*
Lavage + comptage	**Découpage trou de centre**
Roulage	*Lavage + comptage*
Lavage + comptage	*Polissage*
Revenu	*Lavage + comptage*
Polissage (brillantage)	**Galvanoplastie**
Lavage + comptage	*Comptage*
Mise en stock	*Mise en stock*
ASSEMBLAGE PIGNON + ROUE	
Assemblage	
Lavage + comptage	
Mise en stock	

Figure 20 : Suppression des opérations de contrôle intermédiaire et contrôle final

Sur le terrain, il nous a fallu environ une année pour mettre en place l'autocontrôle, ce qui est relativement court compte tenu de l'inévitable résistance au changement.

Pour parvenir à convertir des ateliers traditionnels a priori indéboulonnables, nous avons utilisé, dans un premier temps, des cartes MSP manuelles simples et très efficaces.

Cerise sur le gâteau : à l'issue de cette période d'assimilation, nous sommes même arrivés à la situation cocasse où le personnel initialement le plus réticent se permettait de taquiner les nouveaux venus qui n'auraient jamais travaillé selon cette méthode !

- **Décentralisation des tâches logistiques**

Comme pour les opérations de contrôle, les mouvements des en-cours dans les différents ateliers sont généralement assumés par du personnel indirect, en l'occurrence des agents de stock rattachés au service logistique usine. Leur travail principal consiste à réceptionner physiquement et informatiquement les pièces, à les mettre dans le stock central, puis à compter et ressortir les produits semi-finis au moment souhaité pour les affecter à des ordres de fabrication. Au final, c'est beaucoup de temps perdu, on manipule et compte plusieurs fois les pièces sans y apporter de valeur ajoutée, en plus d'augmenter le risque de pertes ou d'erreurs.

Dans la chaîne de valeur simplifiée, ces opérations sont assumées par le personnel direct. Pour ce faire, la meilleure solution est de créer des zones de stockage dans chaque atelier et de former les « producteurs » à la gestion logistique, tant physique qu'informatique, de leurs pièces. La mise en place de cette « autologistique » n'est cependant pas toujours facile et demande parfois du temps. Néanmoins, on constate qu'il se dégage une grande satisfaction de la part des opérateurs à maîtriser les opérations de saisie informatique de leurs volumes de production, lesquelles sont une source supplémentaires de motivation.

On parle ici de **responsabilisation quantitative** du personnel direct.

- **Autocontrôle / autologistique, une question de bon sens**

Les extrêmes ne sont jamais bons, tout est affaire de compromis. Il se peut en effet que, pour des questions de charge de travail, de formation ou d'organisation pratique (environnement de travail huileux par exemple), il ne soit pas très efficace ou pas très commode de mettre en place l'autocontrôle ou l'autologistique dans les ateliers comme proposé ci-dessus. Ceci ne constitue pas un problème, dans la mesure où l'on s'attachera à attribuer les ressources en charge de ces tâches au bon centre de frais, comme nous allons le voir dans le paragraphe suivant.

- **Services supports : personnel direct ou indirect ?**

D'une manière générale, on classifie comme personnel direct tout collaborateur ayant une activité en relation directe et nécessaire avec, soit le niveau de qualité des produits manufacturés, soit le volume de production, et dont les tâches seront justifiées par une gamme opératoire.

Selon cette définition, dans quelle catégorie classifier les ressources allouées au contrôle ?
Afin de répondre à cette question, il s'agit avant tout de savoir si les opérations de contrôle sont vraiment nécessaires au processus de fabrication.

Reprenons nos réflexions sur le modèle naturel. On constate que dans le monde qui nous entoure la notion de non-qualité n'existe pas car il n'existe pas de « produits standards ». En effet, chaque individu de chaque espèce présente des caractéristiques communes tout en étant intrinsèquement unique. Il n'y a donc pas de « production ciblée ». Ceci est dû, nous l'avons évoqué précédemment, à cette fameuse tendance entropique de la Nature à créer de la variance.

Dans le cas d'une production industrielle standardisée par contre, l'Homme doit compenser en permanence les sources de dérive auxquelles il ne peut échapper. C'est pourquoi nous ne pouvons pas nous affranchir des opérations de contrôle qui permettent d'établir des boucles de correction.
Le contrôle fait donc bien partie intégrante des tâches des ressources directes et ce travail doit par conséquent être reporté dans une gamme opératoire.

Maintenant, concernant le contrôle intermédiaire inter-ateliers, il s'agit finalement d'un double contrôle qui ne présente aucun caractère obligatoire. Cette tâche a juste pour but de s'assurer que le contrôle en cours de production a été correctement réalisé au préalable. Dans ces conditions, on rattachera le personnel alloué au contrôle intermédiaire aux ressources indirectes de l'atelier, ce qui aura pour effet d'augmenter les charges et donc le taux horaire de ce dernier.

En revanche, si la décision du chef d'atelier est de déplacer ces ressources dans l'atelier pour effectuer des contrôles en cours de production à la place des techniciens (en leur libérant par exemple du temps pour d'autres tâches comme le réglage ou la maintenance des machines), nous ne sommes plus dans une démarche de double contrôle. Sachant que le contrôle en cours de production est une nécessité, il serait plus juste de considérer dans ce cas les contrôleurs comme des assistants de production et, par conséquent, comme des ressources directes.

Cette solution est très intéressante si :

- les opérations de contrôle demandent une formation spécifique ;

- les opérations de contrôle nécessitent un environnement protégé incompatible avec les conditions de production ;

- l'effectif des experts de production est insuffisant. Le but recherché est alors de leur libérer le maximum de temps afin de concentrer leur travail sur des tâches à haute valeur ajoutée sur un plus grand nombre de machines, d'où un taux de rendement atelier plus élevé par rapport à celui que l'on aurait sans ces aides providentielles.

Autre avantage que l'on peut tirer de cette démarche : le salaire des spécialistes techniques étant substantiellement plus élevé que celui des assistants de contrôle, ce modèle est également plus économique.

Le choix du modèle est somme toute entre les mains du responsable qui évaluera en fonction de sa propre situation ; l'essentiel étant de poursuivre le but d'un autocontrôle réalisé sur les postes de travail, qu'il soit effectué par les techniciens eux-mêmes ou par leurs assistants.

En définitive, c'est l'efficacité globale qui prévaut. Celle-ci pouvant être mesurée comme le rapport entre la valeur ajoutée générée sur le coût global du personnel en relation directe et indirecte avec la production.

Concernant maintenant les tâches de logistique d'atelier, nous sommes dans le cadre de tâches indirectes pures n'ayant aucune influence immédiate sur la qualité ou le volume de production. La délégation d'une partie de cette responsabilité au personnel direct d'atelier n'est par conséquent pas obligatoire. Elle est néanmoins intéressante dans la mesure où cela permet de faire des économies salariales et d'impliquer directement les acteurs dans la gestion de leur production. Ici encore, il n'y a pas de règles universelles. Le choix final incombe au responsable en fonction de la disponibilité et du niveau de polyvalence des ressources dont il dispose, ainsi que des spécificités de son modèle industriel.

<u>Remarque</u> : il est intéressant de souligner que dans les organisations entomologiques évoluées comme les colonies d'abeilles, les ouvrières en charge de la fabrication du miel (« personnel direct ») portent également la responsabilité de la protection de la colonie en tant que soldats (« personnel indirect »), contrairement aux fourmis dont les tâches sont plus spécifiques. Dans la Nature, les deux modèles peuvent donc très bien cohabiter.

5.2. Rationalisation des opérations de degré 2 par un management de terrain

Dans l'exemple de notre fil rouge, la fabrication de rouages horlogers, le passage de la chaîne de valeur initiale à la chaîne de valeur simplifiée nous a permis de supprimer ou réduire les opérations générant des coûts indirects telles que le contrôle intermédiaire de la production et la gestion des stocks de pièces. C'est la première étape de simplification de la chaîne de valeur et le lecteur pourra s'inspirer de cet exemple pour l'appliquer à la réduction progressive des autres coûts indirects de son entreprise.

Penchons-nous maintenant sur les opérations de niveau 2, comme le lavage et le polissage des pièces.

La question qu'il faut se poser est la suivante : sont-elles vraiment nécessaires ? Ou, dans une moindre mesure, est-ce que toutes les étapes de lavage et de polissage sont absolument incontournables ? Ne peut-on pas en supprimer quelques-unes ?

Vous pouvez imaginer la réaction des responsables des différents ateliers lorsque nous avons ouvert cette discussion. Rejet pur et simple, le même qui avait accompagné l'introduction de l'autocontrôle.

C'est dans ce genre de situations qu'**il faut aller sur le terrain et gagner ses galons de responsable**.

En effet, être chef d'une équipe ou d'une entreprise n'est pas une question de structure hiérarchique sur un organigramme, mais se justifie par les actes et les compétences. Un responsable ne peut être suivi par toute son équipe que s'il est légitimé, considéré comme un pair, un chef de tribu en quelque sorte. N'est-ce d'ailleurs pas ainsi que cela se passe dans la Nature, chez les insectes et les animaux ? On y rencontre toujours un patron, un mâle ou une femelle alpha, respecté(e) par le reste du groupe et qui prend ses responsabilités sur le terrain en cas de coup dur.

Dit de cette façon, cela peut paraître primitif, mais c'est pourtant vrai : on a tous besoin d'être rassuré, d'avoir un capitaine qui tient fermement la barre, quoi qu'il arrive. Cela débute dès l'enfance avec nos parents, le maître d'école qui nous semble tout savoir sur tout, puis à l'université avec des professeurs et des chercheurs brillants, pour ensuite prendre notre envol dans le monde du travail où, là encore, on a besoin d'une référence pour se sécuriser.

Trop de responsables d'entreprises, trop de managers délèguent la responsabilité du terrain aux chefs d'ateliers ou de services « parce qu'ils sont payés pour ça ». C'est une erreur ; non pas parce qu'il ne faut pas faire confiance au management intermédiaire, mais surtout parce qu'en tant que responsable, tout ce que vous faites a valeur d'exemple et les équipes dont vous avez la charge seront inspirées par vos actions. Aussi, si vous ne challengez pas vos managers, il y a peu de chance qu'ils le fassent à leur tour. En revanche, si vous vous confrontez personnellement aux problèmes opérationnels avec une approche constructive et analytique, vous influencerez leurs comportements, imités par les techniciens et les opérateurs, multipliant d'autant les sources de réflexion sur la simplification et l'optimisation des procédés et processus. L'approche managériale revêt ici une importance capitale, et qui sait transmettre le virus de la réflexion continue saura aller très loin avec son équipe. Jusqu'à preuve du contraire, une journée ne dure que 24 heures. 5 fois par semaine, nous en passons grosso modo 8 à dormir, 8 avec notre famille et les 8 dernières au travail. Notre vie « consciente » est donc partagée à part égale entre la sphère privée et l'environnement professionnel. Autant alors faire en sorte que cela se passe bien et que le travail devienne une activité enrichissante où chacun puisse se réaliser en tant qu'individu, respecté et valorisé.

Les collaborateurs estiment un chef qui s'intéresse à ce qu'ils font, disponible et à leur écoute. En retour, ils donneront le meilleur d'eux-mêmes par loyauté envers leur responsable et par fierté pour leur travail bien fait. Ceci ne remet absolument pas en cause le fait qu'il faille déléguer le management de terrain. Mais entre déléguer et ne jamais le pratiquer, là est toute la différence et elle est fondamentale. J'invite donc tous les « Seniors Managers » à aller au cœur de l'action s'ils veulent avoir toutes les chances de pouvoir créer une émulation autour d'eux.

Les services supports ne doivent pas être laissés pour compte. Autant pour l'intérêt que nous porterons à leur travail, que comme relais pertinents pour l'entretien de ce mode de pensée.

Revenons maintenant à la suppression d'opérations d'ordre 2. Il est assez fréquent de constater que certaines d'entre elles se font par habitude, sans que plus personne n'en connaisse la raison première et la pertinence. Ces opérations seraient alors apparues à un instant donné, pour corriger un problème ponctuel. Et, même si ce problème a disparu depuis, celles-ci ont été maintenues bien que plus personne ne sache vraiment pourquoi.

Cette étape de réflexion et d'optimisation appliquée à notre fil rouge permet d'obtenir la chaîne de valeur de la figure 21.

PIGNON	ROUE
Décolletage	**Découpage rondelle (+ trou)**
Lavage + comptage	*Lavage + comptage*
Taillage	*Polissage*
Lavage + comptage	*Lavage + comptage*
Trempe	**Taillage**
Polissage	*Lavage + comptage*
Lavage + comptage	*Polissage*
Roulage	*Lavage + comptage*
Lavage + comptage	**Galvanoplastie**
Revenu	*Comptage*
Polissage (brillantage)	*Mise en stock*
Lavage + comptage	
Mise en stock	
ASSEMBLAGE PIGNON + ROUE	
Assemblage	
Comptage	
Mise en stock	

Figure 21 : Chaîne de valeur optimisée de la fabrication d'un mobile horloger

Mieux que la suppression d'opérations d'ordre 2, nous avons aussi pu enlever une opération d'ordre 1 en combinant la découpe du trou de centre de la roue avec la première étape de découpage de la rondelle brute. Pour ce faire, nous avons dû revoir le processus de taillage des roues, où la référence de centrage devient le trou intérieur. Par effet ricochet, une opération de lavage et une opération de comptage ont également disparu.

De plus, en travaillant sur la propreté des bols vibrants à l'assemblage, nous pouvons désormais nous affranchir d'un lavage.

Cette deuxième itération réduit le nombre d'opérations sans toucher l'intégrité du produit final, condition primordiale et non négociable.

Une réflexion en amenant une autre, on pourrait de la même manière se poser la question de la suppression pure et simple du taillage des roues et découper finalement directement le profil des dents à la première étape…

Cette démarche d'Amélioration Continue, héritée des principes fondateurs du Monde Naturel, est la pierre angulaire du succès d'une organisation. Sa mise en place rigoureuse permet d'envisager rapidement des résultats impressionnants dans tous les secteurs de l'Entreprise, même si le potentiel de gain se réduit à mesure que l'on simplifie la chaîne de valeur.

Comme le disait si justement le père du Petit Prince[49], « la perfection n'est pas atteinte lorsqu'il n'y a plus rien à ajouter, mais lorsqu'il n'y a plus rien à retirer ».

Quant à savoir où et quand il faut s'arrêter, c'est une question de priorité par rapport aux autres projets d'optimisation et de rapport coût/efficacité.

Nous allons maintenant aborder la notion de flux tiré. C'est celui qui prévaut dans la Nature et l'on pourrait le résumer ainsi : **le besoin précède l'action**.

---

[49] Antoine de Saint-Exupéry, écrivain et philosophe français (1900-1944).

Chapitre 5
Le flux tiré

1. Le flux dans la Nature

Revenons quelques instants sur la notion de chaîne de valeur appliquée au monde qui nous entoure, dont le but final est le développement de la Vie pour la préservation d'un équilibre global en mouvement permanent. Les phénomènes naturels qui s'y rapportent se déroulent selon un flux continu, dans le sens où ils interagissent en temps réel pour compenser les effets d'une variable sur les autres, ceci en dépensant le minimum d'énergie. Pour conserver cette harmonie de fonctionnement, chaque rôle est important mais aucun n'est dominant, car dans le cas contraire il y aurait rupture de l'équilibre initial pour évoluer vers un autre état d'équilibre.

Le cas de l'implantation d'une espèce animale ou végétale non indigène dans un nouveau milieu est intéressant : soit l'espèce en question n'est pas adaptée et disparaît rapidement, créant une perturbation de faible amplitude, soit elle prolifère, modifiant de façon plus ou moins importante le précédent équilibre. Pour survivre, les spécimens endémiques devront alors s'adapter à leurs nouvelles conditions de développement. Cette entreprise n'est pas toujours couronnée de succès, pouvant entraîner la disparition pure et simple d'espèces implantées depuis des milliers d'années au profit de nouvelles, devenues invasives. La prolifération du phylloxéra en Europe, insecte importé malencontreusement des États-Unis au gré du trafic maritime en est un incomparable exemple : en quelques décennies, il a ravagé la quasi-totalité du vignoble du Vieux Continent sans qu'il ait été possible de faire quoi que ce soit contre les désastres occasionnés.

À l'exclusion d'interventions externes pour corriger ce type de traumatismes, la Nature évoluera vers un nouvel état d'équilibre différent du premier, avec des caractéristiques forcément différentes.

Pour revenir au cas du phylloxéra, la solution la plus simple et efficace au problème de l'effondrement de la vigne fut de greffer les cépages locaux sur des plants américains parfaitement adaptés et résistants au parasite. Dans les régions qui n'avaient pas effectué cette opération, la perte fut inéluctable et naturellement compensée par le développement d'autres espèces végétales endémiques pour le maintien de l'équilibre énergétique du biotope.

Ainsi, grâce à son organisation en flux, la Nature s'adapte et réagit en temps réel. Si la perturbation est mineure et/ou temporaire, les contre-réactions lui permettront de revenir à l'état d'équilibre dynamique initial. Dans le cas d'un traumatisme important et/ou soudain, les compensations naturelles ne sont pas suffisantes et il y a transition vers un nouvel environnement de référence.

Quant à l'Entreprise, elle est, rappelons-le, un monde artificiel et, même si elle est constituée de composantes physiques naturelles, son organisation et ses ressources matérielles sont issues de l'imagination humaine. Le principe de compensation des dérives n'y est donc pas systématique. Pour ce faire, le manager doit par conséquent s'inspirer du modèle naturel, optimal et gratuit. À l'image de ce dernier, il faut privilégier les organisations en flux continu par rapport aux lots et files d'attente et mettre en place un système de détection et de suppression des écarts, simple et à moindre coût. Quelles en sont les implications ?

2. Flux physique

En premier lieu, organiser un flux physique dans les ateliers. Plus exactement, faire en sorte que les ressources indispensables à la production soient organisées suivant le même enchaînement que celui de la chaîne de valeur, en effectuant des transferts si nécessaire de manière à tuer les déplacements et en rationalisant au maximum l'espace :

- peu d'espace permet de mieux s'organiser et de supprimer ce qui est superflu ;

- dans l'hypothèse d'un futur projet d'extension, une réserve industrielle peut s'avérer précieuse.

Agencer enfin le flux physique afin que chaque personne de l'entreprise puisse voir tout ce qui se passe dans les moindres recoins de chaque département, toujours dans un souci de transparence et de correction immédiate des dérives potentielles.

Dans le cas particulier de notre fil rouge, la fabrication de mobiles horlogers, l'organisation de la production est schématisée sur la figure 22.

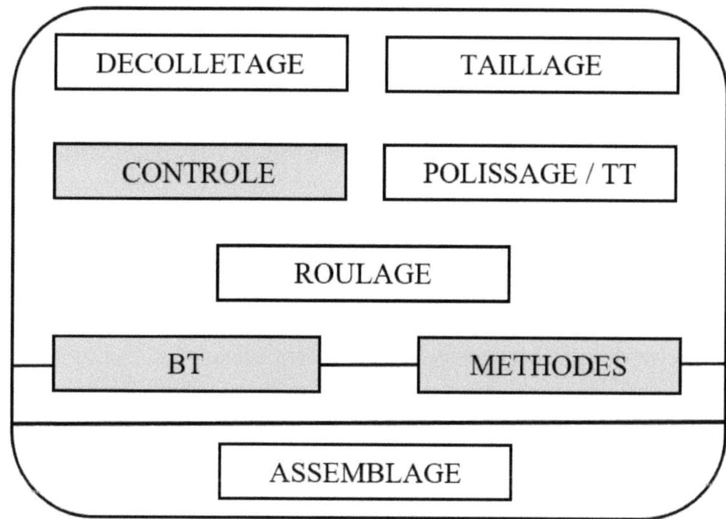

Figure 22 : Optimisation du flux physique pour la fabrication de mobiles horlogers

On constate que les ateliers d'usinage s'organisent autour de l'atelier de Polissage / Traitement Thermique et du service Contrôle. Ce dernier est dédié à la validation des lancements séries et au contrôle de la sous-traitance des opérations de galvanoplastie non intégrées sur le site.
Pour des questions d'environnement de travail et d'indépendance du flux des opérations, l'atelier d'Assemblage est une structure à part entière séparée du reste de la production.
Le déplacement du Bureau Technique et du bureau des Méthodes au plus près des ateliers permet de pouvoir leur apporter le meilleur support.

Pour réaliser cette implantation, il a fallu réorganiser ou déplacer des ateliers complets qui étaient dans certains cas situés sur d'autres sites (roulage et assemblage) et construire des parois afin d'assurer les conditions de travail optimales pour chacun d'eux : le décolletage et le taillage présentent des environnements huileux, alors que le roulage et l'assemblage nécessitent la plus grande propreté.

Ce projet, directement pris en charge par les acteurs de la production, a été accompli en l'espace de 9 mois, avec pour principal challenge la formation du personnel aux nouveaux métiers intégrés sur le site. Le gain de surface fut conséquent, avec une réduction supérieure à 50 % par rapport à la situation initiale.

<u>Remarque</u> : il est très important de communiquer au préalable sur la pertinence de cette organisation en flux à tout le personnel, afin qu'elle soit bien comprise et soutenue.

Insister sur le fait que l'on est beaucoup plus réactif et efficace quand on peut visualiser facilement les différentes étapes du flux en relation directe avec la réalisation d'un produit ou d'un service.

Enfin, en impliquant les collaborateurs dans les déménagements, on s'affranchit de nombreuses critiques potentielles.

3. Verticalisation ou organisation par centres de compétences ?

3.1. Petites séries

La réalisation de prototypes ou de petites séries exige une grande flexibilité pour répondre rapidement à la demande.

Par ailleurs, compte tenu des faibles volumes, le recul et l'expérience acquise sont limités. Il est donc plus difficile de maîtriser le niveau de qualité.

Pour ces raisons, on privilégiera ici la mise en place d'une organisation orientée vers la verticalisation (sous le même toit) des différents moyens de production qui permet d'être plus réactif en cas de problème ou de demande immédiate. Ces moyens seront flexibles, technologiques et rapides à mettre en œuvre, contrairement aux moyens industriels traditionnels orientés grands volumes lesquels, s'ils sont plus économiques, présentent également une plus grande inertie.

3.2. Grandes séries

Dans la Nature, les espèces animales ou végétales sont, sauf exception, largement diffusées à travers la planète. On peut d'une certaine manière assimiler cela à un « modèle de production » qui traite exclusivement des grands volumes.
Par ailleurs, si la chaîne alimentaire terrestre nécessite une relation en flux de ses maillons, il subsiste toutefois des îlots autonomes de développement des différentes espèces. Nous n'évoluons donc pas dans un macrosystème naturel centralisé, mais plutôt à l'intérieur de différents sous-systèmes localement verticalisés coordonnés par des relations transverses.

Dans l'Entreprise, il est logiquement acquis que l'organisation du flux physique est d'autant plus efficace que les différentes opérations se succèdent de manière synchronisée et avec le minimum de déplacements. Ceci permet de réagir rapidement aux variations des demandes clients ou aux potentiels problèmes qualité, et la logique voudrait que l'on s'oriente alors vers une structure de production verticalisée.
En réalité, comme dans le milieu naturel, cette verticalisation n'est pas nécessaire, voire même non souhaitable : en effet, il est souvent très difficile ou trop coûteux (investissements en ressources humaines et machines) de réunir le meilleur de toutes les compétences industrielles sur un même site. Dans ce cas, il est préférable de se structurer par centres de compétences spécialisés dans un domaine de la production bien particulier.
Avec ce type d'organisation, chaque site peut se concentrer sur une compétence clef et devenir, avec le temps et l'expérience, le meilleur.
Dans ce cadre, on ne fera pas de différence entre des partenaires internes (sociétés sœurs) ou externes, dans la mesure où ces derniers sont organisés suivant le même modèle de flux physique et peuvent

par conséquent être considérés comme des départements propres à l'entreprise. En outre, la pression mise sur ces fournisseurs pour ce qui concerne la qualité, les coûts et les délais de livraison est plus importante que celle vécue « sous un même toit », où les dérives peuvent être compensées par des « actions pompiers ». Ainsi, les problèmes ressortent et ne sont plus cachés. D'où l'obligation de les résoudre de manière constructive et durable.

Autre avantage important : la spécialisation des sites de production par centres de compétences suppose d'avoir moins de processus différents, mais plus de références de produits qui permettent de limiter la dépendance commerciale et de mieux amortir les variations de demandes du marché.

Au final, nous avons un meilleur lissage de la demande, le niveau de service progresse.

Pour l'avoir vécu de nombreuses fois, j'arrive à la conclusion que l'organisation par centres de compétences est la plus performante à long terme pour la fabrication de produits à grands volumes. L'industrie automobile est déjà organisée depuis longtemps selon ce modèle, avec une multitude de fournisseurs et sous-traitants qui alimentent les lignes d'assemblages de différentes marques en flux continu. Ce modèle est très performant : les indicateurs de non-qualité y sont exprimés en parties par millions (PPM) et les retards en minutes.

3.3. Des fournisseurs de proximité…

Dans une organisation par centres de compétences, il faut chercher à privilégier les échanges de proximité plutôt que ceux avec des pays à faible coût de main-d'œuvre situés à des milliers de kilomètres.

En effet, le prix d'achat ou de sous-traitance n'est pas le seul paramètre à prendre en considération : il faut ajouter les stocks et en-cours nécessaires à la couverture de la période d'acheminement, ainsi que les coûts indirects générés par le fret et le renforcement des services Logistique et Contrôle qualité.

Par ailleurs, outre le gonflement de la structure indirecte, la variabilité dans les délais de livraison et les difficultés dans le traitement des non conformités liées aux grandes distances à parcourir engendrent des à-coups dans le flux de la Supply Chain dont il faut également mesurer l'impact financier.

3.4. … ou une stratégie à contre-courant ?

Dans l'inconscient collectif, la mondialisation est synonyme de désertification industrielle des pays à fort coût de main-d'œuvre au profit d'une relocalisation dans les pays en voie de développement. On fabrique « là-bas » de grandes séries de produits bon marché et on garde chez nous les moutons à cinq pattes et les petites séries.
« Comment lutter ? me direz-vous. Nous avons des salaires plus élevés, des machines dernier cri, et là-bas ils gagnent 5 à 10 fois moins et travaillent sur des vieux clous amortis depuis des lustres ! »
Vu comme ça, ce n'est pas faux. Et si on changeait la donne ?
Changer la donne, et comment ?

Un prix de revient est constitué d'une composante homme et d'une composante machine.

Le rapatriement des grandes séries dans nos pays à fort coût de structure permettrait dans un premier temps d'amortir ceux-ci sur de grands volumes. L'utilisation de moyens de production automatisés simples, fiables et bon marché, adaptés à des produits de masse, présenterait en outre l'avantage de réduire la part des salaires directs tout en limitant les investissements.

Quid des petites et moyennes séries ?
Sachant que le poids des ressources humaines sur le prix d'un produit est d'autant plus élevé que le temps de réglage est important par rapport à celui réservé à la production, nous aurions tout intérêt à transférer les petites et moyennes séries en Asie. La flexibilité du personnel étant par ailleurs élevée dans ces fourmilières industrielles, les imprévus inhérents aux exécutions spéciales seraient rapidement pris en charge et les délais garantis. La logique propre à ces petits volumes voudrait également qu'il faille leur mettre à disposition des moyens matériel flexibles, et notamment les technologies numériques.

En résumé, le modèle industriel se présente comme ceci :

- Dans les pays à fort coût de main-d'œuvre, on privilégie les productions de grandes séries sur des moyens industriels dédiés peu onéreux qui nécessitent un ratio de personnel direct (à salaires élevés) favorable en regard des volumes générés.

- On transfère en Asie les petites séries qui nécessitent des moyens technologiques plus chers et un ratio de main-d'œuvre (bon marché) plus défavorable.

L'autre avantage de transférer les petites séries dans les pays à faible coût de main-d'œuvre est que l'on s'affranchit des perturbations que ces dernières génèrent dans le flux continu propre aux grandes séries. Ce modèle à contre-courant de la pensée collective présente donc l'avantage d'assurer les délais tant des petites que des grandes séries tout en optimisant les coûts.

Et l'écologie, dans tout ça ?

Je dois bien reconnaître que les arguments précités sont essentiellement d'ordres organisationnel et financier. Il est toutefois bon de relever que le rapatriement des grands volumes au plus près des marchés réduit d'autant les dépenses énergétiques et la pollution liée aux transports. Économie et écologie vont donc ici de pair.

4. Flux logistique poussé/tiré

4.1. Flux poussé

Penchons-nous dans un premier temps sur la notion de flux poussé qui est la forme d'organisation la plus répandue dans les entreprises.

Il s'agit d'un flux logistique où la Production travaille sur la base de commandes réelles d'une part, et de prévisions d'autre part. La caractéristique du flux poussé est que l'information va dans le même sens que le flux physique des pièces, soit de l'amont vers l'aval, du producteur au consommateur (Fig. 23).

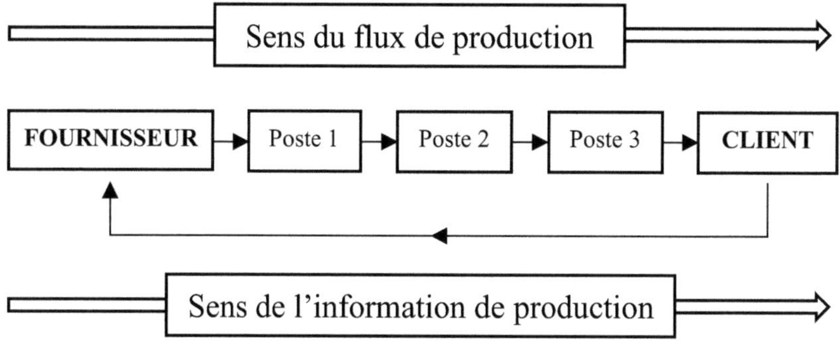

Figure 23 : Flux poussé

Dans ce type d'organisation, l'entreprise lance des ordres de fabrication correspondant au plan de livraison client, en commençant par la première étape de la fabrication du produit.

Notons que nombre d'entreprises travaillant en flux poussé effectuent des lancements groupés par souci de réduction des coûts de mise en train ou par manque de disponibilité du personnel.

Conséquences d'une organisation en flux poussé :

1- D'énormes quantités d'en-cours de pièces à différents stades du processus de production qui attendent patiemment d'être traitées, avec des risques importants :

- de perte ;

- d'avoir un problème qualité de grande ampleur si non détecté par l'autocontrôle ;

- d'obsolescence si les prévisions sont inexactes, ou si les besoins du client changent entre-temps ;

- de ne pas travailler sur d'autres commandes clients avec un réel besoin.

2- Le délai de fabrication du premier produit lancé est égal au temps de passage total d'une ou plusieurs séries entières de pièces, ce qui peut être très long : de l'ordre de plusieurs semaines, voire plusieurs mois, alors que la somme des temps de cycle des différentes opérations n'est que de quelques minutes.

3- Le fait de subir un temps de passage relativement long peut conduire à passer à côté d'une opportunité commerciale soudaine qui demanderait plus de réactivité.

4- Une cohorte de logisticiens et autres centres de tri pour maîtriser les stocks, le suivi physique et la bien-facture des pièces livrées.

4.2. Flux tiré

Quelques réflexes physiologiques :
- On mange quand on a faim.
- On boit quand on a soif.
- On dort quand on a sommeil…

De sorte que ceux-ci répondent à des exigences vitales. Par ailleurs, il ne nous viendrait pas à l'idée de manger ou boire une semaine à l'avance, afin de gagner du temps. Pour le sommeil, c'est encore plus évident. Globalement, l'organisation interne de tous les êtres vivants obéit à ce principe d'action en réponse à un besoin.
Ce raisonnement peut également s'appliquer à notre monde matériel : on va faire le plein d'une voiture quand la jauge nous le signale et il est impossible de mettre plus d'essence que la capacité du réservoir. C'est exactement le principe du flux tiré.

Appliqué à une entreprise, ce dernier suppose que cette fois-ci on travaille uniquement sur les vrais besoins du client, sur la quantité de ce qui a été effectivement commandé et il en découle implicitement une réduction des stocks et en-cours de fabrication.

Ce concept est apparu dans les années 50, avec le développement des grands magasins aux États-Unis et surtout celui des grandes chaînes agro-alimentaires, domaine pour lequel la périssabilité des denrées est un sujet extrêmement sensible.
À l'opposé du flux poussé, le flux de l'information va dans le sens inverse du flux physique, de l'aval vers l'amont, du consommateur au producteur (Fig. 24).

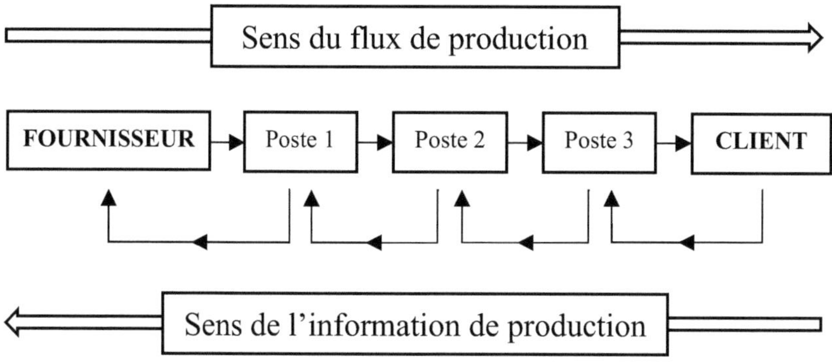

Figure 24 : Flux tiré

Pour y parvenir, la condition sous-jacente est que les ateliers et services travaillent en réponse à un besoin aval, avec pas ou très peu d'attente entre les opérations, de sorte que la réactivité de la chaîne est très élevée pour s'adapter à la demande ou corriger les dérives potentielles, comme dans la Nature.

4.3. Stocks

Dans la Nature, il n'y a pas de stocks inutiles.

Les animaux, les végétaux, se nourrissent en fonction de leurs besoins et, sauf cas particulier (que nous présenterons dans le prochain exemple), ils ne constituent pas de réserves. Une fois qu'il a bien mangé, d'autres gazelles peuvent passer à côté du lion, il ne les touchera pas.

D'autres espèces, comme certains végétaux (bulbes, tubercules, rhizomes), les ours, les marmottes, les écureuils, anticipent une période de famine hivernale et accumulent des provisions pendant l'automne. Si on peut alors parler de stockage, il s'agit cependant d'un stock « intelligent », prévu et contrôlé, lequel est bénéfique parce que nécessaire à la survie de l'individu. Sans lui, il y aurait rupture de l'équilibre de la chaîne alimentaire.

Et l'Homme, comment se positionne-t-il par rapport à ces deux alternatives, au-delà de ses propres besoins physiologiques ?

Cette question admet plusieurs réponses.

Dans les pays en voie de développement, le plus grand souci des êtres humains est de survivre dans la misère. Par conséquent, il n'y a pas de stocks inutiles.

Dans les pays prospères en revanche, la plupart des individus consomment davantage que leurs besoins, à tous les niveaux. On parle alors soit de :

- gaspillage : on consomme et on jette sans revalorisation ;

- collection : vêtements, chaussures, véhicules, pour lesquels la notion artistique l'emporte sur la fonction première de l'objet ;

- instinct de conservation : ça pourra servir un jour à quelque chose. La fameuse peur de manquer !

C'est justement cette peur de manquer et le besoin de se rassurer qui prévalent dans les organisations traditionnelles en flux poussé des entreprises. Ceci se traduit par les services supports inutiles et les stocks et en-cours dont nous avons déjà parlé. Attention, ceci ne signifie pas qu'il ne faut pas de stock à aucun endroit ! **Un stock peut être bon, s'il a été choisi et non subi** : pour prévenir un risque, comme la panne d'une machine unique, ou l'absence d'un expert difficilement remplaçable.

Peu d'entreprises travaillent en flux tiré, qui est pourtant le flux naturel où l'on ne consomme qu'en fonction d'un besoin réel. Inspirons-nous donc de la simplicité du monde qui nous entoure, de notre propre organisation physiologique et transposons ce reflexe inné du flux tiré dans notre univers professionnel !

Cela ne sera pas facile, car il y aura toujours des détracteurs pour avancer, avec une conviction inébranlable :

« Tout ceci est bien beau sur le papier, mais chez nous ce n'est pas applicable, parce que :

- Notre temps de passage est trop long et sans stocks intermédiaires notre délai de livraison serait trop important, c'est pour ça qu'il nous faut beaucoup de produits semi-finis ou finis en réserve.

- Nos sous-traitants préfèrent travailler en lots économiques.

- Le fait d'avoir beaucoup d'en-cours nous permet d'utiliser notre personnel ailleurs si une machine est en panne.

- La fabrication d'en-cours permet d'améliorer les résultats financiers de l'entreprise même si les ventes sont mauvaises… »

Ces commentaires ne sont après tout pas dénués de sens.
Mais alors, est-il possible de mettre en place une organisation en flux tiré ? Il serait en effet dommage de se priver d'une telle organisation, où les stocks (sauf ceux choisis) sont quasi inexistants.
Comment y parvenir ? Quels sont les difficultés de mise en place, les pièges à éviter et comment les contourner ?

Chapitre 6
Vers une organisation globale en flux tiré

Que le flux soit poussé ou tiré, on cherche toujours à placer le client en priorité numéro une. De ses besoins découle l'organisation en cascade de l'entreprise, depuis le département commercial jusqu'à la livraison du produit ou du service commandé.

Traditionnellement, l'organisation des différents départements de l'entreprise est en flux poussé avec des relations du type fournisseur-client. La figure 25 présente le flux d'information interne basé sur ce modèle.

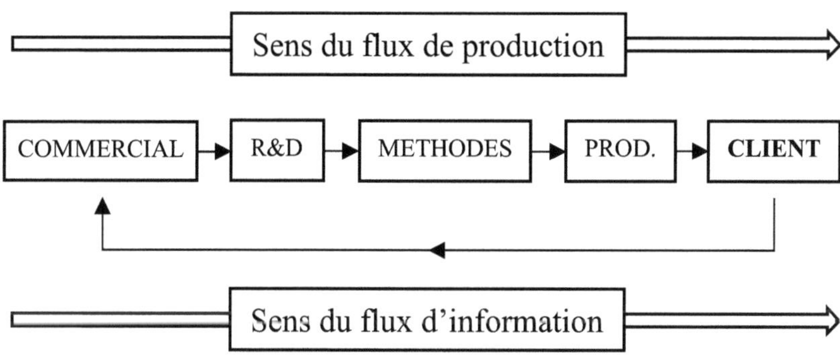

Figure 25 : Flux d'information traditionnel

1. Flux de valeur ou lignes-produits

1.1. Définition

On appelle flux de valeur ou ligne-produit un ensemble d'opérations et de services liés ensemble pour la réalisation complète d'un produit, d'un sous-produit ou d'un service.

Exemples de lignes-produits dans l'industrie automobile :
- châssis ;
- carrosserie ;
- moteur ;
- transmission…

Pour revenir à notre fil rouge horloger, un mouvement de montre mécanique peut être décomposé en 7 lignes-produits indépendantes (cette proposition n'étant bien entendu pas la seule) :
- le châssis du mouvement, constitué d'une platine et de plusieurs ponts. Dans le jargon horloger, cette ligne-produit est appelée « ébauches » ;
- la source d'énergie mécanique qui alimente le système ;
- le remontage du mouvement ;
- la transmission de l'énergie ;
- la régulation de l'énergie / réglage de la précision du mouvement ;
- le réglage de l'heure, de la date ;
- la visserie.

1.2. Décomposition de l'activité en lignes-produits et sous-lignes-produits

Dans une fabrique de voitures, la production des portières et des boîtes de vitesse sont des sous-lignes-produits des lignes-produits carrosserie et transmission.
Plus on décompose l'organisation en niveaux successifs, plus le reporting de l'activité sera précis et plus la réactivité des différents départements sera importante.

Dans la mesure du possible, décomposer l'activité de l'entreprise avec le maximum de sous-niveaux.

C'est une adaptation industrielle de la célèbre maxime de Nicolas Machiavel[50] : « Diviser pour mieux régner », avec cette fois-ci une connotation positive et constructive, dans le souci de mieux mesurer et contrôler ce que l'on fait.

1.3. Matérialisation physique des lignes-produits

Une fois les lignes-produits correctement définies, on cherchera à leur attribuer des surfaces physiques ainsi que des ressources humaines et machines spécifiques. Ceci est très important, notamment lors de l'évaluation de la performance de chacun de ces flux de valeur par le contrôleur de gestion.
On organisera ensuite les différentes ressources suivant le principe du flux tiré, avec une interaction constante entre les différents services.

On limite souvent le concept du flux tiré au seul processus de production. C'est déjà bien, mais c'est trop peu. Cette philosophie doit être l'un des piliers de l'organisation, traverser les couloirs, les étages et les bureaux. Pour y parvenir, les responsabilités de chacun doivent avant tout être bien établies par la structure même de l'entreprise.

2. Structurer l'organisation

2.1. Service commercial

Pour chaque ligne-produit, le service commercial tire les besoins des clients, à savoir :
- les spécificités techniques ;
- les prix de vente ;
- les délais de livraison.

---

[50] Nicolas Machiavel, penseur et philosophe italien de la Renaissance (1469-1527).

On privilégiera pour ce service des personnes non seulement expertes dans le marché mais également à l'aise avec la technicité du produit : des technico-commerciaux. Les meilleurs profils sont pour la plupart issus du bureau technique.

À l'opposé, le vendeur qui cherche absolument à vendre un produit sans être capable de répondre aux questions techniques compromet durablement la crédibilité de l'entreprise. Il agace les clients, lesquels perdront confiance et iront à la concurrence.

Cette première étape est primordiale, car au départ du processus et, sans clients, tout le reste n'est que littérature.

2.2. Nommer un chef d'orchestre

Dès que les besoins du client sont spécifiés sous la forme d'un cahier des charges succinct mais complet, il faut rapidement l'étudier.

Il est primordial à cette étape de travailler en équipe afin d'impliquer chaque représentant des départements de la ligne-produit dans les décisions qui ne doivent là encore pas être subies, mais choisies. Pour coordonner au plus juste les actions de l'équipe, il faut, comme dans la Nature, désigner un(e) chef(fe). La structuration est indissociable de toute organisation animale et l'anarchie est un concept individualiste typiquement humain.

L'usage est de nommer un chef de projet rattaché au Développement/ Bureau Technique qui suivra les différentes étapes du projet, de la pré-étude jusqu'à la mise en production et sera garant du respect du cahier des charges. Sa maîtrise des différents processus, son charisme et sa capacité à fédérer une équipe sont des atouts indispensables pour réussir à mener à bien sa mission qui sera faite de compromis et d'arbitrages.

En parallèle, on affectera au projet (en tenant compte des affinités entre individus) un représentant de chaque département de la ligne-produit (Commercial, Développement, Méthodes, Industrialisation, Production, Logistique, Qualité, SAV, Finances). Toute cette équipe participera aux réunions de revue de projet, dont la fréquence est à définir en fonction du niveau d'avancement de celui-ci. On prendra soin d'inviter également le ou les experts de l'entreprise pour valider les choix techniques.

Il est important de choisir un lieu de réunion proche du lieu de réalisation du produit, si possible en production.

2.3. Plan standard de développement produit

Le premier travail du coordinateur est d'intégrer le projet dans un processus de développement produit. Il s'agit d'un document standard à l'entreprise, dont les différentes étapes sont communes à tout développement quel qu'il soit. À chacune de ces étapes, on déterminera des jalons qui cette fois-ci sont propres au type de produit ou service commercialisé. Seule la complétude de tous ses jalons permet de valider une étape, faute de quoi le projet reste officiellement au stade précédent.

On formera une commission (lui donner un nom interne), constituée de tous les responsables de départements attachés à la ligne-produit, du responsable de la ligne-produit, du chef de projet ainsi que du directeur général de l'entité, en charge d'arbitrer la validation des jalons qui conditionnent le passage d'une étape à une autre.

Le processus de validation et de suivi de projet (lui donner aussi un nom interne) compte généralement 6 étapes, propres au développement et à la commercialisation d'un produit ou service :

1- Pré-étude

Cette première étape, réalisée par le Développement, consiste à revalider le cahier des charges client élaboré par le service commercial pour s'assurer de la faisabilité tant technique que du respect des délais. On effectuera une première évaluation des prix de revient et de vente. Très important : ne pas hésiter à aller voir le client pour discuter les différentes options possibles entre spécialistes techniques.

2- Étude

Cette deuxième étape consiste à finaliser l'étude technique en figeant le cahier des charges et à élaborer un rétro-planning fidèle à l'engagement pris envers le client. On effectuera un calcul précis des prix de revient et de vente.

Si possible, on réalisera un démonstrateur ou un schéma technique de principe (juste pour valider le concept, avant la phase prototype).

Afin de formaliser l'engagement pris par les différents protagonistes, l'usage est de signer une charte contractuelle entre le client ou le département commercial et les responsables des autres départements.

3- Prototypage

Cette troisième étape consiste à valider le concept à travers un prototype représentatif du produit final avec la possibilité, si le produit présente un grand niveau de complexité, de proposer un modèle numérique dématérialisé.

On intégrera rapidement le client dans la boucle de validation sous la forme de béta tests ou de simulations numériques.

Cette étape est très importante car c'est souvent à ce stade que les souhaits des clients se finalisent, quand ils ont quelque chose de concret « entre les mains ».

4- Industrialisation

Cette quatrième étape consiste, comme son nom l'indique, à faire en sorte que le concept puisse se transformer rapidement en un véritable produit industriel.

Mais à ce stade, celui-ci n'est encore qu'une chrysalide. Il est donc fondamental de définir non seulement les choix techniques finaux, mais également les moyens de production et la gamme de fabrication, les procédures standards d'opérations et de contrôles ainsi que les sources et flux d'approvisionnement

Si le premier réflexe est de s'orienter vers des ressources de production (machines et hommes) pour valider tous ces points, celles-ci ne sont pas toujours disponibles. Aussi, pour gagner du temps et ne pas perturber l'organisation concentrée à assurer le programme de livraison des commandes fermes, la solution la plus efficace est de disposer d'une ligne pilote disposant des mêmes moyens technologiques, mais réservés à la mise au point des produits en gestation.

Au cours de mes différentes expériences, que ce soit en tant que responsable développement ou de production, j'ai expérimenté 3 types d'organisations possibles pour le service Industrialisation :

- département rattaché au Développement, de façon à forcer les ingénieurs de ce service à assumer la responsabilité du projet jusqu'à la présérie ;

- département rattaché à la Production, dans la mesure où cela crée un contre-pouvoir au Développement, avec des spécialistes de la Production qui orientent ce dernier sur des produits industrialisables ;

- département indépendant constitué d'experts qualifiés en développement et en production.

La 3ème solution est optimale car présente l'avantage de combiner deux compétences complémentaires : la conception de produits innovants avec l'expérience de la dure réalité du terrain. Il est cependant rare de pouvoir recruter du personnel avec ce profil et ce n'est en outre jamais le cas pour les nouveaux diplômés.

Les Japonais, qui ont compris cela, immergent leurs jeunes ingénieurs de développement dans le monde de la production pour leur première expérience professionnelle. Ceci afin qu'ils puissent s'inspirer des technologies de fabrication existantes dans le cadre de leur future mission, la conception de nouveaux produits.

La construction d'un service Industrialisation autonome nécessite par ailleurs une structure adaptée, inaccessible aux petites entreprises. Aussi, les alternatives 1 et 2 sont le plus souvent appliquées.

Dans le souci de prendre en considération les forces et faiblesses des ressources et technologies de production, je recommanderais pour ma part l'option 2, où l'Industrialisation dépend de la Production ou y est tout simplement intégrée. Nous reviendrons sur ce point au paragraphe suivant, traitant du Design for Manufacturing.

On terminera cette étape par la validation d'une présérie.

5- Lancement production

Une fois l'étape d'industrialisation validée, le projet intègre le bureau des Méthodes toujours sous l'œil vigilant du chef de projet.

La démarche la plus efficace est, là encore, d'affecter ce service sous la responsabilité de la Production. Cela permet en effet que cette dernière puisse valider les moyens de production et de contrôle définitifs qui seront enregistrés à travers les gammes de travail dans le système ERP.

Le lancement de la production se fait de manière progressive, schématiquement en deux phases :

- Le ramp-up, également appelée « montée en puissance ». C'est, pour reprendre une analogie avec le sport, l'étape d'échauffement, au cours de laquelle on qualifie tous les choix précédents ainsi que les premiers indicateurs de performance (qualité, délais, coûts).

- Le lancement production définitif, point de convergence de tous les efforts précédents.

6- Bilan

Après neuf mois à une année de lancement du produit, on effectuera un retour d'expérience avec l'inventaire des succès obtenus et des problèmes rencontrés.

Cette étape est très importante. Elle permettra d'être plus efficace lors de la réalisation du prochain projet, toujours dans la philosophie de l'amélioration continue.

3. Design for Manufacturing – Une organisation en flux tiré

Dans le type d'organisation traditionnel schématisé sur la figure 25, la Production est assujettie au Développement, lequel est lui-même dépendant du service commercial.

Par ailleurs, la structure de développement produit décrite dans le paragraphe précédent n'est performante que lorsque tous les services travaillent en étroite collaboration sous l'autorité d'un chef de projet. C'est rarement le cas, surtout dans les entreprises de petite taille plus économes en ressources.

Aussi, dans la mesure où le R&D serait constitué de concepteurs sans grande expérience industrielle, on se retrouve le plus souvent dans la situation où la Production doit trouver des solutions pour fabriquer ce que le Développement a conçu, dans une logique « Manufacturing for Design ». Elle peut être très coûteuse pour l'entreprise qui doit adapter ses choix industriels à ceux du bureau technique.

Une autre possibilité est de pousser jusqu'au bout le concept de flux tiré. La production étant la dernière étape avant livraison, le principe d'un flux tiré global est que le service commercial communique en premier lieu les besoins du client au département Industrialisation rattaché à la Production (Fig. 26). Ce dernier envisage alors la possibilité de réaliser le produit souhaité à partir d'un produit existant. Si ce n'est pas possible, il se tourne dans un deuxième temps vers le Développement afin de trouver les solutions techniques qui répondent au cahier des charges tout en étant adaptées aux techniques de production déjà maîtrisées.
Dans ce type d'organisation, le Développement est assujetti à la Production et nous sommes dans les conditions optimales de « Design for Manufacturing », pour lequel c'est la Production qui oriente les choix finaux de développement pour une mise en production sereine.

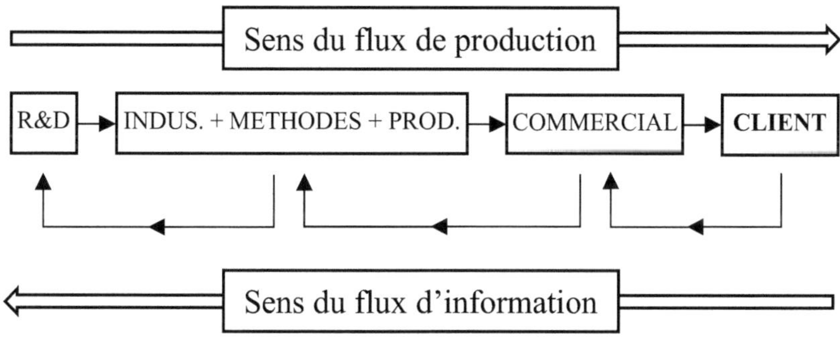

Figure 26 : Flux d'information tiré

Le grand avantage de cette méthode réside dans l'implication de la Production dès le début du projet, ce qui permet :

    - d'éviter des choix techniques innovants mais en dehors des standards connus ;

    - d'avoir une cohérence dans la conception des différents produits développés ;

- de limiter les investissements ;
- d'accélérer la mise sur le marché des nouveaux produits en choisissant des solutions industrielles éprouvées.

Penchons-nous maintenant sur quelques grandes réalisations industrielles de l'Homme : la machine à vapeur, le moteur à explosion, l'automobile, l'ordinateur. S'ils ont parfois été imaginés au départ par des scientifiques, ils ont tous été mis au point par des ingénieurs dans le sens premier du terme, c'est-à-dire des metteurs au point qui sont avant tout des bricoleurs de génie qui ont su adapter le produit aux contraintes de fabrication, d'utilisation ou de maintenance.
Toyota, par son organisation centrée sur les processus de production a relevé très tôt cet enjeu. Tous les projets y sont chapeautés par un « Grand Ingénieur » expert des procédés et de l'organisation de production. Cette personne a la responsabilité finale du projet, si bien qu'elle détient les pleins pouvoirs sur toutes les étapes de la chaîne de valeur, depuis la conception jusqu'à la livraison du produit. Sa priorité est de faire réaliser un produit fidèle au cahier des charges, en appliquant au maximum les standards de la production maison. Il a force d'autorité sur toutes les personnes impliquées dans le projet, quel que soit leur niveau hiérarchique dans l'entreprise.

Culturellement, l'Homme « moderne » a choisi de séparer l'entreprise en deux catégories : les intellectuels et les manuels, les premiers ayant la plupart du temps une position hiérarchique supérieure aux seconds. Aussi, la proposition de placer le Développement au service de la Production remet profondément en cause l'organisation traditionnelle des entreprises et, bien qu'il soit pertinent, ce choix est malheureusement encore peu répandu.

4. Danger des ruptures technologiques

« Ce n'est pas en améliorant la bougie qu'on a inventé l'électricité. »[51]

C'est juste ; aussi juste que de dire que l'automobile n'est pas née du cheval ou que le téléphone ne doit rien au pigeon voyageur.

La civilisation humaine a ceci de spécifique qu'elle s'est construite sur les fondations de la connaissance scientifique, et que les sciences ont accouché de technologies propres à l'esprit humain.

Dans sa recherche permanente du savoir, l'Homme ne restera cependant qu'un intelligent spectateur, comblant petit à petit le vide de ses connaissances en cherchant à comprendre le Monde qui l'entoure. Nous ne détiendrons jamais le savoir absolu ; une théorie reste valable jusqu'à ce qu'une nouvelle la remplace, permettant d'expliquer un peu plus de choses que la précédente, et ainsi de suite, c'est un processus sans fin. Les paliers épistémologiques existeront toujours.

En revanche, à l'échelle de l'humanité, ces petites révolutions restent des phénomènes peu fréquents qui nécessitent du temps pour être validés et acceptés par l'ensemble de la communauté scientifique.

Le monde industriel n'a pas pour vocation de naviguer sur l'océan tempétueux des sciences fondamentales, lesquelles, si elles sont nécessaires et surtout passionnantes, ne procèdent pas d'un besoin du marché, mais s'articulent davantage autour d'une réflexion en « flux poussé ». Son monde à lui, c'est la terre ferme des sciences appliquées, avec si possible la réplication de solutions déjà éprouvées. Aussi, on évitera des prises de risques inutiles dans des développements totalement nouveaux quand on peut s'inspirer de produits ou technologies maîtrisés. L'expérience est quelque chose qui n'a pas de prix. À l'extrême, il est même préférable de s'inspirer d'un concept qui n'est pas optimal mais sous contrôle, que de prendre le risque de

---

[51] Niels Bohr, physicien danois (1885-1962). Mondialement connu et maintes fois honoré (prix Nobel de physique en 1922 notamment), c'est l'un des pères fondateurs de la mécanique quantique.

changer quelque chose qui pourrait peut-être (j'insiste sur le conditionnel) donner de meilleurs résultats.

Dans l'hypothèse de la nécessité d'un changement radical comme une rupture technologique, il est conseillé de faire une étude en parallèle jusqu'à fiabiliser le nouveau concept avant la mise en production. Ceci est le principe de minimisation des risques par réduction du nombre de variables d'un système. Ensuite, au fil des générations successives et des itérations techniques qui les accompagnent, les produits évolueront doucement vers des modèles toujours plus performants.

Là encore, la Nature nous ouvre la voie et illustre ce principe avec les théories de l'évolution (que ce soit le néo-lamarckisme ou le néo-darwinisme) des espèces vivantes chères aux naturalistes.

Cela paraît évident à première vue, mais combien de produits sortent de chaînes de fabrication sans être totalement fiabilisés… Ceci tient peut-être aussi au caractère propre à l'Être Humain : son besoin de reconnaissance, et du moindre intérêt que présente l'adaptation d'un produit à un autre pour les experts techniques.

Je considère pour ma part que fabriquer des produits simples, fiables et pas chers constitue une prouesse économique et écologique, à l'inverse des « moutons à cinq pattes » qu'il faut à chaque fois fiabiliser.

C'est le mal qui a rongé Porsche jusqu'à la fin des années 1990, où aucun produit ne sortait des lignes de production sans être corrigé. Pour éviter la banqueroute, l'entreprise s'est profondément remise en cause pour adopter notamment l'approche Design for Manufacturing, dans la logique du flux tiré, avec le succès mondial que la marque connaît aujourd'hui.

5. Développer des plateformes-produits

Durant mon parcours professionnel, j'ai principalement travaillé sur des familles de produits techniques (micromoteurs électriques, mouvements de montres, composants électroniques, lignes de production automatisées). Sur ces types de marchés, on constate que le client reste avant tout pragmatique. Il recherche une performance dans les standards, un prix d'achat intéressant et surtout la fiabilité. Aussi, le besoin doit précéder l'action et il est préférable, dans la mesure des possibilités, d'utiliser une même architecture technologique pour toute la gamme des produits proposés, en faisant par exemple des projections homothétiques pour passer d'une taille de modèle à une autre. L'avantage de cette approche est de forcer le Développement à concevoir dès le début du projet toute une plateforme-produit afin de rationaliser les coûts de développement, d'industrialisation et de production et de bénéficier de l'expérience acquise pour améliorer progressivement les modèles au fil des générations successives.

Dans le cas où cette démarche de développement de plateforme globale n'aurait pas été envisagée, il n'est pas forcément trop tard. Il sera toujours possible d'identifier des pistes transverses de rationalisation.

Regardons autour de nous : dans chaque espèce vivante, tous les individus ne sont-ils pas « construits » de façon identique et donc semblables à une homothétie près ?

Ce principe dépasse le cadre d'une même espèce. Les similitudes sont également évidentes à l'intérieur des familles d'espèces : les mammifères, les poissons, les végétaux et il existe aussi des passerelles entre celles-ci. D'une certaine manière, on peut dire que la Nature a inventé les concepts de « plateforme-produit » et de standardisation générique, lesquelles, je le rappelle, découlent du flux tiré pour lequel le besoin précède l'action.

Essayons de nous en inspirer et d'appliquer cette règle simple dans notre monde artificiel.

Du concept global, nous allons maintenant étudier l'implantation physique du flux tiré dans le département Production.

C'est la dernière étape du projet et c'est donc sur elle que repose le succès final de celui-ci.

Les mêmes causes générant les mêmes effets, on pourra appliquer en parallèle la même démarche dans les autres départements de l'entreprise.

Chapitre 7
Mise en place du flux tiré dans la production

Quand les lignes-produits ont été clairement déterminées et leur organisation en flux détaillée, nous pouvons passer à la mise en place du flux tiré dans la production.

Le but avoué est la recherche du Just in Time, lequel consiste à établir une parfaite synchronisation entre les besoins du marché et le rythme de production, à l'image des processus naturels.

Concrètement, cela suppose que la dernière étape de l'élaboration du produit ou du service commercialisé déclenche l'avant-dernière étape, laquelle entraîne la précédente et ainsi de suite ; de sorte que, par itérations successives, on remonte à la première.

Dans ce type d'organisation, il est nécessaire que chaque ressource humaine ou machine soit réactive, faute de quoi le processus manquera d'efficacité. La moindre désynchronisation pouvant entraîner le blocage de la ligne, à l'image des bouchons se formant sur l'autoroute sans raison apparente.

Revenons à l'exemple de notre fil rouge, les mobiles horlogers.

La prise de commande du client donne le signal de fabrication du mouvement complet, lequel draine les besoins des différents mobiles qui engendrent les fabrications coordonnées de leurs roues et pignons. Pour chacun de ces deux composants, c'est leur dernière opération, en l'occurrence la mise en stock, qui tire les autres opérations en remontant le flux du processus (Fig. 27).

PIGNON	ROUE
Décolletage	**Découpage rondelle (+ trou)**
Lavage + comptage	*Lavage + comptage*
Taillage	*Polissage*
Lavage + comptage	*Lavage + comptage*
Trempe	**Taillage**
Polissage	*Lavage + comptage*
Lavage + comptage	*Polissage*
Roulage	*Lavage + comptage*
Lavage + comptage	**Galvanoplastie**
Revenu	*Comptage*
Brillantage	*Mise en stock*
Lavage + comptage	
Mise en stock	

ASSEMBLAGE PIGNON + ROUE
Assemblage
Comptage
Mise en stock

Figure 27 : Flux tiré de production d'un mobile horloger

1. Flux tiré et ressources machines

1.1. Moyennes et grandes séries

Nous avons déjà évoqué que dans le monde naturel tout a une fonction propre et rien n'est inutile, sinon disparaît.

Le corps humain est d'ailleurs conçu selon ce modèle et, pour assurer ses fonctions vitales pendant de nombreuses années, la Nature en a simplifié le métabolisme vers le modèle du flux tiré :

- Les cellules de mon organisme nécessitent de l'énergie pour se régénérer, répondre à une agression virale ou effectuer une fonction spécifique, comme la contraction d'un muscle par exemple.

- En réponse à cette demande, les systèmes sympathique et parasympathique transmettent des stimuli aux cerveau, glandes et organes.

- Ces derniers libèrent des nutriments, des anticorps, ou autres substances dans le sang qui les achemine à destination.

- Le rythme cardiaque s'adapte en temps réel à ces demandes permanentes, de même que les échanges respiratoires.

- Enfin, les besoins énergétiques ou de régulation thermique se font ressentir par la faim, la transpiration, la soif, etc.

Cette description sommaire montre que tout est au service du maintien en vie et du renouvellement des cellules, lesquelles sont en quelque sorte « le client final » et conditionnent les productions et transformations amont des éléments nécessaires à leur développement. Cette organisation en flux tiré avec des fonctions spécifiques parfaitement synchronisées est exemplaire, ayant été copiée dans toutes les formes de vie animale avec des adaptations propres aux différentes espèces. Plus loin, le monde végétal présente globalement la même architecture : les feuilles remplaçant les poumons et la sève, le sang.

La Nature l'ayant largement déployée, on peut imaginer appliquer la même règle de décomposition en éléments simples à l'organisation de la production (de manière analogue à la démarche que nous avions entreprise lors de la décomposition de l'activité en lignes et sous-lignes-produits).

Pour qu'une production à moyens et grands volumes soit stable, on cherchera toujours à décomposer les processus en tâches individuelles.

Appliquée aux machines, cela signifie qu'il vaut mieux utiliser deux procédés spécialisés exécutant deux opérations successives indépendantes l'une de l'autre plutôt qu'une machine complexe qui les intègre en série.

La justification de cette règle ne tient pas du simple transfert idéologique des principes organisationnels du monde naturel :

- Le risque de panne d'une machine qui fait deux opérations combinées est double de celui d'une machine qui n'en fait qu'une.

- En cas de panne, on bloque deux opérations et non pas une seule.

- Une machine polyvalente est par définition non spécialisée. Les possibilités d'optimisations locales des différentes opérations sont donc moindres que dans le cas de machines dédiées. Les rendements sont ainsi plus faibles.

- L'investissement lié à une machine complexe est généralement supérieur à celui de plusieurs machines simples.

- Le niveau de compétence requis pour le personnel est proportionnel au niveau de complexité des machines.

Anecdote : dans le cadre de la démarche continue de réduction des coûts, j'avais l'habitude de me rendre chez des grossistes spécialisés dans la revente d'équipements industriels d'occasion. Au cours de l'une de ces visites, j'ai découvert une immense machine numérique intégrant une trentaine de têtes d'usinage permettant d'effectuer différentes opérations séquencées de fraisage, perçage et taraudage pour la fabrication de grands volumes de composants spéciaux du domaine médical. Cette machine était supposée travailler en totale autonomie, le transfert des pièces d'une opération à l'autre étant effectué automatiquement par un système de convoyeur. Des renseignements pris auprès de personnes bien averties m'ont permis de confirmer une valeur à neuf de cet équipement de plusieurs millions d'euros.

Un schéma de principe de cette machine est présenté à la figure 28.

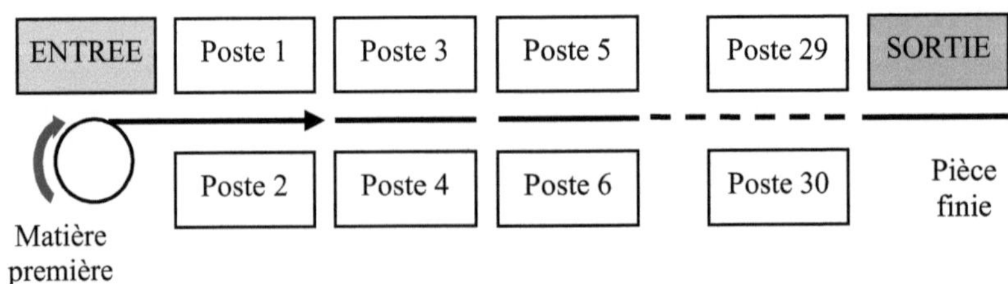

Figure 28 : Principe de fonctionnement en flux tendu d'une machine d'usinage complexe

Si la volonté de réaliser toutes les opérations d'usinage sur la même machine pour obtenir un produit fini était initialement louable, son concepteur a cependant oublié de prendre en compte les éléments suivants :

- la fréquence de maintenance des différents organes constitutifs de la machine ;

- l'usure des outils de production, comme les fraises ou les tarauds, qui engendre des arrêts fréquents et récurrents.

Supposons maintenant que le taux de disponibilité de chaque tête d'usinage soit de 98% (soit seulement 2% d'arrêt sur le temps de production disponible, ce qui est une excellente valeur).

Rapide calcul : $0.98^{30} = 0.55$, c'est-à-dire que le rendement d'une telle machine avec 30 opérations en série sera au mieux de 55%.

Dit autrement, la machine sera arrêtée presque la moitié du temps !

Par ailleurs, afin d'être rentables, de tels investissements doivent être exploités au maximum en équilibrant au mieux le temps de passage des différents postes. Or, plus le nombre de séquences est important, plus il est compliqué d'effectuer cet équilibrage et plus l'outil de travail est sensible aux variations des temps de cycle et aléas de production. Par exemple, une perte de 3 secondes sur une ligne en flux tendu cadencée à 30 secondes par opération représente 10% de sa capacité !

Conclusion : ce type de machine complexe en flux tendu ne peut jamais fonctionner à la mesure de l'investissement réalisé.

Une solution possible pour contourner le problème des arrêts intermittents serait d'intégrer des changeurs d'outils automatiques sur chaque tête d'usinage afin d'effectuer rapidement le remplacement des outils cassés ou usés au cours des opérations de production. Néanmoins, cela ne résoudrait pas le problème des arrêts liés aux opérations de maintenance ou aux corrections de programmes en cours de fabrication qui bloquent l'ensemble du système. D'autre part, avec ce type d'architecture machine, la cadence de production est limitée par l'opération la plus lente contrairement à une organisation en parallèle où il est possible de doubler chaque poste.

Retour à la Nature : dans la description sommaire de la décomposition des fonctions organiques des espèces animales en éléments simples, sommes-nous également dans une organisation à risque en flux tendu ?

Eh bien non car d'une part, la spécialisation des organes a permis d'optimiser leur conception pour en fiabiliser le fonctionnement, et d'autre part, la Nature prévoyante a « anticipé » une sécurisation du processus en cas de panne : 2 pieds, 2 mains, 2 yeux, 2 oreilles, 2 ovaires, 2 testicules, 2 poumons, 2 reins, le foie a la capacité de se régénérer, etc. Pour ce qui est du cœur et du cerveau, la Nature a choisi une autre voie afin d'en sécuriser les fonctions : ces dernières sont réparties sur deux demi-organes (cœurs droit et gauche ; hémisphères droit et gauche du cerveau), ce qui permet de réduire les sollicitations de chaque partie.

Autant d'exemples dont nous pouvons nous inspirer dans la conception de nos procédés industriels.

1.2. Prototypes et petites séries

Pour un modèle de production constitué essentiellement de petites séries, rappelons que le temps de fabrication n'est plus le paramètre critique, contrairement à la durée et aux coûts des réglages machines. L'objectif recherché sera alors de trouver les meilleures solutions pour minimiser ces temps d'immobilisation improductifs.

Par conséquent : **pour la fabrication de prototypes ou petites séries, il faut privilégier l'utilisation de machines polyvalentes.**

2. Flux tiré et ressources humaines

• Dans la Nature

La Nature est constituée d'un immense patchwork d'organismes vivants reliés les uns aux autres avec leurs spécificités. Cela permet d'obtenir un ensemble cohérent en équilibre dynamique.

Prenons l'exemple de deux prédateurs de la savane : si la masse musculaire du lion représente un handicap pour le sprint, elle lui permet par contre d'envisager des proies de grande taille peu rapides, tandis que la morphologie longiligne du guépard lui permet de prendre en chasse une gazelle de Thomson, bien trop agile pour le roi des animaux. À l'inverse, sa frêle constitution ne lui permet pas de se frotter à un buffle.

On pourrait étendre ce raisonnement à l'ensemble des espèces.

- **Dans le sport**

Un sprinter n'est pas un coureur de fond, et inversement.

De même, les qualités pour être un gardien de but de football sont différentes de celles d'un attaquant.

Aussi, dans le sport de haut niveau, la première responsabilité des entraîneurs et sélectionneurs est de détecter les meilleures aptitudes naturelles par rapport aux profils recherchés.

Cette étape est fondamentale, car même un entraînement acharné ne pourra jamais combler le fossé initial et on ne fera jamais un cheval de course d'un cheval de trait, ou l'inverse.

- **Dans l'Entreprise**

Comme dans le sport, il faut recruter **la bonne personne à la bonne place**. Qu'en est-il alors du développement de la polyvalence ? Est-ce vraiment nécessaire, et si oui, dans quel contexte ?

S'il est évident que la connaissance exclusive d'un métier par un collaborateur représente un danger important en cas d'absence, il est utopique d'imaginer pouvoir remplacer toute compétence par une autre.

L'opposition de profils entre les régleurs de machines et les suiveurs de production se rapproche ici de la distinction entre sprinters et marathoniens. Alors que les meilleurs régleurs doivent courir le 100 m en moins de 10 s pour ce qui est du montage et du réglage des différents outils, on demandera au personnel en charge de gérer la production de pouvoir tenir la distance pour ce qui est de la rigueur du suivi de celle-ci sur toute une journée. Les bons régleurs font rarement de bons producteurs, par le fait qu'ils s'ennuient rapidement à effectuer des tâches répétitives. À l'inverse, les bons producteurs supportent moins bien le stress de la responsabilité des mises en train et préfèrent gérer calmement leur journée selon un protocole bien huilé. Il ne faut pas chercher à changer cet état de fait, mais au contraire s'en servir pour attribuer les différentes tâches aux bons profils sans vouloir absolument aspirer à la polyvalence.

Mieux vaut travailler ses forces que s'évertuer à compenser ses faiblesses ; le plus important étant de les connaître afin de pouvoir les contourner. Trop d'organisations font cette erreur, sous l'argument chimérique que nous sommes tous égaux. Il suffit de regarder autour de nous. Tous les êtres vivants, tous les organismes, sont construits à partir d'entités exclusives, spécifiques, et il serait utopique de vouloir créer la compétence universelle.

Maintenant, afin d'éviter de faire prendre des risques à l'organisation, la responsabilité du manager sera d'identifier les profils clés difficiles à recruter puis, comme un entraîneur de sport collectif a toujours sur le banc des remplaçants prêts à intervenir, il doit anticiper les absences ou départs par des alternatives internes ou externes. Dans ce modèle, si la polyvalence existe, elle reste partielle et construite afin de répondre à une crise temporaire, en mode dégradé.

Une autre stratégie encore plus pertinente serait de chercher à supprimer cette dépendance, en simplifiant tout ou partie de la complexité ou de l'exclusivité des tâches.

En guise d'illustration, je reviendrai sur les résultats obtenus dans le cadre de différents projets SMED[52] et, plus spécifiquement, sur le travail préparatoire de décomposition du processus de mise en train d'une machine. Au lieu d'attribuer toutes les opérations de maintenance machine, préparation, montage et réglage des outils à une seule personne, initialement un régleur/metteur en train, nous pouvons les répartir selon trois sous-processus gérés par autant de collaborateurs, où chacun se voit créditer d'un rôle bien précis. Les tâches de préparation machine et outils sont maintenant attribuées à un mécanicien et un aide-mécanicien et, sur le modèle du changement éclair des roues en Formule 1 (synchronisation des opérations), le temps d'immobilisation machine s'en trouve réduit de plus de 30 % avec une charge des régleurs allégée de 40 %, permettant de leur

---

[52] Single Minute Exchange of Die, voir chapitre 12.

libérer de la disponibilité pour d'autres réglages. Les mécaniciens et aide-mécaniciens étant en outre plus faciles à recruter, leurs salaires sont moins élevés que celui d'un régleur/metteur en train. Ce modèle permet ainsi de réduire la dépendance de l'organisation vis-à-vis de ces derniers tout en étant plus efficace et économique.

Pour conclure sur la structuration des ressources humaines et machines dans une logique de flux tiré, le message le plus important à retenir est que, pour qu'un processus soit performant, ses constituantes doivent être spécialisées. Afin de s'affranchir des contraintes liées à cette exclusivité, la première étape sera de décomposer les processus complexes en sous-processus pour, dans un deuxième temps, dupliquer certaines ressources critiques.

3. Lignes-produits et pôles technologiques

Au paragraphe 1.3. du chapitre précédent, nous avons relevé l'importance de définir un flux et des ressources pour chaque ligne-produit en insistant largement, dans la mesure du possible, sur la nécessité de spécialiser celles-ci.
Dans les grandes structures telles que les sociétés automobiles, il est ainsi fréquent de juxtaposer plusieurs lignes-produits indépendantes composées de structures dédiées et autonomes, tant sur le plan opérationnel que financier.
Ce modèle est en revanche difficilement envisageable dans les PME, puisqu'économiquement non justifiable et l'on s'orientera de préférence vers une organisation matricielle (Fig. 29) avec, par exemple :
    - sur l'axe vertical : les différents ateliers de production chapeautés par un responsable éponyme ;
    - sur l'axe horizontal : le flux transverse des différentes lignes-produits.

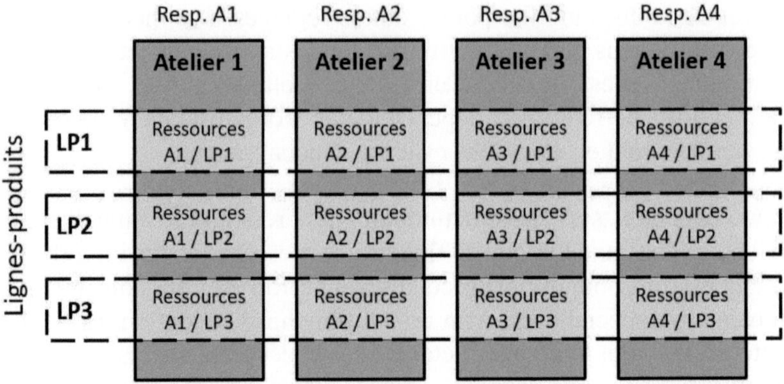

Figure 29 : Organisation matricielle

La mission de chaque responsable d'atelier est alors d'appliquer le plan de production de chacune des lignes-produits. Comme nous l'avons déjà abordé, il est important que chacun d'eux effectue le travail préliminaire d'affectation spécifique de sous-groupes de ressources à chaque ligne-produit au sein de son propre atelier.

Bien entendu, un partage de ressources entre deux ou plusieurs lignes-produits est toujours possible, dans la mesure où une charge insuffisante ou la non duplication des compétences ne permettraient pas de les attribuer de manière dédiée.

4. Flux tendu

Le flux tendu est le cas ultime du flux tiré, pour lequel aucun stock d'en-cours n'est permis.

Nous avons vu précédemment que c'est le type de flux majoritaire dans la Nature, laquelle réagit le plus souvent en temps réel par rapport à un besoin immédiat.

Néanmoins, le flux tiré non tendu existe également dans le milieu naturel, notamment chez les mammifères qui hibernent ou dans les colonies d'insectes organisées comme les fourmis ou les abeilles qui stockent des vivres pour l'hiver.

Le flux tendu est économe en en-cours et constitue l'objectif idéal auquel aspire toute organisation. Il peut être cependant illusoire, voire même dangereux, de chercher à l'implanter sans réfléchir. L'exemple de la machine décrite à la figure 28 en est une bonne illustration. En effet, contrairement à la Nature, le but de la production humaine est d'obtenir des produits parfaitement identiques, sans variation « entropique ». Par ailleurs, si le principe de modération de Faraday-Lenz suggère une autocorrection des dérives (même si non compensées à 100 %) des processus naturels, ce n'est pas le cas pour les processus artificiels issus de l'imagination humaine. Aussi, concernant ces derniers, il y aura toujours un paramètre sur lequel l'Homme devra agir et appliquer une contre-réaction s'il souhaite assurer leur stabilité. C'est le cas des processus industriels, pour lesquels un niveau minimal de stocks intermédiaires aux endroits sensibles permet d'éviter des ruptures ; transitoires certes, mais potentiellement récurrentes et non acceptables.

De plus, on ne peut réduire à l'infini le temps de réglage des machines. De sorte qu'il est nécessaire, même dans un mode de fonctionnement exempt de perturbations, de maintenir un coussin d'en-cours minimal, afin de permettre aux techniciens d'accomplir leurs tâches standards sans rompre la chaîne logistique.

Dans une production en flux tendu, les approvisionnements sont effectués selon le principe du pièce-à-pièce puisque aucun stock n'est toléré. Ce type de flux sera surtout pratiqué pour des fabrications de produits à forte valeur ajoutée ou dans le cas de produits uniques ou customisés, où la notion de dérive entropique dans le temps n'est pas applicable.

Pour la fabrication de produits à moyennes et grandes séries, on pratiquera le flux tiré non tendu, dont le principal challenge consiste à déterminer des niveaux optimaux d'en-cours, sur le principe de ce qui est nécessaire et suffisant.

Nous allons maintenant aborder une méthode rationnelle, issue des réflexions de Ohno, pour la mise en place du flux logistique tiré dans la production.

5. Système Kanban

5.1. Principe

La terminologie Kanban est, avec le 5S, certainement celle qui est la plus usitée dans le langage courant du Lean Manufacturing. Il s'agit d'une méthode de cadencement visuel et séquencé de la production en flux tiré, c'est-à-dire rythmé par la consommation client.

Le principe du Kanban est la matérialisation du Just in Time à l'intérieur de l'entreprise : remplacer rapidement en amont les composants ou produits semi-finis qui ont été consommés en aval, en minimisant les stocks.

Il est utilisé la plupart du temps pour des productions récurrentes, généralement associées à des grandes séries.

Pour les marchés de produits spéciaux par contre, le Kanban n'est que partiellement applicable (si, et seulement si, il y a récurrence de certains composants).

5.2. Signal kanban

La gestion visuelle du Kanban s'appuie sur l'utilisation d'un signal (carte, boîte vide, etc.) à l'opération « n » afin de déclencher la relance de la production aux personnes travaillant à l'opération « n-1 ».

Le volume à produire tout comme le délai d'exécution sont spécifiés sur le signal.

5.3. Quantité kanban

La quantité kanban d'un article correspond au stock optimal à chaque étape de la chaîne logistique. Elle est calculée de manière à minimiser les coûts de stocks, en considérant le besoin journalier du client ainsi que les temps de passage liés conjointement aux moyens de production et aux délais d'approvisionnement.

On pourra y ajouter un stock de sécurité pour pallier des situations d'urgence : la panne d'une machine sensible par exemple ou une

demande client soudaine et exceptionnelle. Dans le cas de l'anticipation d'une éventuelle panne, le stock de sécurité est dimensionné en fonction du délai moyen d'intervention.
Attention : il faut être vigilant à ne pas utiliser le stock de sécurité pour compenser des problèmes de gestion logistique !

Voici quelques exemples de kanbans de la vie quotidienne :

- Avoir toujours un tube de dentifrice ou une bouteille de shampooing en réserve. Cela permet d'optimiser les déplacements au supermarché et d'éviter les crises de nerfs dans la salle de bains !
Le risque de ce stock est faible compte tenu de la fréquence d'utilisation élevée et de la grande durée de conservation des produits. Si, à la taille d'un foyer, ce stock ne représente pas un grand investissement, l'impact économique peut en revanche être conséquent pour une entreprise traitant des centaines ou des milliers de références.

- Si, tout comme moi, vous êtes un accro aux yogourts (notamment pour les sauces salades ☺), il serait dramatique de ne pas en trouver dans votre réfrigérateur.
Cette fois-ci, le produit est périssable et la quantité de réapprovisionnement va dépendre de trois facteurs : la fréquence de consommation, le nombre d'unités dans le conditionnement et la date de péremption du produit. Afin d'optimiser le dimensionnement du kanban, on cherchera à l'adapter au facteur le plus critique.

5.4. Mise en place du Kanban dans l'Entreprise

Dans l'Entreprise, la mise en place de cette démarche nécessite tout d'abord d'identifier les produits, sous-produits et composants récurrents candidats à la gestion par système Kanban. On privilégiera donc les composants ou produits à plus faible valeur, dans le but de limiter le risque financier. Puis, au fur et à mesure de la maîtrise de cet outil, on intégrera d'autres articles plus onéreux.
La deuxième étape consiste à créer des zones de « stocks kanbans ». Afin de gagner en visibilité et en efficacité, il faut essayer de les

rapprocher au maximum du moyen de production et, dans la mesure où les articles peuvent être manipulés facilement, les transferts seront assurés par le personnel direct.

Le signal kanban de relance de la production interne (ou d'approvisionnement de composants achetés à l'externe) peut être matérialisé de deux façons :

- On transmet à l'opération amont un contenant (boîte, caisse) vide, ce qui déclenche l'ordre de son remplissage d'une quantité spécifiée dans un délai imparti. Ceci fait, le contenant retourne systématiquement dans le stock aval. Cette solution simple est surtout réservée aux pièces de taille suffisamment petite.

- Pour des articles de dimensions plus importantes, la solution générique, qui a donné son nom à la méthode, consiste à transmettre sur un porte-fiches une carte dite « kanban »[53] sur laquelle sont indiquées toutes les informations nécessaires à l'opération de production amont : référence, quantité, délai. Quand celle-ci est effectuée, la carte kanban accompagne les pièces transformées dans la zone de stock kanban aval.

La figure 30 présente un exemple de carte kanban.

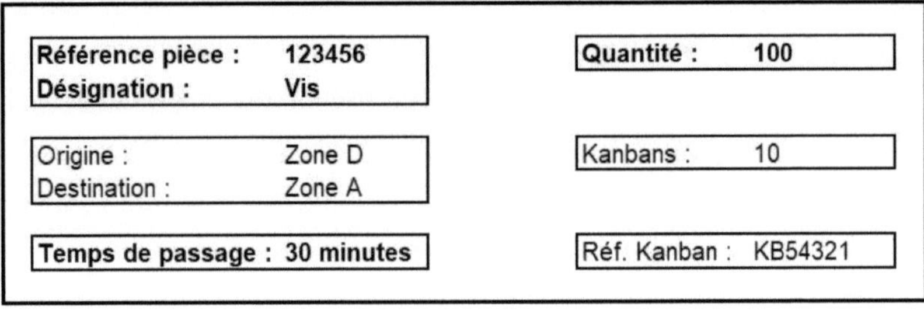

Figure 30 : Carte kanban

La méthode Kanban est très intéressante. Au cœur du processus de management visuel, elle permet de minimiser les stocks tout en assurant les besoins de la production.

---

[53] Kanban signifie « étiquette » en japonais, d'où le nom de la méthode.

Toutefois, elle comporte deux points faibles :

- à cause du fait que l'on doit les déplacer, les signaux kanban tels que les boîtes vides ou les cartes peuvent être égarés ou perdus ;

- on fabrique à la demande, à réception du signal kanban sans avoir plus d'informations en temps réel nous permettant d'anticiper la prochaine relance et s'y préparer.

Partant de ce constat, nous avons imaginé dans le cadre de nos travaux sur l'optimisation de la chaîne logistique, une évolution de ce système basée sur la gestion des taux de couverture des articles :

la méthode CROM (Coverage Rate Organisation Management).

Nous verrons au chapitre 9 que cette méthode permet non seulement de pouvoir produire à la demande comme le système Kanban classique, mais également d'avoir une vision panoramique de toute l'activité de chaque ligne-produit en temps réel. Ainsi, il est possible d'en identifier facilement le ou les goulots ou maillons faibles, point central des développements sur la Théorie des Contraintes que nous allons aborder maintenant.

Chapitre 8
Introduction à la Théorie des Contraintes (TOC)

1. La TOC dans la Nature

Les plus forts aident les plus faibles.

C'est une valeur humaniste que nous revendiquons tous, même si dans les faits, nous devrions éviter d'y percevoir un quelconque sens moral.

En effet, dans les communautés animales, c'est un principe naturel inscrit dans le code génétique des individus afin d'assurer leur survie : l'organisation sociale des loups est construite de sorte que chacun puisse trouver sa place et travaille pour le groupe, indépendamment des liens du sang. Les plus forts éduquent et protègent les jeunes ; ils prennent soin des moins vaillants et les orphelins sont recueillis.
Dans les colonies d'oiseaux en migration, les plus résistants se placent devant afin que les plus faibles bénéficient des meilleures conditions de vol. Le seul but à poursuivre est de rejoindre l'Afrique avec le minimum de pertes, pour la préservation de l'espèce.

En observant le ciel, l'Homme s'est inspiré de cette organisation, pour les épreuves cyclistes notamment. Dans un peloton, les coureurs du centre se reposent aux dépens des autres. Aussi, dans une échappée ou un contre-la-montre par équipes, les positions changent pour que chacun, à un instant donné, puisse récupérer.

Cette approche naturelle est à la base de la Théorie des Contraintes, apparue dans le milieu des années 80 avec les travaux de Eliyahu M. Goldratt[54].

---

[54] Eliyahu M. Goldratt, consultant israélien (1948-2011). Physicien de formation, il est à l'origine des développements sur la Théorie des Contraintes.

2. La TOC dans l'Entreprise

Tout système, quel que soit son niveau d'efficacité, comporte un goulot ou maillon faible. En outre, la vitesse d'une organisation qui travaille en flux (et donc en processus série) n'est pas la vitesse moyenne des éléments qui la composent, mais celle de son processus le plus lent. On peut illustrer ce concept de goulot par une succession de cuves se déversant les unes dans les autres pour alimenter un réservoir (Fig. 31).

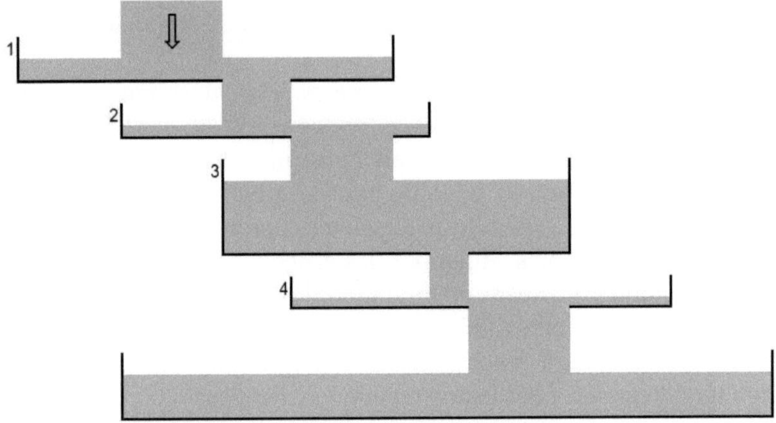

Figure 31 : Principe du goulot

Dans cet exemple, la cuve 3 est celle qui présente le plus faible débit. C'est le **goulot** du système. C'est elle qui définit la vitesse de remplissage du réservoir : **dans toute organisation en flux, il y a toujours un facteur limitant, un élément critique qui freine l'ensemble.**

D'autre part, le goulot n'est pas obligatoirement de dimension physique, comme une machine ou une ressource humaine. On envisagera ici, de manière plus générale, LE facteur limitant le développement de l'entreprise, en considérant la liste exhaustive de tous les paramètres de l'organisation : le bâtiment, la Logistique, la non-qualité, les Finances, la R&D, les Ventes, etc.

La figure 32 illustre cette notion de goulot pour une ligne-produit L constituée de 4 ateliers de production, avec chacun sa capacité propre pour délivrer un produit ou une famille de produits pour un marché dont la demande est D.

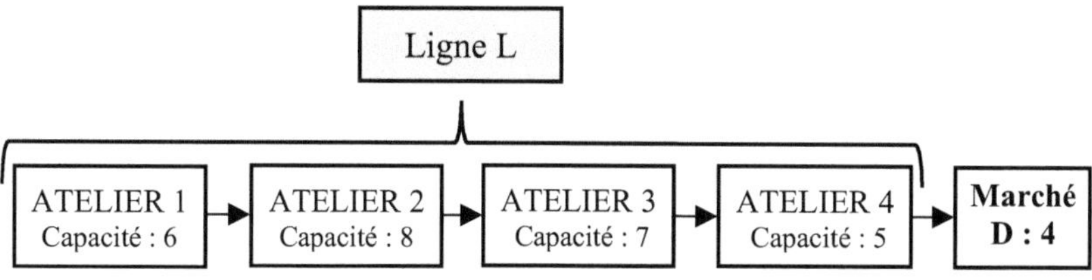

Figure 32 : Le goulot de la ligne-produit est la demande du marché

Dans cet exemple, tous les ateliers sont capacitaires. Par conséquent, le facteur limitant le développement de l'entreprise, le goulot, est la demande client.
L'enjeu pour l'entreprise sera donc de trouver des solutions pour remplir le carnet de commandes.

Imaginons maintenant que la problématique commerciale soit résolue et que la demande du marché ait doublé (Fig. 33).

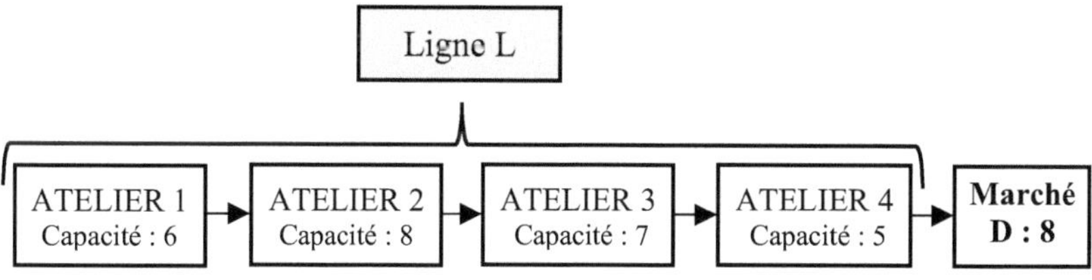

Figure 33 : Le goulot de la ligne-produit est l'atelier n°4

Dans ce cas, même si plusieurs ateliers sont non capacitaires par rapport à la demande client, c'est le quatrième qui est le goulot le plus critique.
L'objectif premier de l'entreprise sera alors d'augmenter la capacité de cet atelier.
De façon itérative, on cherchera à éliminer les différents goulots successifs à condition, bien sûr, de pouvoir les identifier.

3. Identification du goulot

C'est la première étape, mais pas la plus simple. Elle peut en effet être longue et fastidieuse dans une organisation complexe.
Là encore, le principe de décomposition des processus en éléments simples revêt une grande importance. Il simplifie énormément l'étape d'identification du goulot et par conséquent la mise en place d'actions correctives adaptées.

Il faut distinguer deux catégories de goulots :
    - le goulot apparent, celui que l'on voit : par exemple le manque de capacité d'un atelier ;
    - le goulot primaire, celui qui est à l'origine du goulot apparent. Dans le cas où le goulot apparent est la capacité d'un atelier, le goulot primaire peut être la disponibilité d'une machine qui en limite toute l'activité.

C'est le **goulot primaire** qui nous intéresse.

Nous verrons dans le chapitre suivant que la méthode CROM est un outil très efficace pour déterminer rapidement le goulot primaire d'une organisation, de manière simple et visuelle.

4. Protection du goulot

Le principe de protection du goulot est l'une des composantes essentielles de la Théorie des Contraintes appliquée à l'Entreprise.
Il stipule que, compte tenu du fait qu'un goulot existe, il est l'élément fragile de l'organisation et il faut alors tout faire pour le protéger.

Qu'est-ce que cela signifie ?
Une fois le goulot identifié, il faut éviter de dégrader davantage la situation et, avant toute chose, garantir que le goulot puisse toujours exécuter ses tâches.
Dans une organisation de production, cela se traduit par exemple par la mise en place d'un stock de sécurité en amont du goulot (Fig. 34).

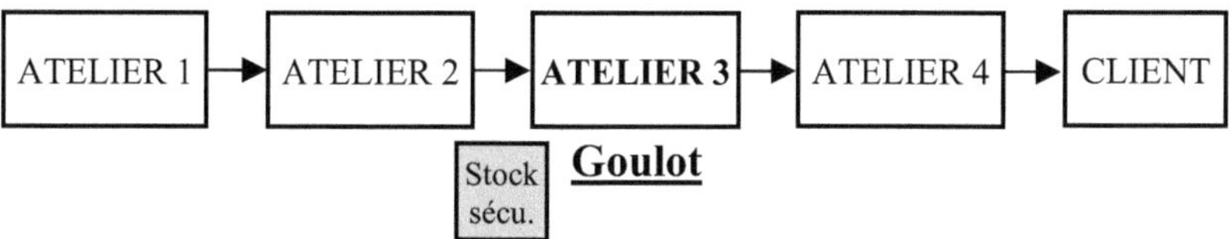

Figure 34 : Protection du goulot

La fabrication de ce stock de protection ne constitue pas une contrainte en soi pour les ateliers amont qui disposent d'une capacité supérieure à celle du goulot. Sa taille doit être déterminée en évaluant les risques potentiels d'arrêt du processus au niveau de ceux-ci, de manière analogue au calcul du kanban de sécurité que nous avons vu précédemment.

Par contre, il est inutile de fabriquer un stock de protection plus important qui engorgerait davantage le système.

Une fois que le stock de sécurité est constitué, il faut calibrer la capacité amont sur celle du goulot.

5. Dégoulottage

Le but d'une organisation performante n'est pas de s'étalonner au processus le plus lent mais d'augmenter le niveau d'efficacité de l'ensemble en aidant le maillon faible.

Une fois le goulot identifié et protégé, la troisième étape consiste à trouver des solutions pour augmenter sa capacité. Dans cette quête, on veillera surtout à éviter de perdre du temps et de l'énergie à chasser plusieurs lièvres à la fois pour se concentrer sur le goulot primaire de l'entreprise. Mobiliser toutes les énergies, toutes les ressources dans ce sens, quitte à en déplacer d'un atelier à un autre. Pour un maximum d'efficacité, ceci suppose une parfaite compréhension du concept de la part de tout le personnel, de la flexibilité et des méthodes d'identification rapide du goulot.

6. Un processus d'amélioration continue

Une fois le goulot libéré, un autre prendra sa place, il y aura toujours un facteur limitant. C'est une loi à laquelle aucune organisation ne peut se soustraire et ce postulat est à la base du cercle vertueux de l'amélioration continue qui se présente comme ceci :
- Identification du goulot 
- Protection du goulot
- Calibration
- Dégoulottage

Conclusion : **il ne faut pas cacher le goulot, mais au contraire le mettre en pleine lumière**, c'est un travail sans fin.

Dans le chapitre précédent, nous avons vu que la méthode d'approvisionnement en flux tiré kanban, basé sur un management visuel et en cascade des besoins, était une solution intéressante largement déployée dans les grandes organisations. Au-delà du fait que cet outil soit principalement réservé à des productions récurrentes à grands volumes et présente certaines limites, notamment celle de ne pouvoir anticiper les besoins futurs, il ne s'inscrit pas complètement dans le concept de la Théorie des Contraintes. En effet, alors que le Kanban nécessite une structure stable, construite sur un système parfois rigide, avec différents scenarii d'allocation des ressources liés à l'évolution de la demande client, la TOC demande une contre-réaction rapide de tous les éléments de la chaîne de production pour compenser les dérives inévitables propres aux systèmes évolutifs.

Afin de réconcilier ces deux approches, nous avons imaginé une méthode de gestion dynamique de la production dérivée du Kanban, selon une démarche moins systémique mais plus participative : la méthode CROM.

Que les lecteurs les moins concernés par les problématiques logistiques ou d'ordonnancement d'ateliers ne soient pas inquiets.

Il s'agit surtout ici d'une introduction à la méthode CROM et à ses principes, ayant réservé les développements spécifiques pour un ouvrage ultérieur qui lui sera entièrement consacré.

Par ailleurs, ce chapitre ayant été traité de manière autonome par rapport au reste de l'ouvrage, le lecteur aura toujours la possibilité d'y revenir plus tard ou de le lire de façon fractionnée.

Chapitre 9
Introduction à la méthode CROM

1. Une intelligence collective

Afin d'assurer le développement de toutes les espèces sans mettre en péril l'une au profit d'une autre, la Nature s'est organisée selon le schéma bien connu des cycles alimentaires que l'on peut également représenter sous la forme d'une pyramide écologique (Fig. 35).

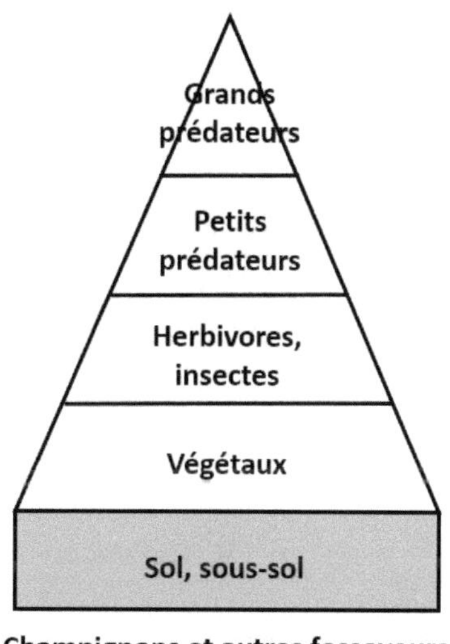

Figure 35 : Pyramide écologique

Au-dessus du sol (continental et océanique), on distingue 4 classes majeures avec, de bas en haut : les végétaux, les herbivores, les petits prédateurs et les grands prédateurs.
À la base de la pyramide, les fossoyeurs présents sur le sol et dans le sous-sol permettent la régénération de ces derniers, substrats du cycle écologique.

Évaluons maintenant, pour chacune de ces classes, leur contribution par rapport à un autre critère de pondération : leur biomasse.

La biomasse terrestre est le terme qui désigne la quantité massique d'organismes vivants, qu'il s'agisse de microbes, de plantes, de champignons ou d'animaux.
Elle est répartie selon la distribution suivante :
- plantes : 82.5 % ;
- bactéries : 12.8 %, celles-ci sont présentes dans tous les biotopes ;
- champignons : 2.2 % ;
- autres micro-organismes : 2.1 % ;
- animaux (insectes y compris) : 0.4 %.

En intégrant ces éléments à la représentation pyramidale précédente, on obtient la figure 36.

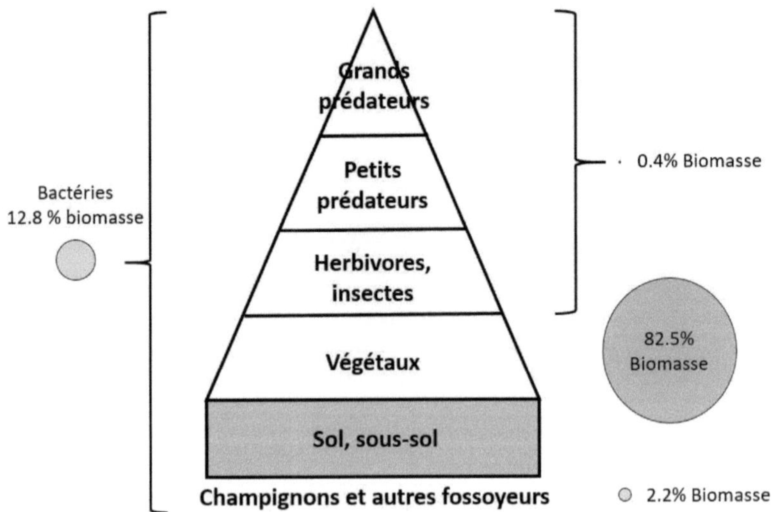

Figure 36 : Répartition de la biomasse terrestre

Les plantes et les champignons constituent l'habitat qui permet d'accueillir toutes les formes de vies animales. Ils représentent la quasi-totalité de la biomasse terrestre, avec une pondération cumulée de l'ordre de 85 % (et plus de 97 % si on y intègre les bactéries par règle de proportionnalité) !

Les animaux ne représentent qu'une partie infinitésimale (0.4 %) de la biomasse totale dont la grande majorité est par ailleurs constituée d'insectes et d'arthropodes (plus de 40 %) et de poissons (30 %). Les mammifères et les oiseaux, quant à eux, ne pèsent que 7 % de la biomasse animale.

Ces chiffres ne sont finalement pas surprenants. En effet, la survie des différentes espèces nécessite que la taille de leurs représentations respectives soit conditionnée par les rapports de dépendance. Autrement dit, plus une espèce est située en bas de la pyramide, plus elle est déterminante pour toutes celles qui en dépendent. Il est donc cohérent que sa représentation soit plus importante, ceci afin d'assurer la pérennité des autres sans se mettre en danger.

Cela laisse toutefois songeur quand on sait l'augmentation exponentielle de la population humaine aux dépens du substrat vital de tous les autres organismes.

1.1. L'intelligence du vivant

Pour la plupart des scientifiques, l'intelligence d'une espèce se mesure par son aptitude à s'adapter et à résoudre des problématiques imprévues.

- Dans le cas d'animaux vivant seuls ou en couple, comme les renards, les ours, les aigles, on parlera **d'intelligence individuelle**.

- Pour des tribus inférieures à une vingtaine d'individus, comme certains prédateurs chassant en meutes, on y verra plutôt une **intelligence de groupe**.

- Pour des communautés constituées de plusieurs dizaines, centaines, voire de milliers d'individus, cette notion revêt en quelque sorte la forme d'une **intelligence de masse** pour laquelle chaque membre de la communauté fait partie intégrante d'un réseau d'émetteurs et récepteurs de différentes informations échangées en temps réel : colonies d'insectes, nuées d'oiseaux, bancs de poissons, etc.

Quant au monde végétal, il semblerait qu'il soit également organisé selon ce modèle communautaire[55]. On y distinguerait alors deux réseaux principaux de capteurs :
- le premier : aérien, constitué du feuillage ;
- le second : souterrain, au niveau notamment de l'apex (extrémité) des racines et leurs millions de radicelles.

Je tiens à préciser ici qu'il ne s'agit aucunement d'établir une quelconque échelle de valeurs, sachant que chaque espèce est un élément important qui présente le niveau d'intelligence nécessaire à l'accomplissement du projet de Vie dans sa globalité.

Attribuons maintenant la ou les typologies d'intelligence à chaque classe d'espèces, en regroupant sous le même adjectif « collective » les intelligences « de masse » et « de groupe » (Fig. 37).

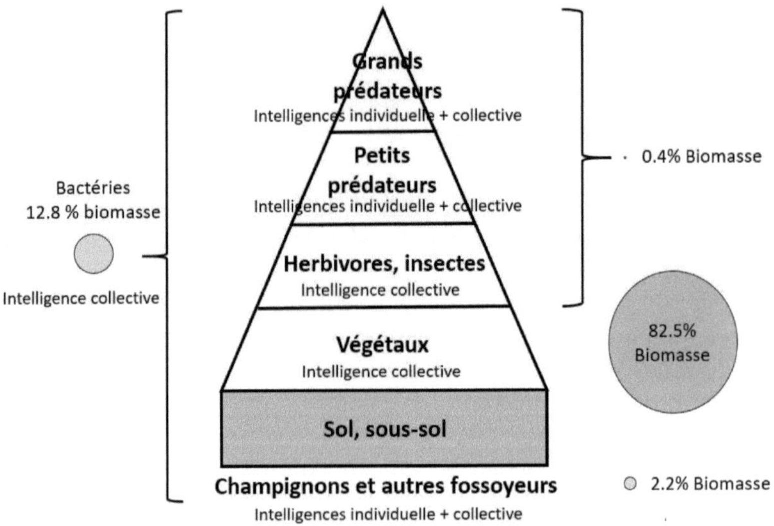

Figure 37 : Intelligences individuelle et collective dans la Nature

[55] Stefano Mancuso et Alessandra Viola, *L'intelligence des plantes*, Albin Michel, 2018.

Le constat est sans appel : le vivant, dans la grande majorité de sa biomasse, a privilégié l'intelligence collective. Cette dernière repose sur des protocoles d'échanges d'informations simples et rapides afin de synchroniser les alertes, les alternatives et les décisions sur l'ensemble de la communauté.

1.2. Modèle de communication dans les organisations humaines

Ces conclusions pourraient nous inciter à choisir sans sourciller le modèle collégial dans les organisations humaines, lesquelles, restons très modestes, ne pèsent que 0.01 % de la biomasse terrestre.
La réponse n'est en fait pas aussi triviale.
En effet, l'une des spécificités de l'Homme par rapport aux autres espèces est qu'il se situe au sommet de la fameuse pyramide. N'ayant pas de prédateurs, son entropie naturelle ne peut donc être régulée que par lui-même. Ce faisant, la Nature l'a pourvu d'une capacité de réflexion qui lui permet de comprendre sa position sommitale et d'agir en conséquence pour s'autoréguler.
Ça ne se passe pourtant pas comme ça dans la réalité. Pourquoi ?
Les capacités cognitives uniques de l'Homme font qu'il a également pleinement conscience de sa finitude, de sa mort inéluctable. Pour échapper à cette angoisse, il a inventé toutes sortes d'activités et de plaisirs à la base de son économie. Nous sommes ici bien loin de la simple préservation de l'espèce.
L'être humain a créé un monde virtuel à part entière dans lequel il recherche le plus souvent son intérêt personnel. Son travail et ses loisirs ne sont donc pas systématiquement tournés vers le groupe.
L'artisanat, pilier de l'économie, en est une bonne illustration, et la réussite professionnelle est en quelque sorte l'image de l'intelligence individuelle appliquée à un métier.
À mesure que la taille de l'entreprise augmente, des relations multilatérales peuvent se construire au sein de l'équipe. Malgré cela, la plupart des structures y maintiennent un système de communication unidirectionnel selon un schéma hiérarchique traditionnel.

La Nature nous a pourtant ouvert la voie. Qu'il s'agisse de l'autogestion d'une forêt ou de la coordination d'une colonie de fourmis, l'information voyage transversalement et rapidement pour réagir de la manière la plus efficace possible aux aléas et aux besoins de la communauté.

L'entreprise étant une structure de groupe, c'est tout son système de communication qui doit être régi selon ce modèle : privilégier la transmission rapide d'informations accessibles en large réseau plutôt que de prendre du temps à décortiquer des analyses individuelles poussées.

C'est là un des fondements de la méthode CROM.

2. Taux de couverture d'un article

Considérons un composant C comportant N opérations de fabrication. Soit C_n l'article associé à l'opération n du composant C, avec $1 \leq n \leq N$. Soit Pc_n le nombre de pièces à l'instant t ayant passé l'opération n. Ces dernières sont réparties dans tous les en-cours de production des opérations suivantes.

Soit $WIPc_{n+1}$ la photo à l'instant t de l'en-cours de production (Work In Progress, en anglais) ayant terminé l'opération n mais en attente de l'opération n+1.

On a alors : $Pc_n = WIPc_{n+1} + Pc_{n+1} = WIPc_{n+1} + WIPc_{n+2} + Pc_{n+2}$
et ainsi de suite, pour arriver à :

$$Pc_n = \sum_{n+1}^{N} WIPc_i + Pc_N$$

Soit Tc_n le taux de couverture de l'article C_n, défini comme la quantité de pièces dans la chaîne logistique ayant **au moins** terminé l'opération n, divisée par le besoin hebdomadaire moyen (par exemple) du client, Bc.
On a alors : $Tc_n = Pc_n / Bc$.

D'où :

$$Tc_n = \frac{\sum_{n+1}^{N} WIPc_i + Pc_N}{Bc}$$

<u>Exemple</u> : Considérons la gamme de travail du composant horloger *Pignon de roue de moyenne* (réf. *1234567*) avec la distribution d'encours proposée à la figure 38.

1- En-cours de décolletage	7'000 pièces
2- En-cours entre décolletage et taillage	5'000 pièces
3- En-cours entre taillage et polissage	2'000 pièces
4- En-cours entre polissage et roulage	1'000 pièces
5- En-cours entre roulage et mise en stock final	1'000 pièces
6- Pièces en stock final	3'000 pièces

Figure 38 : Répartition des en-cours du composant réf. 1234567

Le nombre de composants ayant passé l'opération de décolletage est alors égal à : $5'000 + 2'000 + 1'000 + 1'000 + 3'000 = 12'000$ pièces, réparties sur les différentes opérations situées en aval de l'opération de décolletage.
Supposons un besoin moyen client de 1'000 pièces par semaine.
Le taux de couverture de l'article décolleté est donc de :
$12'000 / 1'000 = 12$ semaines.

En poursuivant le calcul des taux de couverture relatifs aux différentes étapes de fabrication et en les juxtaposant les uns aux autres, on obtient la visualisation graphique de la figure 39.

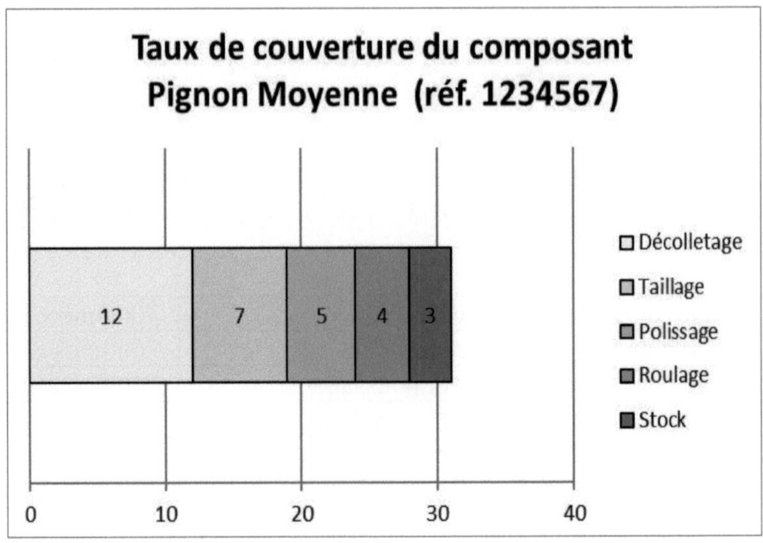

Figure 39 : Taux de couverture du composant réf. 1234567

Pour ce composant :

- L'article décolleté présente un taux de couverture de 12 semaines. Autrement dit, si le besoin hebdomadaire moyen est de 1'000 pièces, le tuyau logistique mettra 12 semaines pour se vider complètement, date à partir de laquelle le client sera en rupture.

- Parmi ces 12 semaines de taux de couverture au décolletage, 7 ont passé le taillage et on retrouve bien les $12 - 7 = 5$ semaines d'en-cours dans cet atelier.

- Parmi les 7 semaines de taux de couverture au taillage, 5 ont passé le polissage, et on retrouve bien les $7 - 5 = 2$ semaines d'en-cours dans cet atelier.

- Parmi les 5 semaines de taux de couverture au polissage, 4 ont passé le roulage, et on retrouve bien la $5 - 4 = 1$ semaine d'en-cours dans cet atelier.

- Parmi les 4 semaines de taux de couverture au roulage, 3 sont en stock, en attente d'être livrées chez le client, et on retrouve bien la $4 - 3 = 1$ semaine de pièces en attente pour être mises en stock.

Par conséquent : à partir de 12 semaines de couverture à la première opération (décolletage), 3 sont finalement en stock et le reste est réparti sur les différentes étapes du processus de fabrication.

Dans cet exemple, le maillon faible, le goulot, est l'opération de taillage pour laquelle nous avons le plus grand nombre de pièces en attente, soit $12 - 7 = 5$ semaines d'en-cours.
Le travail du responsable de production sera alors de chercher à comprendre pourquoi le débit est limité à ce stade du processus de fabrication et d'appliquer les actions correctives qui s'imposent.

Cette représentation graphique du flux logistique est finalement simple. Pour être la plus efficace possible, elle ne doit pas rester sur un écran d'ordinateur, mais descendre au plus près des collaborateurs de production comme nous allons le voir maintenant.

3. Visualisation des flux logistiques en production

On peut généralement classer l'activité d'une entreprise dans l'une des deux catégories suivantes :
    - production d'une grande variété de produits différents comportant peu d'opérations de transformation ;
    - production d'une faible variété de produits distincts comportant un grand nombre d'opérations de transformation.

3.1. Production d'une grande variété de produits différents avec peu d'opérations

Ce business model correspond à celui de la plupart des PME travaillant dans le domaine de la sous-traitance de produits à grands volumes.
C'est également le modèle de notre fil rouge, la fabrication de rouages horlogers : dans un mouvement de montre mécanique automatique, on

compte en moyenne 200 pièces mobiles mais au maximum 5 à 6 étapes de travail.

En reprenant cette application spécifique, nous pouvons décomposer la ligne-produit Rouages en sous-lignes-produits Rouages de Transmission, Rouages de Réglage, Rouages de Remontage et Rouages d'Échappement (Fig. 40).

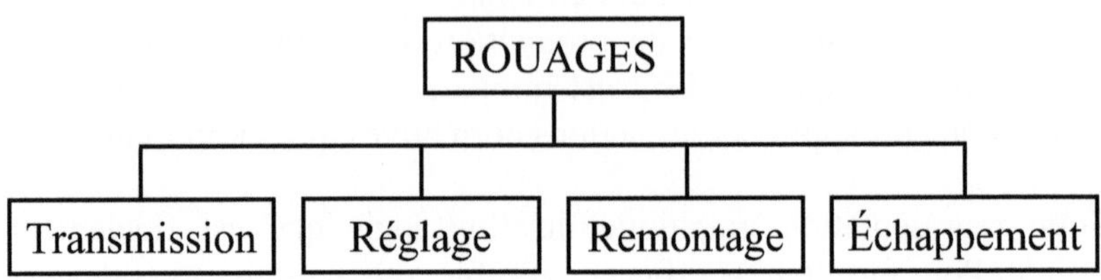

Figure 40 : Décomposition d'une ligne-produit en sous-lignes-produits

Pour chacune des quatre sous-lignes-produits, on pourrait ajouter un sous-niveau supplémentaire, constitué des composants pignons et roues de chacun des articles y relatifs.

Dans l'atelier, une solution simple de caractérisation des sous-lignes-produits consistera, par exemple, à leur attribuer une couleur spécifique.

- **Fiches CROM**

Chaque article est identifié par une fiche individuelle de couleur identique à celle de sa sous-ligne-produit.

Sur cette fiche apparaissent différentes informations utiles pour le management visuel de la production. On y reportera :
- la désignation de l'article ;
- la référence de l'article ;
- le nom du calibre (produit fini) ;
- le numéro du plan de fabrication de l'opération concernée ;
- le temps de cycle de l'opération ;
- les taux de couverture minimum et maximum autorisés.

Ces derniers sont calculés en fonction de la criticité du moyen de production ainsi que du temps de passage des opérations suivantes.

160

Un exemple de fiche CROM pour un atelier de décolletage est présenté sur la figure 41.

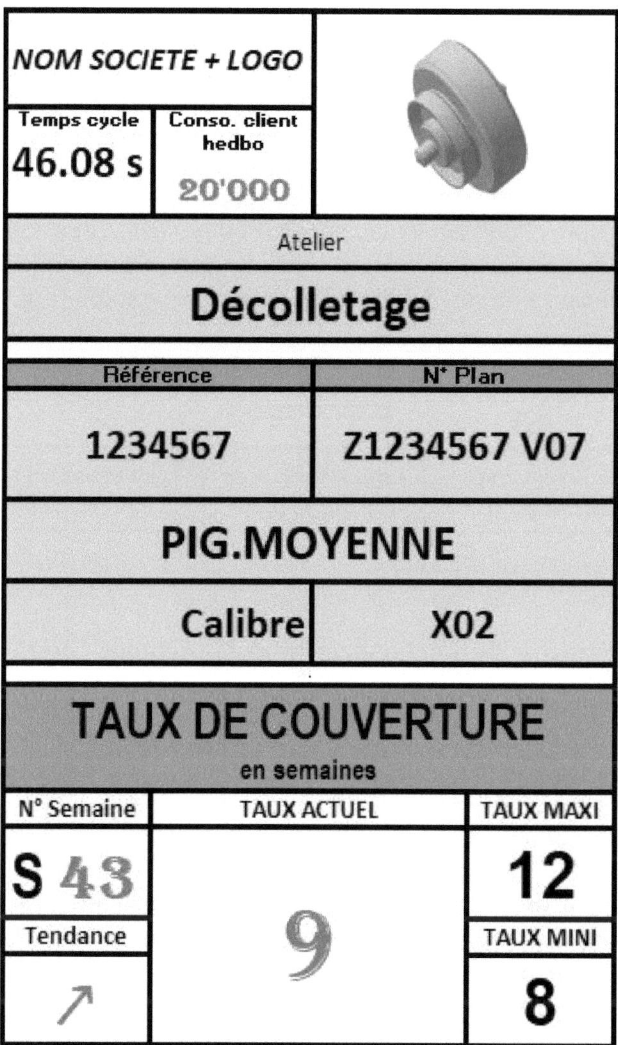

Figure 41 : Exemple de fiche CROM au Décolletage

Dans un souci d'efficacité et de transparence, on choisira de placer ces fiches sur chaque poste ou machine intervenant dans le processus de fabrication, de sorte que si un même procédé de transformation est utilisé pour différents articles, on lui affectera plusieurs fiches.

Pour une question de commodité et d'économie, ces dernières sont plastifiées et les différentes informations variables d'une semaine à l'autre sont, par exemple, remplies avec des feutres effaçables.

On précisera :

- le numéro de la semaine (43 dans cet exemple) ;
- le besoin client hebdomadaire (20'000 pcs dans cet exemple) ;
- le taux de couverture réel (9 semaines dans cet exemple) ;
- la tendance de son évolution (↗ dans cet exemple), (Fig. 42).

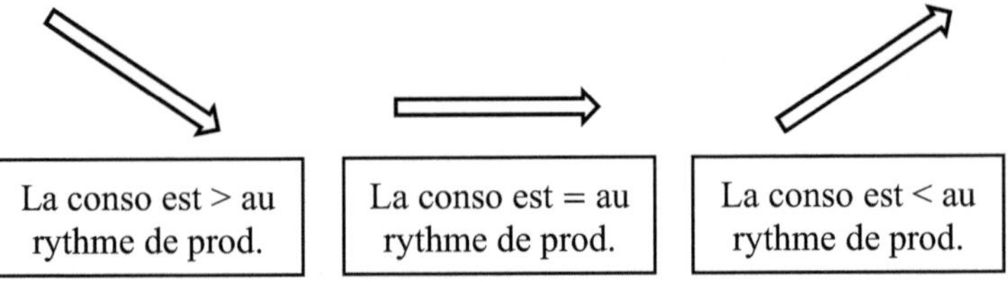

Figure 42 : Évolution du taux de couverture entre deux mises à jour

• Principe de fonctionnement de la Méthode CROM

Pour une ligne ou sous-ligne-produit donnée, le responsable d'atelier affiche sur un grand écran le taux de couverture de chaque article, selon une fréquence qui dépend de la variabilité des besoins (de une fois par semaine au minimum à plusieurs fois par jour). À partir de cette information visible de tous, et donc de préférence située à une position centrale de l'atelier, les responsables de lignes ou chefs de groupes connaissent le niveau de criticité de chaque article et peuvent par conséquent prioriser les relances de production en toute autonomie.

Ils affectent ensuite sur les machines les cartes (préparées à l'avance) relatives aux articles à lancer en priorité en renseignant au passage leur taux de couverture. Les techniciens et opérateurs de production n'ont alors plus qu'à élaborer un schéma de production avec pour seul objectif : que le taux de couverture de chaque article reste entre les limites inférieure et supérieure définies sur les cartes.

Comme pour le kanban classique, on parlera ici d'autorégulation du flux logistique par les ressources humaines directes.

Cependant, contrairement à ce premier, il n'y a plus de déplacement de signaux visuels d'un poste à un autre et donc plus de risque de perte ou de mélange.

Autre avantage : dans le cas de plusieurs articles à relancer en même temps, l'opérateur de production ordonnance (organise) son travail en s'occupant préférentiellement des taux de couverture les plus bas.

La figure 43 est une synthèse des taux de couverture des différents articles rattachés aux composants de la sous-ligne-produit Rouages de Transmission.

Cette représentation nous permet d'identifier en un clin d'œil le composant goulot de chaque sous-ligne-produit et, pour ce composant, l'opération goulot.

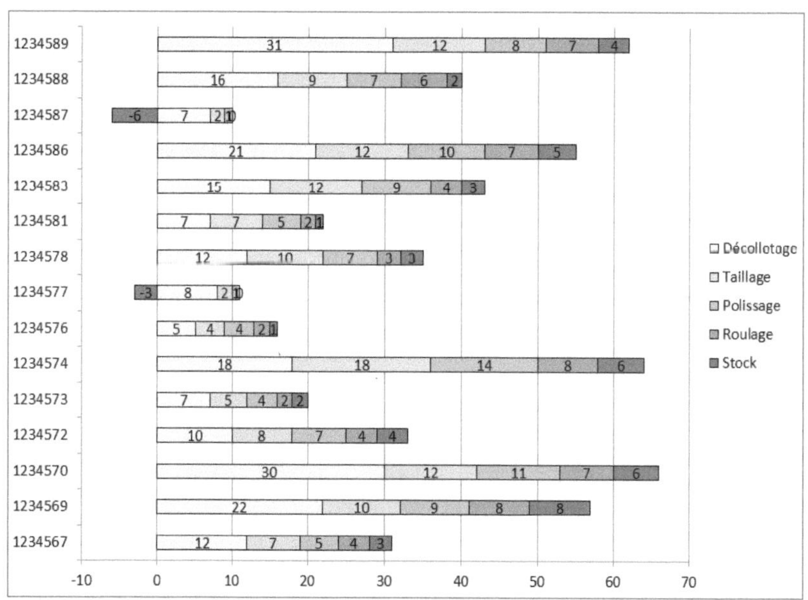

Figure 43 : Taux de couverture des composants Rouages de Transmission

163

Dans cet exemple, on constate que le composant critique est la référence 1234587 qui présente 6 semaines de retard (signe négatif) pour la mise en stock.
L'opération goulot est alors le taillage avec $7 - 2 = 5$ semaines d'en-cours en attente de traitement.

Cette visualisation centralisée de toute l'activité est un outil très intéressant pour le responsable de site qui dispose ainsi d'une vue panoramique du flux de production.
Par contre, dans l'objectif d'une intégration de la méthode CROM au sein des ateliers, il est préférable de ne présenter que les taux de couverture des opérations qui y sont exclusivement réalisées, s'agissant d'entités indépendantes.
Le responsable de secteur et son équipe y géreront alors leurs priorités en totale ignorance du reste du flux de production qui ne les concerne pas (Fig. 44). Afin de compléter le modèle, nous avons ajouté sur cet exemple diverses informations pour le suivi des priorités comme : la variation des taux de couverture d'une semaine sur l'autre, le taux de non-qualité moyen historique, le temps de passage des opérations aval déterminant le taux de couverture minimal, les besoins clients à court et long termes, la technologie machine utilisée, la capacité installée…

En définitive, la limite du modèle est celle que veut bien lui donner le responsable. Je recommande néanmoins de ne pas tomber dans la surenchère, sachant que **trop d'informations tuent l'information.**

CROM	Diff	TauxRebut	temps passage	Nr. Material	Material Description	Besoin annuel	Besoin hebdo 12 sem.	Retard	Type machine	Capa hebdo	Capa prod	Moy Ouput
-2	▼	4%	3	428254	Axe.Inv.Aux.	30 300	1515	3000	F34	7 855		
-2	▼	0%	2	495352	Vis.Hexa.	30 000	1800	3600	F08	14 400		
-2	▼	6%	4	522814	Axe.Moy.	81 305	3 586	7 000	F34	24 000		
-1	▼	1%	4	460357	Axe Roue Entr.	49 490	1414	1 400	F73	9 191		
-1	▼	0%	2	301875	Tambour	99 605	2 311	2 300	F126	2 274		
-1	▼	37%	2	383713	Tub. Ctr.	424 764	8 759	9 000	F74	13 091		
-1	▼	0%	2	514471	Vis.Hexa.	50 500	4 141	4 200	F08	16 615		
0	=	0%	2	525380	Vis.Hexa.	909	91	0	F08	14 897		
0	=	0%	2	509880	Vis.Hexa.	11 110	202	0	F08	19 636		
0	=	0%	2	445870	Planc. Roue Hr	10 000	1000	0	F73	10 800		
1	▲	0%	3	448311	Chaussée	7 070	202	0	F12	5 610		
1	▲	0%	2	510364	Vis.Hexa.	34 340	1 111	0	F08	15 429		
1	▲	0%	2	517935	Roue entr.Ind.Qt.	34 967	700	0	F74	2 880		
1	▲	0%	3	284290	Axe.M. Osc.	116 011	5 151	0	F74	5 760		
2	▲	23%	4	472525	Chaussée	181 800	5 454	0	F34	10 537		
2	▲	0%	2	361620	Cône. Inf.	35 350	1 010	0	F73	24 000		
2	▲	0%	3	310943	Roue Hr	10 100	253	0	F12	21 600		
2	▲	0%	3	346851	Bague	7 070	303	0	F73	8 640		
3	▲	0%	2	331118	Vis.Hexa.	86 400	2 160	0	F08	16 000		
3	▲	0%	2	516848	Vis.Hexa.	155 540	7 777	0	F08	11 077		
4	▲	0%	3	285258	Axe.Inter.Qt.	16 160	404	0	F74	18 783		
4	▲	0%	3	69707	Roue Pal.Inter.	12 120	303	0	F73	8 000		
5	▲	0%	2	1838	Vis.Hexa.	6 060	303	0	F08	36 000		
5	▲	0%	2	116254	Vis.Hexa.	794 743	15 491	0	F08	24 000		
5	▲	0%	6	364848	Axe.Chr.	10 000	500	0	F34	8 640		
6	▲	0%	4	174007	Axe.Inter.	5 050	505	0	F73	10 800		
6	▲	0%	2	476797	Vis.Hexa.	62 017	1 242	0	F08	16 615		
6	▲	0%	2	355616	Vis.Hexa.	52 470	1 816	0	F08	21 600		
7	▲	0%	2	136217	Vis.Hexa.	1 000	50	0	F08	18 783		
7	▲	0%	2	509879	Vis.Hexa.	16 160	1 616	0	F08	19 636		
7	▲	0%	2	202774	Vis.Hexa.	38 380	1 111	0	F08	18 000		
8	▲	0%	2	331632	Chaussée	5 000	250	0	F10	6 353		
8	▲	0%	2	487483	Vis.Hexa.	150 210	2 828	0	F08	17 280		
8	▲	30%	4	319323	Axe.Osc.	141 202	3 060	0	F73	13 500		
9	▲	0%	4	337951	Axe.Ctr.	26 260	808	0	F34	10 286		
9	▲	0%	2	424319	Vis.Hexa.	47 086	4 709	0	F08	25 412		
9	▲	0%	2	514473	Vis.Hexa.	77 600	1 414	0	F08	16 615		
10	▲	0%	2	465614	Vis.Hexa.	25 758	606	0	F08	16 615		
10	▲	0%	2	514472	Vis.Hexa.	168 230	3 838	0	F08	16 615		
10	▲	0%	2	470980	Vis.Hexa.	2 525	101	0	F08	10 800		
11	▲	0%	3	459123	Axe.Inter.	2 020	202	0	F73	14 400		
11	▲	51%	4	145709	Axe.Sec.	489 850	13 130	0	F73	20 571		
11	▲	26%	5	440292	Axe.Sec.	191 900	4 040	0	F73	19 636		
12	▲	0%	2	331116	Vis.Hexa.	381 460	11 312	0	F08	14 897		
12	▲	0%	2	356529	Vis.Hexa.	33 330	707	0	F08	14 897		
12	▲	0%	2	513974	Vis.Hexa.	9 900	990	0	F08	12 706		
13	▲	0%	2	396916	Moyeu Roue entr.	49 735	1 439	0	F34	4 909		
13	▲	0%	2	396261	Corr. Qt.	40 400	1 010	0	F34	10 800		
13	▲	8%	4	307678	Axe.Trans.	45 450	1 010	0	F73	16 000		
13	▲	0%	2	172182	Axe Roue Inv.	10 100	505	0	F34	12 706		
14	▲	0%	2	461375	Rondelle	34 340	1 616	0	F34	17 280		
14	▲	0%	2	337995	Roue Col.	43 895	859	0	F126	1 440		
14	▲	0%	3	462427	Renv. Corr.	131 735	2 626	0	F73	10 047		

Figure 44 : CROM atelier (ici Usinage 1)

- **Cas de l'assemblage**

Dans l'exemple de notre fil rouge, les composants issus de l'usinage sont (comme dans l'industrie automobile) mis en stock avant l'opération d'assemblage, de sorte que cette dernière pourrait très bien être réalisée sur un autre site de production. Par ailleurs, un même composant peut être utilisé dans différents produits finis.

Ces deux raisons nous conduisent à avoir deux tableaux de suivi des taux de couverture pour une même ligne-produit : un tableau pour le suivi de la fabrication des composants et un autre pour celui de l'assemblage des mobiles.

3.2. Production d'une faible variété de produits différents présentant un grand nombre d'opérations

Dans le cadre d'une production de composants avec peu d'opérations, la visualisation « en blocs » contigus de l'ensemble des taux de couverture est pertinente car permet une interprétation rapide et simple avec des graphiques qui prennent peu de place.

En revanche, pour des gammes de production comportant beaucoup d'opérations, ces derniers deviennent vite illisibles.

On privilégiera alors dans ce cas une représentation « en cascade » du flux de production, beaucoup plus adaptée (Fig. 45).

Sur l'axe descendant des ordonnées, on affiche les différentes opérations dans leur ordre successif (au nombre de 20 dans notre exemple) et sur l'axe des abscisses, la quantité standard (qui peut être unitaire dans le cas d'une production pièce à pièce) des lots ayant passé chacune des opérations.

La ligne en pointillé présente l'objectif idéal pour lequel l'opération n+1 est décalée d'une seule case par rapport à l'opération n (autrement dit, il n'y a qu'un seul lot en attente).

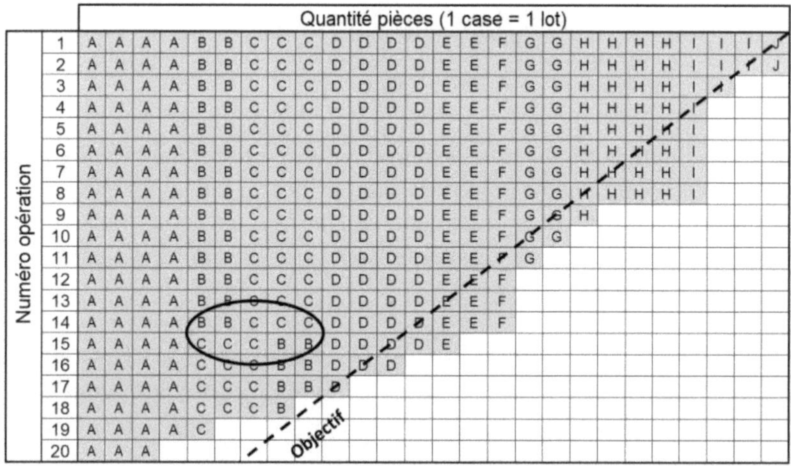

Figure 45 : Représentation en cascade du flux de production

Sur cet exemple, on constate que les dernières cases grisées correspondant aux opérations 4 à 8 sont alignées, témoignant d'un blocage à l'opération 4 pendant une période au cours de laquelle les opérations 5 à 8 ont eu le temps d'être successivement terminées.
En utilisant cette version graphique, on constate qu'il est encore plus aisé de visualiser les goulots qui sont représentés par des espaces libres entre les opérations. Aussi, à l'instant précis où « la photo » des en-cours a été prise, l'écart le plus grand se situe entre les opérations 8 et 9 avec 4 lots en attente à l'opération 9, qui est alors le goulot du système.

Cette représentation en cascade du flux est surtout pertinente quand on parvient à regrouper différents articles sous une même gamme standard, réduisant d'autant le nombre de graphes à construire.
Les lignes d'assemblage de produits finis (véhicules, machines, meubles, etc.) sont d'une manière générale classées dans cette catégorie. Afin d'optimiser la lecture du flux, on identifiera chaque lot par son numéro d'ordre de fabrication (dans le cas présent, des lettres de A à J pour simplifier la lecture).

Cette méthode comporte deux grands avantages :

- Elle s'applique aussi bien aux grands volumes qu'aux pièces unitaires customisées ou petites séries.

- Elle permet de voir rapidement si un ordre de fabrication a « dépassé » un autre au cours du processus de production, témoignant soit d'un changement volontaire de priorité, soit d'un problème technique ou d'approvisionnement. Sur la figure 45, on constate par exemple une inversion des séquences des lots B et C entre les opérations 14 et 15.

Grâce à cette visualisation du flux de production, il est possible de réagir en temps réel et de déplacer les ressources sur le goulot avec pour but de réduire le temps de passage du produit fini.

Conceptualisation d'une ligne d'assemblage autorégulée

Les lignes d'assemblage modernes à grand débit sont la plupart du temps automatisées. De manière non exhaustive, celles-ci sont généralement construites selon les deux architectures suivantes :

- Tables tournantes : différentes opérations d'assemblage sont réparties autour d'un disque central qui sert de convoyeur aux pièces à transformer. Ce concept est également largement utilisé pour des opérations d'usinage. Solution à privilégier pour les pièces de petites dimensions à grands volumes comportant un nombre limité d'opérations.

- Convoyeur linéaire : c'est la version linéaire de la proposition précédente. Elle permet d'intégrer un plus grand nombre d'opérations ainsi qu'une meilleure accessibilité pour le réglage et la maintenance. Elle est cependant plus encombrante et plus chère qu'une table tournante.

Le point commun entre ces deux architectures est que les différents organes sont en série et la plupart du temps monotâches. Ce faisant, le temps de cycle global est égal au temps de l'opération la plus lente. Autrement dit, aucune position de la ligne ne peut prêter main forte à une autre. Sachant que dans la réalité une ligne ne peut pas être parfaitement équilibrée et qu'il y aura toujours des aléas de production (pannes, absentéisme, problèmes qualité, etc.), les attentes font partie intégrante de tout processus itératif d'assemblage (on n'échappe pas au chaos !).

Partant de ce postulat, nous avons imaginé un concept de ligne d'assemblage manuelle/semi-automatique auto-équilibrée en s'inspirant de la visualisation en cascade précédente (Fig. 45). Pour ce faire, chaque poste doit pouvoir soutenir l'opération qui le précède ou lui succède en cas de blocage (Fig. 46).

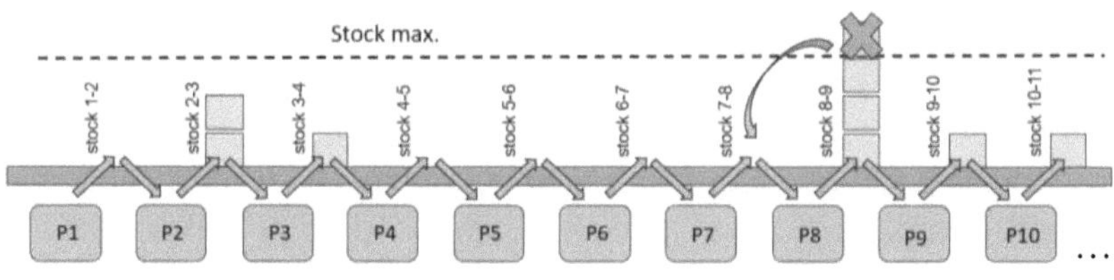

Figure 46 : Concept de ligne d'assemblage auto-équilibrée

Sur cette illustration, nous avons repris les mêmes en-cours que ceux de la figure 45. Le poste n°9 accumule toujours le plus de retard et constitue le goulot matérialisé par un engorgement. À un instant donné, le poste n°8 ne sera plus en mesure de transmettre les pièces à l'opération suivante, faute de place. À partir de là, la consigne lui est donnée d'adapter son environnement de travail pour prendre en charge l'opération n°9 jusqu'à son dégoulottage (potentiellement, le poste n°10 pourra être appelé en renfort).

Le seuil de déclenchement de ce soutien (3 cases dans notre exemple) peut alors être déclenché de deux manières différentes :
    - l'encombrement physique des postes ;
    - les écarts successifs sur le graphe CROM.

Ainsi, en utilisant la méthode CROM, il est possible de concevoir un concept d'assemblage manuel/semi-automatique « intelligent » plus performant qu'une chaîne automatisée grâce à la compensation en temps réel de son goulot aléatoire.

4. Mise en place de la méthode CROM

La mise en place de cette méthode s'appuie conceptuellement sur la maîtrise des en-cours et n'implique pas nécessairement l'utilisation un Progiciel de Gestion Intégré ou ERP[56]. Il est toutefois fondamental que les taux de couverture soient calculés de manière fiable, aisée et dynamique. Pour ce faire, le support de l'informatique est indispensable.

Afin de faciliter son acceptation, on cherchera dans un premier temps à présenter ce nouvel outil comme un complément au système existant et un soutien aux planificateurs du département logistique.

Au fur et à mesure de l'utilisation et de la fiabilisation de cet outil, nous glisserons vers une planification d'atelier in situ. Le personnel direct s'implique alors personnellement dans l'élaboration et l'optimisation du programme précis de production : la planification fine.

Le processus de traitement des données est alors le suivant :

- Les besoins sont tirés de l'ERP.

- Ils sont ensuite formalisés automatiquement sous la forme de CROM dans une macro Excel.

- Ils sont analysés par le personnel direct qui propose un scénario de production à la Planification.

- Cette dernière lance les ordres de fabrication dans le système selon le scénario défini par la Production.

- On attribue les cartes CROM au parc machines, selon le plan de production.

De sorte que CROM se présente comme un outil d'optimisation de l'ordonnancement[57] des ateliers, qui peut être révisé à la demande.

Les informations et données officielles viennent de, et retournent systématiquement dans l'ERP. Conséquemment, la mise en place

---

[56] ERP : Enterprise Ressource Planning, logiciel spécialisé dans la gestion des informations opérationnelles d'une entreprise.
[57] Séquencement des ordres de fabrication.

de CROM n'est pas incompatible avec une organisation fortement informatisée en constituant une aide et un complément précieux.

Les ERP sont des systèmes très puissants mais souvent complexes et non accessibles aux profanes. CROM permet au contraire d'avoir une visualisation terrain de l'activité, compréhensible par tous. C'est finalement un auto-ordonnancement d'atelier qui place l'opérateur comme chef d'orchestre de son travail, sous le contrôle continu de la Logistique centrale.

Cette méthode s'inscrit donc parfaitement dans le prolongement du concept d'autologistique abordé précédemment. Elle permet par ailleurs de corriger des erreurs de paramétrage du système informatique et de soutenir le service Planification dans la gestion des ordres de fabrication.

Méthode CROM et petites séries

Appliquée à la production de petites séries non récurrentes ou au lancement de nouveaux articles, la notion de besoin moyen n'a pas vraiment de sens. Par conséquent, il n'est pas envisageable d'employer la méthode Kanban.

Les progiciels ERP ne sont pas non plus d'un secours miraculeux pour ordonnancer les productions ponctuelles, sachant que les données de base des nouveaux articles sont encore approximatives.

Contrairement à ces deux outils basés sur des besoins absolus, la méthode CROM s'appuie sur des taux de couverture calculés de manière relative par rapport à un besoin, qu'il soit à court ou long terme. Les besoins faibles et / ou urgents revêtent alors le même poids que les productions continues et la méthode CROM peut s'appliquer tant sur les petites que sur les grandes séries.

5. Avantages et limites de la méthode CROM

5.1. Avantages

Les avantages de cette méthode, basée sur la visualisation des taux de couverture des différentes opérations d'un processus de production, sont nombreux :

1- Contrairement aux étiquettes et boîtes du système Kanban classique, les cartes CROM sont fixées et mises à jour sur les moyens de production, supprimant les risques de perte ou de mélange.

2- Le personnel de production prend directement en charge l'organisation de l'atelier en gérant les différentes priorités. Grâce à l'information sur les niveaux d'en-cours, il peut anticiper les redémarrages sans se faire surprendre.

3- La supervision graphique de toute l'activité apporte une lecture simple et pertinente. Grâce à elle, les responsables peuvent identifier rapidement les goulots et les compenser.

4- Il est possible de gérer la planification tant des petites que des grandes séries.

Le concept simple de cette méthode, renforcé par des besoins en infrastructure réduits, font qu'à chaque fois sa mise en place est un rapide succès pour devenir un outil majeur de travail plébiscité par le personnel direct.

5.2. Limites

1- Sous leur forme « basique » illustrée à la figure 41, les fiches CROM présentent un défaut majeur : l'effacement et l'écriture des valeurs du taux de couverture qui peuvent à la longue devenir fastidieux pour un parc machines conséquent.

Nous avons alors fait évoluer le modèle initial vers une version simplifiée, plus commode (Fig. 47).

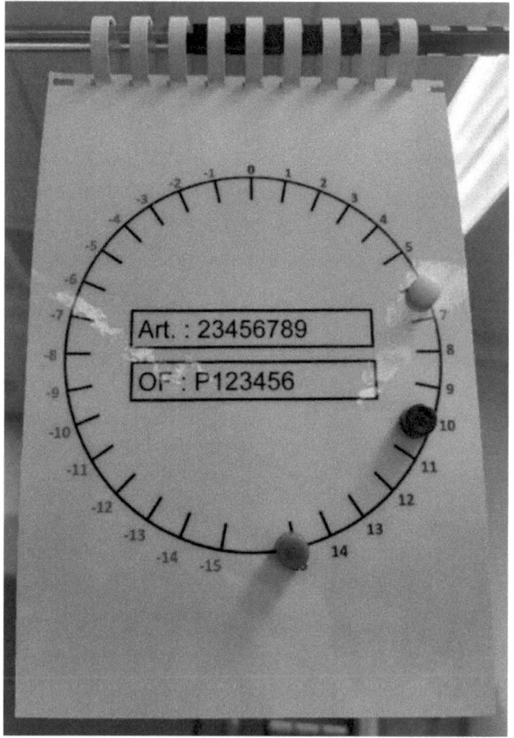

Figure 47 : Exemple de fiche CROM circulaire

Sur celle-ci, une double graduation circulaire caractérise, à droite, les taux de couverture positifs et à gauche, les taux de couverture négatifs, tandis qu'un petit aimant cylindrique (de couleur bleue par exemple) permet de pointer le taux de couverture réel (10 semaines dans l'exemple ci-dessus). En outre, deux autres aimants (jaune et rouge par exemple) permettent de matérialiser les limites minimale et maximale du taux de couverture à ne pas dépasser (6 et 15 semaines dans l'exemple ci-dessus).

À noter une astuce pour faire tenir les aimants sur la fiche plastifiée : en placer un deuxième en vis-à-vis sur l'autre face de cette dernière, de manière à la pincer, ce qui permet de faire glisser aisément les aimants sur les graduations sans avoir à les décoller.

Par ailleurs, dans le cas où l'activité porte sur des commandes uniques, l'affichage par taux de couverture, même s'il est toujours possible, peut également s'avérer moins intuitif, s'agissant surtout d'honorer une date de livraison. Il est alors tout à fait possible de remplacer le suivi des taux de couverture par celui des dites dates de livraison, et la double graduation des taux de couverture par une seule graduation circulaire numérotée de 1 à 31, caractérisant les jours d'un mois calendaire (Fig. 48). Sur cette illustration, l'aimant bleu pointe sur la date du jour (ici le 10 du mois en cours), tandis que les aimants jaune et rouge caractérisent respectivement les dates de début et de fin d'opération (15 avril et 6 mai) prévues par les planificateurs.

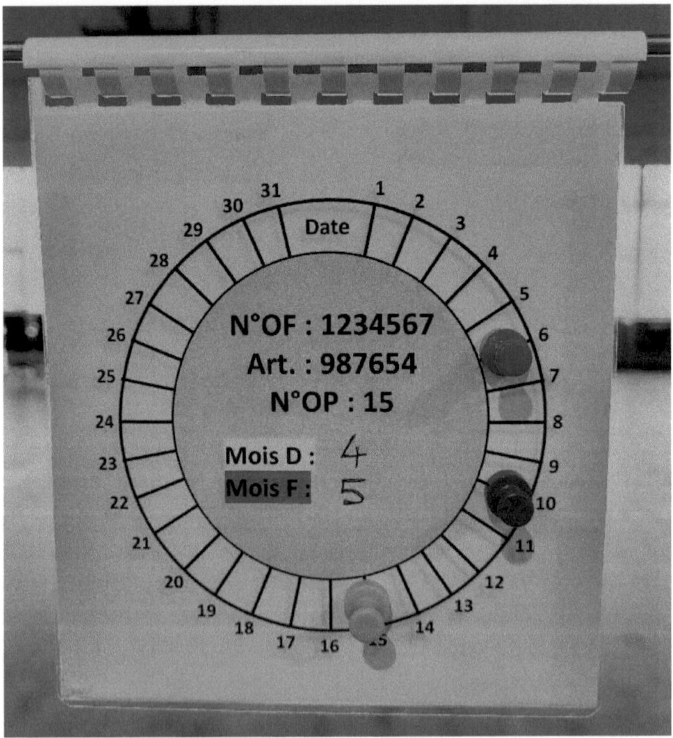

Figure 48 : Adaptation des fiches CROM pour des commandes uniques

En tout état de cause, si cette méthode diffère de la version CROM initiale en s'appuyant notamment sur les temps de passage pour déterminer les dates et priorités de lancement, la mise en application et la philosophie de la gestion par management visuel restent les mêmes, ce qui est le plus important.

On peut en outre tout à fait imaginer combiner les deux approches dans un atelier gérant à la fois des grandes séries et des commandes uniques.

2- Il est important de bien communiquer sur la mise en place de CROM et sur l'esprit de la méthode car elle peut facilement être perçue comme un retour en arrière, dans la mesure où l'on traite une partie des données en dehors du système ERP, quand il existe.

Par ailleurs, cette méthode basée sur le management visuel s'inscrit à contre-courant de la mode actuelle qui consiste à récolter le maximum d'informations de la façon la plus automatique possible. Lesquelles données seront, la plupart du temps et même involontairement, soigneusement cachées du personnel de production dans la mémoire d'un ordinateur.

5.3. CROM, une philosophie

La méthode CROM est une méthode d'auto-ordonnancement et d'auto-suivi de production que l'on doit appréhender comme une philosophie.

Le lecteur pourra la formaliser sur le terrain selon sa propre sensibilité et en laissant une liberté de choix à son équipe.

Les indicateurs de taux de couverture appliqués sur les machines, par exemple, peuvent revêtir différentes formes : chiffres écrits, curseurs rotatifs ou linéaires, aimants, etc. Je recommande toutefois d'éviter d'automatiser ces transferts d'informations en intégrant des affichages digitaux reliés au système de gestion informatique, car la démarche d'affichage manuel est très importante. Elle nous assure en effet une prise de connaissance systématique de la part des acteurs de la production, contrairement à une remontée autonome.

Je suis conscient que les quelques pages consacrées ici à la présentation de la méthode CROM restent une introduction qui nécessiterait davantage de développement. Pour ceux qui seraient intéressés d'avoir plus de détails, l'édition d'un fascicule spécifique est actuellement en gestation.

En conclusion de ce chapitre, l'organisation de la Nature m'a beaucoup inspiré pour le développement de la méthode CROM.
Cette démarche s'intègre d'ailleurs parfaitement dans l'écosystème d'autres outils anti-gaspillages issus du Lean Management, lesquels, comme nous allons le voir maintenant, puisent également leur inspiration dans le monde qui nous entoure.

Chapitre 10
Natufacturing et gaspillages

1. Le réchauffement climatique

Le monde naturel vit en totale intrication. Si d'aucuns parlent d'harmonie, le terme d'adaptation continue du vivant par rapport aux conditions que lui impose son environnement est, pour ma part, plus adéquat. Une intelligence collective[58] semble coordonner la faune et la flore vers un développement cohérent pour lequel chaque ressource est valorisée. Comme un organisme géant, le minimum d'énergie est mobilisé pour une efficacité maximale et le concept de gaspillage n'existe tout simplement pas puisque tout est systématiquement « recyclé ».

Le monde des Hommes est tout autre. Avec l'effet accélérateur de la première révolution industrielle, nous tentons d'échapper à un destin subi pour choisir notre destinée. Nous avons alors créé un monde en marge de celui que nous avions connu jusque-là, dans lequel tout est possible et où la pensée collective n'existe plus. Nous inventons chaque jour des objets inutiles pour nous différencier et nous distraire et, même si nous avons conscience de nos actes irraisonnés, comme une addiction, nous n'arrivons pas à nous en affranchir.
Le réchauffement climatique est une conséquence immédiate de cette aliénation. Le phénomène est exponentiel, produit de la population humaine, qui a doublé en trente années, par nos besoins individuels jamais comblés.

Le monde de l'Entreprise est issu de notre imagination et n'échappe donc pas au culte du gâchis. Aussi, de la même façon que l'on ne compose pas une symphonie sans avoir au préalable sué sur ses gammes, l'Humanité ne pourra pas corriger le tir si elle ne s'entraîne

---

[58] Arthur Schopenhauer, *De la Volonté dans la nature*, Presses Universitaires de France, Quadrige, 3ème édition, 2017.

pas à le faire. Notre microcosme industriel pourrait ainsi être la plateforme idéale pour dispenser cette éducation et essaimer les principes fondamentaux de la chasse aux gaspillages inscrite dans l'intelligence naturelle du Monde qui nous entoure. L'opportunité qui se présente est fantastique : apprendre à cultiver et transmettre les bons réflexes et, il faut y croire, reprendre la main sur notre existence.

2. Les gaspillages

D'un point de vue beaucoup moins philosophique, le but premier de l'entreprise est de servir au mieux les intérêts de ses clients tout en restant profitable. Les paramètres auxquels sont particulièrement sensibles ces derniers sont toujours les mêmes, à savoir :
- la qualité du produit ou service commandé ;
- le respect du délai de livraison ;
- le meilleur prix.

Dans le cadre de ses réflexions, Taiichi Ohno, le père fondateur du Lean Manufacturing, a référencé différentes sources de gaspillages standards qui polluent les processus de nos organisations et prétéritent par effet cascade les attentes du client :
1- Les temps d'attente
2- Les transports inutiles
3- Les mouvements ou déplacements inutiles
4- Les machines ou processus excessifs
5- Les stocks inutiles
6- La non-qualité
7- La surproduction

On pourrait en ajouter trois autres, non recensées par Ohno :
8- Les coûts indirects inutiles
9- La surqualité inutile
10- Le potentiel humain non valorisé

Je vous propose maintenant de parcourir ensemble cette liste de péchés capitaux et de voir comment il serait possible de les éradiquer.

2.1. Les temps d'attente

La Nature n'attend pas. Elle réagit en permanence et en temps réel pour compenser toute dérive ou variation du système afin de ramener l'ensemble vers un équilibre stable.

Dans l'entreprise, les arrêts machines ou les prises de décision tardives, par exemple, constituent des gaspillages de temps. Or, les temps de travail sont valorisés en unité monétaire par l'intermédiaire d'un taux horaire, de sorte que chaque attente est sanctionnée par un coût. Par conséquent, si les pertes de temps peuvent avoir une incidence sur la tenue des délais, elles augmentent également dans tous les cas le coût du processus de transformation d'un produit.

Quelles sont ces attentes et comment les supprimer ?

- **Les arrêts machines**

Ces arrêts peuvent être de différentes natures :
- un manque de personnel ;
- un manque de matière première ;
- une panne ;
- un réglage…

La première chose à effectuer est de mettre en place des indicateurs visuels simples et efficaces permettant d'identifier en temps réel quels moyens de production sont anormalement arrêtés, et pourquoi ils le sont.

Dans le jargon du Lean Manufacturing, on appelle ces indicateurs des **signaux andons**.

La plupart des responsables d'ateliers souhaitent automatiser ces informations en utilisant des colonnes lumineuses. Il est ainsi fréquent de traverser des ateliers présentant une forêt de signaux tricolores, dont la couleur (vert, jaune, rouge, par exemple) renseigne sur l'état des différents postes de travail.

Les reproches que l'on peut faire à ces signaux automatiques sont les suivants :
- ils coûtent cher par rapport au service rendu ;
- ils n'indiquent pas la nature de l'arrêt ;
- ils ne responsabilisent pas directement le personnel dans la résolution des problèmes rencontrés.

Afin de pallier ces défauts, une solution simple consiste à disposer, sur chaque moyen de production, des fiches plastifiées de différentes couleurs permettant de connaître son état de fonctionnement.
Par exemple, comme le montre la figure 49 :
- Libre (signal blanc), pas de tâche en cours ni planifiée ;
- en Mise En Train (signal bleu) ;
- en Production (signal vert) ;
- en Réglage (signal jaune), pour corriger ou anticiper un défaut ;
- à l'arrêt (signal rouge), ainsi que la nature de l'arrêt : manque Ressources Humaines, manque Matière Première, panne Machine, etc.

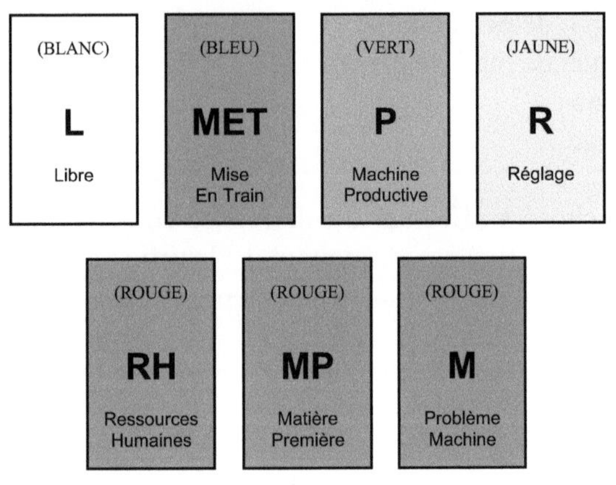

Figure 49 : Signaux andons

Le positionnement des cartes est effectué à la main par le régleur ou l'opérateur de production. Ainsi, au-delà de son intérêt économique, la vertu de ce système est, comme pour la méthode CROM, de responsabiliser le personnel direct. Cette responsabilisation porte ici sur la connaissance et la transmission d'informations qualitatives quant à l'état du moyen de production, permettant ainsi une prise en charge rapide des problèmes rencontrés ; sachant que, répétons-le, les informations non partagées ou cachées sont des informations inutiles.

La figure 50 présente un exemple de mise en place de signaux andons dans un parc machines.

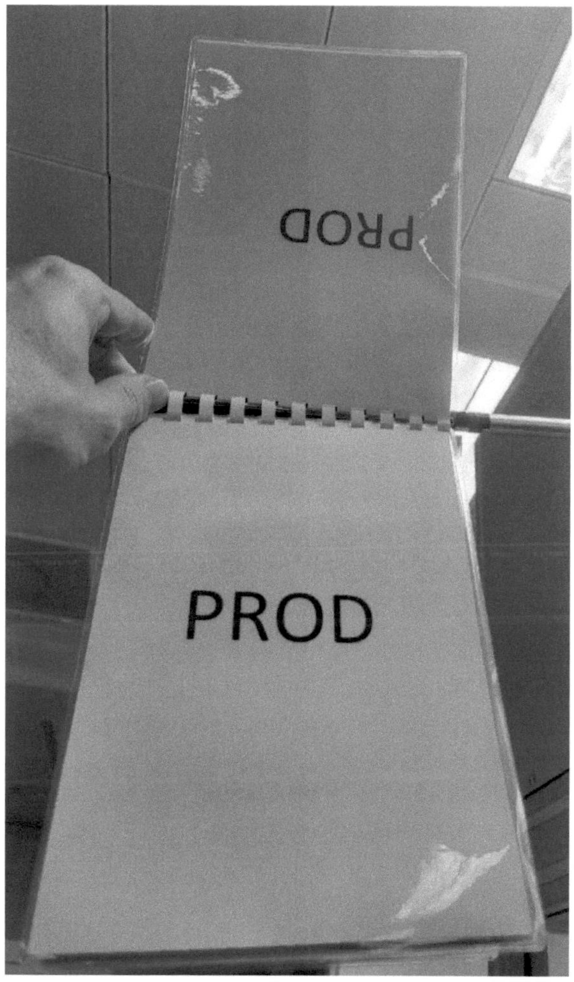

Figure 50 : Signaux andons dans un parc machines

Grâce à cet outil, il est très aisé pour chaque responsable de repérer de loin les arrêts dont la cause est identifiée. Par exemple, quand un signal M (rouge) est placé au-dessus d'une machine, la mission du responsable Maintenance sera de chercher une solution pour la réparer.

Cependant, et contrairement aux signaux automatiques, la justesse des informations transmises repose sur la rigueur de mise à jour de la part des collaborateurs. Cette rigueur est donc le point central de la méthode qu'il faut bien accompagner, surtout les premiers temps, pour que sa mise en place soit un succès.

On ajoutera ici que le responsable d'atelier a libre choix dans la nature des signaux qu'il utilise, le principal étant que ceux-ci apportent les informations visuelles utiles et nécessaires dans la gestion dynamique de son parc machines.
Relevons également que, s'agissant de l'introduction de cette méthode dans des grands ateliers comportant un nombre important de machines, il peut être utile de maintenir en parallèle un signal automatique d'arrêt machine (lanterne rouge). Cela permet notamment d'attirer l'attention des collaborateurs sur des dysfonctionnements inopinés. Dans tous les cas, la cause de l'arrêt devra toutefois être affichée manuellement par le collaborateur, afin de quittancer sa nature et de transmettre l'information au reste de l'équipe.

<u>Signaux andons et méthode CROM</u>

En couplant le management visuel du statut des machines avec la méthode CROM, chaque collaborateur a connaissance des éléments suivants (Fig. 51) :
- la référence des articles en production ;
- le taux de couverture de ces derniers ;
- l'état de chaque machine pour faire face aux besoins.

Il s'agit finalement d'un tableau de bord in situ qui permet à chacun de prioriser ses actions sur les besoins les plus urgents.

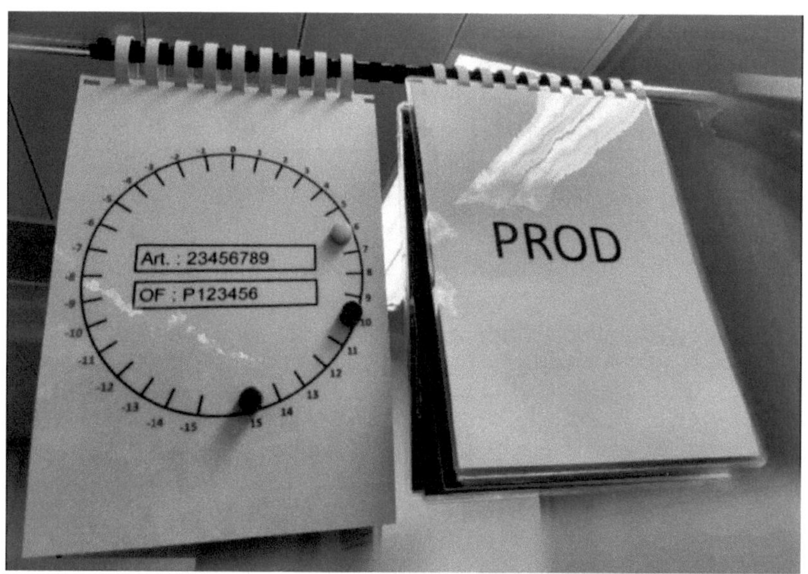

Figure 51 : Signaux andons et méthode CROM

- **Les attentes de décision**

Les attentes de prises de décision sont rarement chiffrées : attente d'approbation d'une demande d'investissement, retard dans la validation d'un projet, retard dans la mise en place du flux tiré, etc. Pourtant, un investissement clé libéré trop tard peut avoir un impact important sur la rentabilité ou la capacité d'une organisation à prendre un nouveau marché.

Afin de supprimer ces retards de décision chroniques et communs à toutes les organisations humaines et rendre compte de leur importance, on essaiera dans la mesure du possible d'en effectuer une valorisation. Soit par les heures ateliers perdues, soit par un chiffre d'affaires non réalisé.

- **De l'inertie des masses vers une dynamique individuelle**

Le monde politique est le meilleur représentant de la culture de l'attente. Du matin jusqu'au soir, nous sommes bercés depuis

l'enfance par de sirupeux discours flanqués d'actions factices largement dispensés à travers les médias. Comment pourrait-il en être autrement ? Comme, « en politique, la conscience, c'est l'opinion »[59], il en ressort que « c'est bien souvent faire beaucoup de bruit pour rien »[60]. Inutile d'attendre quoi que ce soit de la langueur des masses confortablement installées dans le sommeil. Réveillons-nous !
Le réchauffement climatique, par exemple, n'est pas uniquement une affaire de multinationales ou de législation. Nous avons tous les moyens, par nos choix de consommation et nos comportements individuels, d'agir directement, rapidement et sans délai sur l'avenir de notre planète.

2.2. Les transports inutiles

Les transports de matière ou de composants d'un point à un autre, sans valeur ajoutée, sont des gaspillages d'espace et de temps et donc d'argent.

Dans la Nature, la plupart des espèces vivantes, animales ou végétales, consomment leurs aliments où ils les trouvent. Les seules exceptions à cette règle sont les animaux qui ont besoin de faire des stocks avant une période de restriction saisonnière (écureuils), ou ceux qui déplacent leur repas pour le sécuriser (petits prédateurs).
Pour les insectes vivant en communautés bien organisées comme les abeilles ou les fourmis, le choix du lieu d'implantation de la colonie est choisi en fonction de plusieurs facteurs :
   - la quantité de nourriture à disposition ;
   - les sources d'eau à disposition ;
   - la nature de l'habitat ;
   - l'orientation par rapport au Soleil ;
   - la protection vis-à-vis des intempéries.

---

[59] Émile de Girardin, journaliste et homme politique français (1802-1881) ; *Les pensées et maximes*, 1867.
[60] Samuel Ferdinand-Lop, journaliste, écrivain et humoriste français (1891-1974) ; *Les nouvelles pensées et maximes*, 1970.

L'énergie dépensée à chercher et transporter les différentes ressources est proportionnelle aux distances à parcourir. Cette énergie est fournie par la consommation de nourriture qui n'est alors plus disponible pour le reste de la colonie. On comprend par ce mécanisme que la minimisation des transports est l'une des règles fondamentales pour la survie des espèces animales.

Dans l'Entreprise, nous devons également essayer de supprimer cette source de gaspillage. Moins on manipule les pièces et moins on les déplace au cours du processus de transformation, mieux c'est. Cela évite des pertes, des problèmes qualité et réduit d'autant le temps de passage du produit, ce qui va dans le sens de la satisfaction du client. On s'attachera, dans la mesure du possible, à privilégier des zones de stockage dans les ateliers, au plus près des machines et des opérateurs. On dimensionnera ces espaces à la taille des kanbans ou des stocks maxi des fiches CROM.

Dans le cas de composants achetés à l'externe ou d'opérations sous-traitées il faut, de la même manière, réduire au maximum les transports, lesquels coûtent cher en fret et en temps perdu. Pour compenser cela, la plupart des entreprises travaillant avec des fournisseurs très éloignés amortissent ces surcoûts sur de grandes quantités de pièces, ce qui est contraire au principe naturel de consommation en réponse à un besoin. Nous avons d'ailleurs vu que ces économies sont toutes relatives, car travailler à distance suppose une organisation adaptée, avec des structures achat/logistique et qualité renforcées. Sans oublier la réactivité et la fiabilité des délais approximatives que l'on peut attendre avec des partenaires situés à des milliers de kilomètres, aussi performants soient-ils. Pour toutes ces raisons, l'approvisionnement de matière première ou de composants depuis des pays éloignés doit être bien évalué et ne doit pas être uniquement motivé par des raisons initiales de prix d'achat.
Que faire dans le cas où un partenaire de proximité ne donnerait pas satisfaction ? La solution n'est pas nécessairement de changer de source, mais de lui apporter tout le support requis sous la forme d'un partenariat. C'est là une des composantes essentielles de la démarche d'amélioration continue : la transmission des meilleures pratiques au réseau pour que l'ensemble du système progresse.

Et nous aussi, dans notre vie de tous les jours, nous pouvons agir pour réduire drastiquement les nombreux transports inutiles dont nous sommes à l'origine. En privilégiant des achats locaux et en boudant par exemple, comme nos aïeux (qui n'avaient pas le choix), les denrées exotiques dont nous pourrions très bien nous passer.

2.3. Les mouvements ou déplacements inutiles

Dans la Nature, le déplacement des espèces est toujours justifié par une nécessité ou un besoin, que ce soit pour des raisons climatiques (migrations saisonnières) ou alimentaires. Aussi, les déplacements inutiles n'existent pas.

De la même façon, les déplacements à l'intérieur d'une entreprise doivent être minimisés et associés à une augmentation de la valeur ajoutée du produit. On considérera ici les déplacements physiques des collaborateurs au cours du processus de transformation.
La mise en place du flux physique abordée au chapitre 5 est une condition nécessaire et préalable à la réduction de ceux-ci. Cependant, de même que des stocks peuvent être bons s'ils sont choisis et non subis et répondent à un besoin, certains déplacements de personnel peuvent également être recherchés. En effet, nous avons vu précédemment que la flexibilité des ressources humaines est l'une des composantes essentielles à la mise en place de la TOC dans l'Entreprise. Pour aider le goulot, il est parfois incontournable d'effectuer des transferts de collaborateurs, ce qui, dans ce cas précis, ne constitue pas un gaspillage mais une nécessité.

Le plaisir est à notre porte…
En diabolisant les véhicules thermiques, l'Homme du XXIème siècle a identifié le parfait coupable pour se décharger de ses responsabilités. Qu'a-t-il trouvé pour calmer les foules et nous donner bonne conscience ? Encore et toujours, de nouveaux marchés économiques énergivores mais créateurs d'emplois : une alternative électrique plébiscitée mais dont la vertu écologique ne saurait être totale.

Ne nous limitons pas à ça et réagissons pacifiquement en réduisant nos déplacements inutiles, chaque jour. Et, pour nos vacances, c'est l'occasion de prendre le large dans… le charme magique de nos contrées.
À l'opposé, dans le top 5 des scandales écologiques, le World Marathon Challenge : 7 marathons en 7 jours sur… 7 continents !

2.4. Les machines ou processus excessifs

Dans l'organisation optimisée du monde naturel, chaque élément est nécessaire et suffisant, avec une adaptation optimale aux besoins.
Ce n'est pas toujours le cas dans le monde de l'Entreprise où, comme dans nos foyers, il est très facile de succomber aux sirènes du superflu.

Les avancées et développements technologiques sont souhaitables quand ils permettent de réaliser des opérations ou des produits que l'on ne pouvait pas faire auparavant, ou de manière plus efficace :
- Applications scientifiques ou médicales : caméras et microscopes haute précision, scanners, scalpels robotisés, nanoparticules pour transporter les médicaments.
- Dans l'automobile : les développements visant à réduire la consommation de carburant, les systèmes de sécurité active et passive.
- Dans le monde industriel : les imprimantes 3D permettent aujourd'hui de gagner beaucoup de temps pour le prototypage et la matérialisation de concepts, tandis que la CFAO (Conception et Fabrication Assistées par Ordinateur) simplifie la programmation des machines à commandes numériques.

Toutefois, si ces exemples montrent la technologie au service d'un besoin réel de simplification, de nombreux autres développements techniques répondent à la maxime « Pourquoi faire simple quand on peut faire compliqué ? ». L'utilisation de nouveaux joujoux devient dans ce cas une mode, quitte à dégrader les performances initiales du produit ou en compliquer la fabrication. Dans les cas les plus graves, un changement de technologie inopportun ou trop rapide peut même remettre en cause l'intégrité du produit, voire la sécurité du consommateur.

Nous allons maintenant aborder quelques exemples de cette « technologicomania » pour des produits de consommation de masse.

- **L'automobile**

Prenons cette firme automobile très connue (???). C'est l'un des constructeurs qui innovent le plus, autant en ce qui concerne le design que la technologie, mais de façon trop radicale. Son identité visuelle est d'ailleurs difficile à cerner. Conclusion : des prises de risques non demandées par le marché ont parfois mis en péril la fiabilité de certains de ses modèles, avec une image de toute la marque qui en ressort fortement ternie.

À l'inverse, TOYOTA, qui est perçue comme une société avant-gardiste au niveau technologique, innove pourtant de manière beaucoup moins brutale mais constante, par la méthode des petits pas, sur la base de technologies maîtrisées. C'est exactement ce qui caractérise la Prius, dont le concept est finalement simple : coupler deux moteurs thermique et électrique éprouvés depuis longtemps pour en faire une voiture hybride fiable. Le plus important pour Toyota était de ne pas rater le lancement commercial de ce modèle stratégique dans un marché automobile tendu, où les faux départs sont très compliqués à rattraper. C'est l'une des raisons pour lesquelles Toyota n'a pas initialement développé un véhicule 100 % électrique, lequel aurait demandé des moyens beaucoup plus importants, avec le risque final d'une fiabilité aléatoire associée à une rupture technologique. Ce véhicule original, dont l'autonomie électrique était certes initialement ridicule (moins de 2 km) et le rendement du moteur essence juste passable, présenta dès sa sortie un classement remarquable dans le top 5 des véhicules les plus robustes du marché mondial. Fidèle à sa philosophie d'amélioration continue, Toyota a bonifié au fil du temps les performances de ce modèle sans remettre en cause le concept initial, avec une part de l'énergie électrique qui gagne progressivement du terrain sur la propulsion thermique.

- **Les biens de consommation courants**

C'est le domaine par excellence où se déroule la plus grande course à l'armement technologique, aux dépens de la mission initiale de l'objet :

- Les téléphones portables : on a oublié la fonction première de communication orale à distance pour aboutir à des machines à tout faire : appareil photo, jeux, applications diverses, internet, etc.
En conséquence : des prix prohibitifs, une autonomie ridicule de moins d'un jour quand elle était de près d'une semaine il y a 10 ans ! Pour couronner le tout, les possibilités des fonctions périphériques sont bien moindres que celles des appareils spécialisés dans le domaine (appareils photos, ordinateurs…)

- La domotique : ce secteur n'échappe pas à cette mode du tout-en-un : robots ménagers, lave-linge / sèche-linge intégré, machines à café automatiques, chaînes hifi intégrées, stations de repassage, etc.
Au final, ces produits font tout assez bien mais rien de très bien, car non spécifiques. Sans parler du temps d'immobilisation et du tarif de la réparation quand l'une des fonctions est en panne !
J'ai personnellement fait cette mauvaise expérience après avoir acheté une machine à café automatique d'une marque réputée, où le broyeur était en panne. Avec le devis prohibitif que l'on m'a fait, j'ai finalement opté pour l'acquisition beaucoup moins onéreuse d'un moulin à café et d'une simple machine à expresso qui fonctionnent toujours parfaitement.

- **Les machines-outils**

Que la production soit orientée petites ou grandes séries, **privilégier dans tous les cas des technologies connues, éprouvées, simples d'utilisation et répondant au principe de « nécessaire et suffisant ».**

Avantages de technologies connues :
- fiabilité aguerrie, pas de surprise, on connaît les forces et les faiblesses. Sur ce dernier point, il est même parfois plus sage d'investir

dans une technologie qui présente des défauts auxquels on sait remédier, que de prendre le risque d'en changer, avec toutes les surprises que cela comporte ;
- coûts de formation de personnel réduits ;
- coûts de maintenance sous contrôle.

Avantages de machines simples :
- plus fiables ;
- prix d'acquisition réduit ;
- coûts de maintenance contenus ;
- réglages simples et rapides ;
- pas besoin de recruter des experts difficiles à trouver pour les faire fonctionner.

Critère « nécessaire et suffisant » :
- machines répondant à un besoin donné, avec les caractéristiques juste nécessaires. Par exemple, il est inutile d'investir dans une machine d'usinage précise au micron, quand le centième de millimètre est suffisant ;
- autre gaspillage à éviter : investir dans des options que l'on n'utilisera jamais, mais au cas où !

Malheureusement, la tendance actuelle du développement des machines-outils n'échappe pas aux « modes » que sont la course aux dernières technologies et le tout-en-un, sans tenir compte des besoins réels de l'utilisateur. C'est également la chasse au nombre de broches, de moteurs et d'outils que l'on peut utiliser, mais dont on pourrait se passer dans la plupart des applications. L'exemple du centre de fraisage abordé au chapitre 7 n'est pas un cas isolé, c'est une tendance générale.

Il existe deux grandes familles de machines-outils : les machines conventionnelles et les machines numériques.

<u>Les machines conventionnelles</u>

Les machines d'usinage conventionnelles automatiques fonctionnent selon le principe simple de cames mécaniques fixées sur un arbre à cames pour déplacer les différents outils d'usinage (Fig. 52[61]). Cette ancienne technologie nécessite des investissements et des coûts d'exploitation généralement limités. La robustesse de leur conception en fait des machines fiables avec un haut niveau de productivité.

Figure 52 : Tour automatique conventionnel

Aux yeux de ses détracteurs, les désavantages de cette technologie éprouvée résident dans :

- Le nombre limité de degrés de liberté propres à une cinématique purement mécanique qui la réserve surtout à la fabrication de pièces simples.

- Un haut niveau de formation des techniciens qui doivent bien comprendre le fonctionnement de leurs machines pour les régler de façon optimale.

- Des temps de réglage importants.

---

[61] La Revue POLYTECHNIQUE, article *Décolletage et taillage dans l'Arc jurassien,* Avril 2017.

<u>Les machines numériques</u>

La tendance est aujourd'hui à la numérisation des machines. Les cames mécaniques permettant de déplacer les outils sont alors remplacées par des moteurs programmables (Fig. 53[62]).

Figure 53 : Tour automatique numérique

Avantages principaux des machines à commandes numériques :

- Cette technologie permet la réalisation de pièces plus complexes en facilitant la mise en place d'axes supplémentaires, lesquels augmentent ainsi le nombre de degrés de liberté.

- La Fabrication Assistée par Ordinateur (FAO) permet de générer les programmes de fabrication à partir du volume 3D de la pièce à réaliser et de les charger directement dans la machine, avec peu d'interventions humaines.

- Le travail de préparation est beaucoup moins lourd par rapport à la fabrication de cames mécaniques et les réglages machines sont beaucoup plus rapides.

Voyons maintenant leurs inconvénients :

- Le prix d'acquisition est proportionnel au niveau de complexité.

---

[62] Ibid. note 61.

- Le constructeur du Bureau Technique ne cherche pas nécessairement à concevoir un produit simple, étant donné que la technologie avancée des machines permet de faire des pièces plus complexes. Et qui dit pièces plus complexes, dit temps de réalisation plus longs et prix de revient plus élevés.

- Le travail du régleur est de plus en plus ramené à celui d'un opérateur, qui change simplement les outils et intervient de moins en moins dans l'optimisation des programmes. Au final, on perd en compétences métier et le technicien de production est moins apte à critiquer les pièces conçues par le bureau technique.

- Les actionneurs numériques présentent une durée de vie plus faible tout en étant plus chers que les révisions des systèmes mécaniques. Par ailleurs, avec les progrès constants de l'électronique, les cartes embarquées deviennent obsolètes après 10 années quand une machine à cames traverse les générations. Le coût d'exploitation de ces machines est donc largement supérieur à celui d'une machine conventionnelle.

La contrainte crée l'Homme

D'une manière générale, il apparaît que les temps de fabrication des produits réalisés sur machines conventionnelles sont plus courts que sur machines numériques. L'écart peut même être très conséquent, de l'ordre de 30 % ! Pourquoi une telle différence ?
On ne peut la justifier ni par une différence de précision, ni par une différence fondamentale dans la cinématique de fonctionnement entre les deux générations de machines, qui sont relativement comparables. Peut-être faudrait-il alors chercher l'explication dans l'utilisation différente qu'en fait le technicien.
Sur une machine à cames, ce dernier n'a pas le choix ; il doit réaliser la pièce en un seul tour d'arbre à cames et ne dispose que de quelques outils. Ces contraintes conduisent à une réflexion approfondie dans le cadre du travail de préparation et de la réalisation des cames de production, qui constituent finalement le programme mécanique de fabrication. D'autre part, dans le cas où l'usinage de la pièce s'avère très compliqué, le régleur revient vers le concepteur de cette dernière pour lui demander des simplifications. C'est en quelque sorte un filtre très efficace contre les « moutons à 5 pattes ».

Sur une machine à commande numérique, le régleur délègue la responsabilité du programme à la FAO, tout en ayant la possibilité de modifier le programme et d'ajouter des opérations s'il n'est pas satisfait du résultat obtenu, ce qui n'est pas possible avec une machine conventionnelle. D'autre part, comme il n'est pas contraint par les possibilités de la machine, il n'y a plus cet échange constructif entre le Bureau Technique et la Production dans le but de simplifier la conception des pièces. Progressivement, de par l'utilisation de machines numériques, la simplification du travail du spécialiste le rend moins performant en tant qu'expert métier et les temps de fabrication sont généralement plus longs. Associés à un taux horaire machines plus élevé, on assiste à une augmentation notable des coûts de production.

Pour toutes ces raisons il est recommandé, avant d'utiliser des machines-outils à commandes numériques plus conviviales et plus flexibles, de former dans un premier temps les techniciens à l'utilisation des machines conventionnelles.
Autrement dit, il faut apprendre à réfléchir dans la contrainte pour développer les bonnes pratiques qui mèneront à l'excellence.

<u>Deux technologies complémentaires</u>

Dans un atelier de production, on cherchera néanmoins à faire cohabiter les deux technologies :
- les machines numériques pour les prototypes et les petites séries, pour lesquelles le délai de réalisation est le critère le plus important, ainsi que pour les produits très techniques ;
- les machines conventionnelles plus adaptées à la fabrication de grandes séries de produits simples pour lesquels le prix de revient reste la priorité.

- **Les processus excessifs**

Dans le langage industriel, on appelle processus excessif toute opération pouvant être simplifiée voire supprimée, dans le but de raccourcir le temps de réalisation du produit.

La décomposition de l'activité en éléments simples, l'implantation de la production en flux physique, puis l'utilisation de machines « juste nécessaires » sont les trois premières étapes préalables à l'identification et à la suppression des processus excessifs.

Par la suite, le rôle du responsable sera de déployer des chantiers d'amélioration continue avec ses équipes de spécialistes, pour aller toujours plus loin dans la chasse aux gaspillages avec, notamment, l'optimisation des procédés de production.

On peut tout remettre en cause, même de vieilles habitudes inhérentes à toute organisation industrielle.

On commencera par la simplification des produits, négociée parfois durement avec le Bureau Technique, en mettant en avant le besoin réel du produit final en accord avec le cahier des charges du client.

On poursuivra par la suppression du maximum d'opérations de niveau 2, comme nous avons pu le voir au chapitre 5 avec plusieurs opérations de polissage de notre fil rouge.

En parallèle des technologies d'usinage, les investissements dans l'automatisation et la robotisation des opérations de reprise se sont largement déployés ces dernières années. C'est un faux progrès, sachant qu'il y a mieux qu'une opération automatisée : la suppression de celle-ci.

- **Des besoins guidés par le plaisir de posséder**

De par notre responsabilité individuelle de consommateur sur une planète inextensible, nous pouvons stopper cette course à la technologie inutile qui ne nous apporte rien d'autre que le plaisir de posséder. Voiture dernier modèle, téléviseur dernier cri ou autre portable que nous avons déjà abordés, sont quelques échantillons de cette addiction effrénée dont la Nature paye lourdement le prix.

2.5. Les stocks inutiles

La problématique des stocks a déjà été abordée à maintes reprises dans différents thèmes, dont le flux tiré notamment. Le rêve du financier est de minimiser les stocks au maximum jusqu'à les supprimer. C'est au moins partiellement possible et le résultat dépend en fait beaucoup de l'énergie que l'on y met.
Comment les Finances peuvent-elles intervenir dans la conduite opérationnelle et motiver la réduction des stocks ? Une partie de la réponse réside dans la façon de présenter les comptes et notamment de valoriser les stocks. Dans un compte pertes et profits, le profit est constitué du chiffre d'affaires auquel on ajoute la variation de stock qui peut être positive ou négative.
Le chiffre d'affaires correspond au produit des ventes, c'est de l'argent qui est susceptible de rentrer dans la société sous la forme de cash.
Les stocks ne font pas entrer d'argent frais dans l'Entreprise. Ils sont valorisés en ajoutant à la matière première la valeur ajoutée générée au cours des différentes étapes du processus de transformation du produit.
Pour définir cette valeur ajoutée, l'usage est de considérer les coûts directs et indirects de production. Ces derniers sont constitués de charges : amortissements machines, coûts du bâtiment et salaires du personnel indirect de production comme les services Qualité, Logistique et l'encadrement. Si cette pratique est comptablement juste, elle présente néanmoins le désavantage de stocker des charges indirectes et de gonfler artificiellement le résultat opérationnel.
On parle ici de charges indirectes différées.

Considérons maintenant le monde animal, de nouveau un groupe de lions par exemple. Au cours d'un raid, le produit fini, c'est-à-dire le gibier, est la seule chose qui importe. Aussi, même si les lionnes passent des heures à traquer une proie et reviennent bredouilles, il n'y aura aucune valorisation de leurs efforts, elles resteront désespérément le ventre vide car seul le résultat compte.

Pourquoi ne pas avoir la même approche dans l'Entreprise, en ne valorisant que les produits finis vendus ?

Une première étape serait de ne pas intégrer les coûts indirects de production dans les stocks. Dans ce cas, on les prend en charge chaque mois sans les valoriser dans les en-cours. Ceci a pour effet de réduire les taux horaires des ateliers, de dégonfler le résultat opérationnel et pousse l'organisation à :
    - réduire les coûts indirects inutiles ;
    - produire et vendre le maximum de produits finis qui permettront de dégager la marge nécessaire pour couvrir l'ensemble des coûts de production.

Cette pratique, la comptabilité au service du flux, est très intéressante, le risque comptable sur la mise en déchet de pièces devenues obsolètes s'en trouvant également réduit. J'ai eu l'opportunité d'évaluer son implantation au sein d'une société dont j'avais la charge. Ce projet a été mené par le responsable de la comptabilité analytique, spécialiste du contrôle de gestion et dont l'expérience opérationnelle sur le terrain, indispensable pour ce type de fonction, lui a permis de concevoir un modèle financier très orienté Natufacturing.
Cette approche comptable est l'un des éléments fondamentaux d'un modèle plus global et méritait d'être soulignée.

On pourrait, comme dans le règne animal (les efforts qui ne mènent pas à un résultat ne sont pas valorisés), pousser le raisonnement encore plus loin, en supprimant aussi la part des coûts directs de production dans la valorisation des stocks et ne considérer que la partie achat et sous-traitance. Cette démarche, qui consiste à tuer la valorisation des stocks intermédiaires au profit des produits finis, engendre en même temps l'obligation vertueuse d'optimiser les temps de passage et les tailles de lots.
C'est le modèle ultime vers lequel doit tendre toute entreprise qui souhaite travailler en flux tendu, avec des en-cours minimalistes.

Des écureuils de l'ombre…
Au-delà de notre besoin de changement, les stocks inutiles constituent, rappelons-le, l'un des grands péchés des sociétés modernes. On collectionne tous des choses en multiples exemplaires et nous avons énormément de mal à nous raisonner. Cela ne sera pas facile et pourtant, il faudrait bien nous faire à ce nouveau paradigme.

2.6. La non-qualité

Dans la Nature, la notion de non-qualité n'existe pas, dans le sens où tout a une utilité, même les déchets. C'est d'ailleurs la raison d'être de nombreuses espèces vivantes comme les champignons qui poussent sur des résidus organiques, certaines bactéries (bien utiles pour nos stations d'épuration), insectes et animaux charognards ; lesquels participent tous, au même titre que les autres espèces, à la régulation de la chaîne alimentaire.

Dans le milieu professionnel, la non-qualité livrée au client, que l'on nommera non-qualité externe, est certainement le premier péché capital que toute entreprise sérieuse doit combattre. S'agissant de produits finis, ils coûtent chers, non seulement pour ce qui est des coûts de garantie, voire des dommages et intérêts pour les parties lésées, mais aussi et surtout pour la réputation de l'entreprise, laquelle peut très vite se retrouver anéantie.
Concernant la non-qualité interne, hormis les opérations de reprise, les déchets en cours de production sont des pertes sèches, même s'il est parfois possible d'en recycler la matière première. Pire, dans d'autres secteurs comme l'industrie chimique, les déchets non valorisables doivent être traités dans des usines spécialisées et représentent un coût supplémentaire pour l'entreprise.

Nous avons déjà vu au quatrième chapitre qu'une solution efficace pour obtenir le maximum de produits conformes pendant et à l'issue du processus de production n'est pas d'additionner les contrôles externes, mais au contraire de les supprimer en privilégiant l'autocontrôle dans les ateliers. De plus, pour que ce dernier soit un succès, il faut piloter la dérive naturelle des processus physiques à travers la Maîtrise Statistique des Procédés que nous aborderons plus en détail à la fin de l'ouvrage. C'est une voie non négociable pour qui souhaite assurer la pérennité de son activité.

Par extension, dans notre vie de tous les jours, comment peut-on transposer ce concept de non-qualité et en réduire l'impact ?

Répétons que la non-qualité n'est finalement ni plus ni moins que la non-adéquation d'un produit ou d'un service à un cahier des charges donné. À partir de là, une des voies les plus rapides pour annihiler les non-conformités dans notre quotidien serait de revoir nos exigences. Dans les pays en voie de développement, ceux qui se battent pour survivre y sont chaque jour confrontés et nous pourrions certainement nous en inspirer. Concernant la nourriture par exemple, combien de gaspillages pourrait-on éviter en consommant des denrées tout juste périmées qui pourraient encore facilement tenir plusieurs jours, voire plusieurs semaines sans danger, comme les produits laitiers ?

2.7. La surproduction

Nous l'avons déjà évoqué précédemment : produire plus que la demande est une perte d'énergie et un gaspillage d'argent si ce n'est pas motivé par une raison légitime, comme la constitution d'un stock de sécurité par exemple. Malgré cela, la surproduction reste l'un des principaux travers dans lequel tombent les entreprises qui ne travaillent pas en flux tiré.

Nous allons maintenant aborder trois autres sources de gaspillages typiquement liés à nos organisations et non référencés par Ohno.
La liste proposée ici n'est, bien entendu, pas exhaustive et chaque manager pourra, en fonction de son modèle d'affaire, y ajouter d'autres facteurs susceptibles d'impacter de manière non négligeable la santé, autant structurelle que financière, de son entreprise (mauvaise communication, manque de formation, etc.). Il sera alors intéressant de faire un parallèle avec le monde naturel et d'observer comment celui-ci est parvenu à les supprimer.

2.8. Les coûts indirects inutiles

Rappelons que le client ne paye que le produit ou le service qui lui est fourni. Par conséquent, la chaîne de valeur doit être la plus courte possible et ne contenir que ce qui est indispensable à la prestation attendue. Tout le reste est parfaitement inutile.

Dans le monde animal, les ressources purement indirectes sont très minoritaires et, le cas échéant, justifiées par un besoin vital et incontournable de la communauté. C'était aussi le cas chez nos lointains ancêtres, sachant que chaque bouche à nourrir était une charge qui devait se rendre utile.

Dans l'industrie, les coûts indirects de production en lien direct avec cette dernière sont, par exemple : les services Logistique, Qualité, Méthodes, Maintenance, la Sécurité, pour ne citer qu'eux. Il existe d'autres dépenses qui affectent les prix de revient des produits, indépendamment de la performance opérationnelle des ateliers : le Développement, les Finances, les RH, le Contrôle de Gestion, les Infrastructures, la Direction Générale, etc.
Le responsable d'entreprise doit donc, au-delà de l'optimisation des processus de production, se préoccuper également de tous les autres coûts indirects liés à son activité. Dans les structures traditionnelles, ces coûts additionnels, appelés aussi frais généraux de production, peuvent représenter plus de 30% des coûts directs qui sont les seuls générateurs de valeur ajoutée. La mise en place du flux tiré et la disposition des stocks kanbans ou CROM dans les ateliers permettent, au-delà de l'intérêt logistique qu'ils suscitent, de gagner beaucoup de surface au sol et par conséquent de réduire les charges de location du bâtiment, de chauffage et de nettoyage.

Peut-on aller plus loin dans la rationalisation des coûts indirects ?

Nous avons préalablement abordé la réduction des effectifs des services Contrôle et Logistique centralisés au profit d'une organisation plus intégrée aux processus de production. Mais malgré une cure d'amaigrissement, ces services centraux subsisteront toujours afin d'assurer le respect des règles et processus de l'entreprise. On pourrait aussi tout à fait imaginer, par un jeu de vases communicants, répartir par exemple une partie de la lourde tâche de saisie et de réconciliation des factures effectuées par la Comptabilité sur la Logistique Centrale désormais capacitaire.

Le bureau des Méthodes / Industrialisation, dont l'activité principale est de définir les gammes et procédés de production, peut quant à lui être rationalisé en s'appuyant notamment sur les compétences techniques des responsables d'ateliers.

Autant de pistes, sources d'économie, qui peuvent inspirer les autres services.

2.9. La surqualité inutile

On l'oublie souvent car on se concentre la plupart du temps sur son contraire. Cependant, la surqualité représente une source de gaspillage d'argent non négligeable. Elle alourdit inutilement les processus de transformation des produits ainsi que la structure qualité.
Dans certains des cas, la surqualité apporte une augmentation de la valeur ajoutée du produit, mais non payée par le client. C'est en quelque sorte un cadeau de l'entreprise (amélioration des caractéristiques techniques ou esthétiques d'un produit) qui peut, même s'il coûte cher, présenter toutefois l'avantage de fidéliser le client.
Dans d'autres cas, l'augmentation de valeur ajoutée est inutile car invisible par ce dernier (amélioration de l'esthétique d'une pièce cachée à l'intérieur d'un produit, ou performances techniques non nécessaires à l'application visée).
Dans le pire des cas, la surqualité peut devenir un obstacle à la stratégie marketing d'une entreprise et mener à la cannibalisation d'un produit haut de gamme par un produit moins cher, pour lequel les marges sont plus faibles.

Aussi, fabriquer un produit ou un service d'un niveau supérieur aux spécifications client n'est pas produire selon les standards qualité demandés, lesquels réclament un produit ou un service nécessaire et suffisant, répondant fidèlement au cahier des charges. Ni plus, ni moins.
Est-il par ailleurs nécessaire d'ajouter que, de par son caractère minimaliste, dans la Nature, la surqualité n'existe pas ? Aussi, en tant

que consommateur lambda vivant sur une planète aux ressources limitées, rappelons que nous avons tous la possibilité de réduire nos exigences sans pour autant avoir à nous priver.

2.10. Le potentiel humain non valorisé

Si les machines parviennent à supplanter avantageusement l'être humain dans la réalisation de ses tâches, qu'elles soient industrielles ou administratives, il faut garder en mémoire qu'elles ont été créées par ce dernier dans ce but. Aussi, un outil n'est bon que s'il a été correctement pensé et implanté dans une organisation.
Dans tous les cas, l'Homme reste maître de son destin et les ressources humaines sont de loin la première richesse de l'Entreprise et, comme toute richesse, il faut l'exploiter à bon escient.
Dans une organisation riche de cinquante collaborateurs, nous avons beaucoup plus de chance de prendre la bonne décision en les impliquant que de réserver ce rôle à une seule personne. Attention, mon intention n'est pas ici de défendre un modèle ultra-social de l'Entreprise sans structure hiérarchique. Le responsable doit rester le leader auquel les collaborateurs peuvent s'identifier. En revanche, ses obligations en tant que décideur sont de savoir s'appuyer sur les compétences et connaissances du plus grand nombre afin de faire les meilleurs choix dans les meilleurs délais.

Pour collecter des informations ou des propositions d'amélioration de la part du personnel, la démarche de la boîte à idées est intéressante, surtout dans les grandes structures où il n'est pas toujours facile pour les collaborateurs de s'exprimer. Une autre raison d'être de cet outil est de laisser une trace écrite afin de récompenser justement les protagonistes.
J'ai personnellement expérimenté la méthode de la boîte à idées, mais l'ai finalement abandonnée car elle ne correspond pas selon moi à la philosophie du Natufacturing. Cette dernière suppose effectivement une présence sur le terrain de la part des responsables et un contact direct avec le personnel qui a ainsi l'opportunité de formuler des propositions tout en créant un lien social.

L'une des qualités intrinsèques d'un bon responsable est son aptitude à relever la contribution de chacun et à galvaniser son équipe autour d'un objectif commun. C'est ce qui fera au final la différence par rapport à des entreprises concurrentes, a priori identiques sur le papier. On reconnaît ici le rôle primordial du coach sportif, dont la mission n'est pas forcément de recruter les meilleurs joueurs, mais de construire la meilleure équipe en fonction des affinités et forces de son effectif. Vient ensuite l'exercice le plus difficile : les motiver à se dépasser pour la victoire du groupe, devant les éclats individuels. Prenons l'exemple du football. Dans le football moderne, la virtuosité est reléguée au second rang derrière l'organisation et la puissance du jeu collectif. L'équipe d'Allemagne, quadruple championne du monde est une parfaite illustration de cette incroyable efficacité. De bons joueurs mais pas de stars, qui se retrouvent presque toujours dans le dernier carré des grands événements, galvanisés par la défense de leurs couleurs.

Dans l'Entreprise, c'est exactement la même chose. Il faut convaincre chaque collaborateur de son importance quant à sa contribution dans l'organisation et que ses intérêts personnels doivent passer derrière la réussite collective. Si c'est un réflexe naturel chez la plupart des populations animales, ceci n'est pas le cas chez l'Homme. D'un côté, dans les cultures des pays en voie de développement notamment, les employés appliquent avec discipline les directives du management sans les discuter et acceptent en général cet état de fait. De l'autre côté, dans les pays industrialisés où les lois sociales sont plus avancées, ils ont besoin de se sentir reconnus en tant que personnes et ils le revendiquent. L'art du management est alors de faire coïncider les objectifs de groupe avec les performances individuelles.

Cette dualité qui se présente au manager est très intéressante et ce sujet complexe nous permet d'introduire le chapitre suivant, traitant de la mise en place du Natufacturing dans l'Entreprise, dans lequel nous envisagerons notamment des outils de responsabilisation directe des collaborateurs, basés sur le principe d'autoévaluation.

Chapitre 11
Mise en place du Natufacturing dans l'Entreprise

Certains thèmes du Natufacturing que nous avons traités jusqu'ici peuvent paraître simples et pleins de bon sens. C'est vrai ; nous n'inventons rien et ne faisons que copier le modèle naturel.

Pourtant, ces éléments ne sont pas innés dans l'organisation sociale de l'être humain qui cherche surtout à défendre ses intérêts et le bien-être de ses enfants, même si ce doit parfois être au détriment de l'intérêt général.

Aussi, afin de parvenir à réguler nos débordements, nous n'avons parfois pas le choix. Nous sommes obligés de définir un cadre duquel découle toute une série de codes et de lois qui détermineront ce que l'on peut faire et ne pas faire. Ces règles constituent des contraintes qu'il faut assimiler et accepter progressivement.

On peut comprendre maintenant pourquoi les entreprises performantes ne se construisent pas « naturellement » et que la mise en application du Natufacturing nécessite une démarche itérative et structurée.

Pour ma part, je suis partisan de la méthode douce à travers la force de l'éducation. Pour y parvenir, il faut développer une communication adaptée et ciblée auprès du public concerné, en prenant garde de ne laisser personne sur la touche car, comme dans une ruche, une communauté humaine a besoin du support de tous ses individus.

1. Stratégie à long terme et objectifs individuels

La première chose à faire est de bien communiquer sur ce que l'on attend de la part de l'entreprise et de son organisation.

Il s'agit ici d'une stratégie à long terme sur 5 ans au minimum car les décisions et actions arrêtées nécessitent du temps pour être efficaces de manière pérenne.

Les objectifs peuvent être de plusieurs natures :
    - commerciale : lancement d'une nouvelle famille de produits dans un marché émergent, définition d'une nouvelle politique commerciale… ;
    - qualité : amélioration du niveau de qualité selon des critères bien précis ;
    - délais : réduction du délai moyen des livraisons clients de x % ;
    - coûts : optimisation des coûts de fabrication. Ces derniers dépendant également du positionnement commercial, de la politique qualité et des charges de structure ;
    - écologique : réduction de l'empreinte carbone de x %.

Une fois les objectifs à long terme de l'entreprise fixés, il faut les décomposer dans le temps, en spécifiant des objectifs à moyen terme (3 ans) puis à court terme (1 an) et les communiquer à tous les employés afin qu'ils puissent les soutenir. Par la suite, les décliner en sous-objectifs aux différents niveaux de l'organisation afin que chacun se sente responsable de son activité propre.

La figure 54 présente la distribution en cascade des objectifs par sous-niveaux. Comme nous l'avons envisagé pour la mise en place du flux tiré, il est préférable d'avoir le plus de sous-niveaux possibles dans la détermination des objectifs. Ceci permettra de mieux piloter l'activité. L'optimum étant d'arriver à donner, à partir de la stratégie de l'entreprise, des objectifs individuels à chaque collaborateur.
La mise en place d'un reporting permettra ensuite de suivre et de piloter au plus près l'atteinte de ces derniers et de déployer les actions correctives nécessaires.
On remarquera que le flux de contribution au résultat de l'entreprise est, pour chaque niveau de responsabilité, dans le sens BOTTOM-UP, tandis que les objectifs de l'entreprise suivent un flux TOP-DOWN. Aussi, afin d'insister sur la valorisation de l'entreprise par la base, nous avons choisi ici d'inverser les positions verticales (haut et bas) traditionnelles.

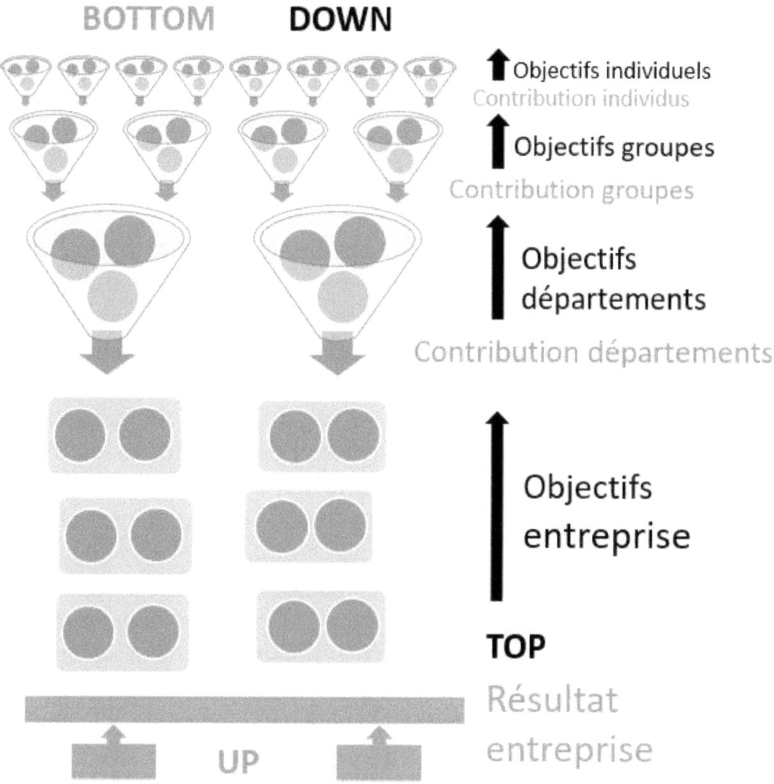

Figure 54 : Déclinaison en cascade des objectifs de l'entreprise

2. Identification d'un agent de changement

Nous avons préalablement évoqué que l'Homme a un besoin de reconnaissance d'autant plus prononcé que la société dans laquelle il évolue a un degré avancé de développement économique, l'éducation et l'organisation sociale qui s'y rapportent valorisant surtout la performance individuelle. Pourtant, l'Entreprise qui fonctionne en harmonie est une sorte d'organisme vivant dans lequel chaque élément se mobilise au service de l'ensemble, d'où l'émergence d'un paradoxe.

Pour essayer de corriger le tir, on fait alors appel à des spécialistes, des coaches, pour développer le team spirit et le travail en groupe.

Je pense que l'on ne peut malheureusement pas compenser une forte empreinte culturelle avec uniquement quelques séances d'exercices en communauté. C'est toute une façon de vivre et de penser le travail qu'il faut peu à peu modifier et ce changement ne peut se faire que dans la durée.

La transformation d'une entreprise traditionnelle en entreprise Lean ou orientée Natufacturing nécessite de la patience et de l'application. Dans les sociétés les plus conservatrices, cette conversion peut même apparaître comme une véritable révolution. Il est donc fondamental de bien accompagner cette transition avec un agent de changement en lequel chaque collaborateur puisse se reconnaître. Cette personne, si elle n'est pas le responsable de l'activité, doit bénéficier de tout le support de la Direction Générale pour mener à bien sa mission, même si elle remet parfois (souvent) en cause le fonctionnement de l'entreprise.

Les qualités humaines de l'agent de changement sont fondamentales car il s'agit ici de convaincre des gens. L'expertise technique et la connaissance du fonctionnement de l'entreprise sont tout aussi importantes, faute de quoi il n'aura pas la légitimité requise.

Pour toutes ces raisons, il est idéal de trouver un agent de changement au sein même de l'entreprise. Cette mutation culturelle doit se vivre de l'intérieur, sur le terrain, avec l'ensemble du personnel qui doit soutenir le projet avec toute son énergie et ses compétences.

L'agent de changement peut se faire accompagner dans un premier temps par un support externe, mais il est important que la responsabilité de la mise en place des différents chantiers incombe à une personnalité interne à l'entreprise. Si ce n'est pas le cas, on recrutera une personne qui n'est pas là pour une mission à court terme, car un changement de philosophie de travail ou d'organisation demande du temps pour être assimilé.

3. Management de proximité

3.1. Dans l'Entreprise

Si la hiérarchie fonctionnelle est nécessaire à la structuration interne de l'Entreprise, a contrario la hiérarchie intellectuelle est à bannir.

Un manager légitime dans sa fonction n'a rien à prouver et n'a pas besoin de s'imposer auprès des autres pour avancer. Il est choisi et reconnu comme tel par son groupe. Il saura écouter toutes les propositions même si elles se confrontent à ses propres idées et les valorisera quand elles sont pertinentes.

Il prendra également garde à ne pas se détacher du terrain en se reposant exclusivement sur ses experts. Les collaborateurs seront rassurés d'avoir un responsable qui maîtrise suffisamment les sujets abordés pour être capable de prendre les meilleures décisions en concertation avec son équipe. À la fin, seule sa responsabilité est engagée, et il est payé pour ça. En outre, la résistance naturelle à l'acceptation des décisions prises sera d'autant plus faible que sa force de persuasion sera forte, soutenue par sa connaissance du métier.

Afin de consolider sa position, les réunions de travail doivent se dérouler dans l'environnement même du thème abordé, en évitant le plus possible de s'enfermer dans une salle aseptisée éloignée du terrain. Ces chantiers d'amélioration doivent s'improviser autant que nécessaire, tout en prenant soin de les préparer pour gagner en efficacité. C'est là une des tâches essentielles qui incombent à chaque responsable, au-delà du quotidien.

3.2. À l'externe

Comme les mathématiques, les solutions aux problèmes que rencontre l'Entreprise sont universelles. Elles ne dépendent pas du type de produit ou service commercialisé, de la taille de l'organisation ou encore de la culture du pays. Les lois de la Nature ne sont-elles pas les mêmes aux quatre coins du Globe ?

Aussi, le travail sur l'amélioration de la performance de l'Entreprise ne saurait être complet sans l'implication de tous les acteurs.

Le concept de Kanban par exemple, ne peut se limiter à la seule organisation interne de l'entreprise. Dans l'idéal, toute la chaîne logistique devra être orchestrée selon ce modèle, ce qui suppose de convertir fournisseurs et clients (la méthode CROM est, quant à elle, bien plus flexible sur ce point).

Pour la qualité, c'est la même chose. Il est important que les critères d'acceptation des opérations sous-traitées ou des produits achetés soient clairement formalisés. Dans ce cadre, les différentes équipes transverses - Méthodes, Qualité, Production, Logistique - doivent travailler ensemble afin de bien définir les standards dans le but notamment de supprimer les contrôles à réception.

Il faut ainsi s'attacher à considérer les partenaires externes comme des départements internes à l'entreprise et à faire bénéficier les économies d'échelle à toute la chaîne de valeur.

4. Pilotage de la performance

Les critères auxquels les clients sont les plus sensibles sont : la qualité du produit, le respect des délais de livraison et le prix d'achat.

Afin de les satisfaire au mieux, il est recommandé de mettre en place des indicateurs clefs de performance ou KPI (Key Performance Indicators) qui permettront de mesurer et de corriger les dérives :

- Q : le taux de non-qualité ou pourcentage de réclamations est souvent le critère sur lequel les clients sont les plus exigeants.

- D : le taux de service ou pourcentage de produits livrés dans les délais, est le deuxième élément déterminant l'indice de satisfaction du client.

- C : le coût du produit. La plupart du temps, le prix de vente est négocié à la prise de commande, de sorte que celui-ci est une conséquence du prix de revient. La maîtrise de ce dernier est donc fondamentale.

L'indice de satisfaction global du client étant une combinaison du triptyque QDC, le pilotage de chaque composante de ce dernier est incontournable. Par ailleurs, l'efficacité globale de tout système n'est que la résultante de chacune de ses parties ; d'où l'importance d'un management de terrain et de l'implication du personnel direct dans l'analyse et la compréhension de sa propre contribution.

Afin de gagner en efficacité, on privilégiera une évaluation continue par rapport à un reporting mensuel tardif. La meilleure façon d'y parvenir est de construire dans les ateliers, sur chaque machine ou chaque poste de travail, une visualisation dynamique simple de la performance locale.

Le challenge est alors de choisir les indicateurs susceptibles d'être compris facilement et qui soient sources de motivation pour le personnel.

4.1. Valeur ajoutée

Si la notion de chiffre d'affaires d'une entreprise, résultat du produit de ses ventes, est facile à comprendre, la notion de valeur ajoutée est plus abstraite. Elle représente la somme des produits des heures de travail hommes et machines standards par leurs taux horaires standards respectifs :

VA = (heures de travail hommes standards) × (taux horaire hommes standard) + (heures de travail machines standards) × (taux horaire machines standard).

Les heures de travail standards hommes ou machines sont calculées à partir des gammes de fabrication rattachées aux articles. Ainsi, pour chaque opération réalisée et reportée dans le système de gestion, un certain nombre d'heures de travail hommes et machines sont valorisées. Ces heures de travail système sont les seules à avoir généré de la richesse à l'entreprise. Il faut bien les différencier des heures de présence réelles du personnel ainsi que des heures d'ouverture des machines qui représentent des coûts et ne sont pas nécessairement efficaces (pauses, arrêts machines, déchets, etc.).

Les taux horaires hommes et machines standards sont ceux qui ont été calculés dans le cadre de l'exercice budgétaire.

On distingue deux types de VA :

- la valeur ajoutée brute : on valorisera ici tous les articles qui ont subi au moins une opération de transformation ;

- la valeur ajoutée nette : elle correspond à la valeur ajoutée brute à laquelle on soustrait tous les coûts liés aux non conformités. Ceux-ci peuvent être de plusieurs natures : déchets, reprises, retours clients.

Comme dans la Nature, où seuls les efforts récompensés comptent, **seule la valeur ajoutée nette est génératrice de profits**.

Considérons une série de produits dont la gamme de fabrication présente N étapes. Imaginons maintenant que l'opération P ($\leq$N) génère plusieurs déchets. Le coût de ces derniers correspond à la somme des coûts de toutes les $(1+2+\ldots+P)$ opérations en plus de celui de la matière première. Cette valeur augmente à mesure que l'on avance dans la gamme de fabrication. De sorte qu'en retranchant la valeur des déchets à la valeur ajoutée générée à l'opération P, il est tout à fait possible que cette différence soit négative. Cette probabilité est d'autant plus importante que l'opération P présente une valeur ajoutée faible par rapport à celle cumulée dans les ateliers précédents.

Certains responsables d'ateliers et leurs équipes ont parfois tendance à ne prioriser que les volumes qu'ils produisent et minimisent, sans le vouloir car sans le savoir, l'impact de leurs déchets. Ils sont à mille lieues de penser qu'il peut être économiquement préférable de produire moins mais mieux, surtout s'ils se situent en fin de processus, là où les produits coûtent le plus cher.

J'ai de la sorte pu rencontrer des ateliers déficitaires, quand bien même 95 % des pièces produites étaient conformes (dans ce cas le déchet coûte 20 fois plus que la valorisation de l'opération), à la grande surprise des collaborateurs. Il faut donc bien prendre le temps d'expliquer à ces derniers la petite gymnastique intellectuelle suivante : plus ils sont performants, plus la valeur ajoutée générée sur les opérations dont ils ont la charge est faible (puisque leurs coûts relatifs s'en trouvent réduits), et plus l'impact de leurs déchets est important par rapport à celle-ci.

D'où l'importance de bien **valoriser la non-qualité, non pas uniquement en pourcentage de pièces fabriquées, mais aussi et surtout en proportion de la valeur ajoutée générée**.

Remarque : le même exercice intellectuel peut être fait avec un département ou une société de services, où la notion de valeur ajoutée générée revêt cette fois-ci une autre forme, comme par exemple le niveau d'avancement d'un projet.

4.2. Rentabilité

La rentabilité est un indicateur qui représente la performance financière globale d'une entreprise ou de l'un de ses départements. Elle permet en définitive de savoir si l'organisation gagne ou perd de l'argent.

Pour une entreprise :
$$\text{Rentabilité} = \frac{\text{chiffre d'affaires } + \text{ variation de stock}}{\text{somme des dépenses de l'entreprise}}$$

Pour un département interne à l'entreprise :
$$\text{Rentabilité} = \frac{\text{valeur ajoutée nette générée}}{\text{somme des dépenses du département}}$$

On considérera de manière exhaustive toutes les dépenses, quelle que soit leur nature : achats externes, salaires directs et indirects, amortissements machines, coûts de maintenance, bâtiment, frais financiers, etc.
La rentabilité d'une organisation est une photo à l'instant t de sa capacité à générer des pertes ou du profit. Cette notion est intéressante car elle permet notamment de mettre en lumière le poids de la structure. Aussi, cette vision macro n'implique pas uniquement le personnel direct, seul générateur de valeur ajoutée, qui peut se trouver alors frustré d'être challengé sur des chiffres pour lesquels il n'a pas toutes les clefs. En outre, une rentabilité insuffisante peut générer de fortes tensions, le personnel de production ayant pour habitude de

considérer (à tort !) que les ressources indirectes ne servent à rien si ce n'est à générer des coûts inutiles.

Par conséquent, si la rentabilité est l'indicateur de performance économique du responsable, ce n'est pas l'indicateur qu'il faut choisir d'afficher dans les ateliers.

4.3. Efficience

Des objectifs de coûts et de rentabilité au niveau des collaborateurs directs sont difficilement envisageables dans la mesure où, comme nous venons de le souligner, un certain nombre de variables ne sont pas dépendantes d'eux. Il est cependant possible de les challenger sur des éléments assez proches sur lesquels ils gardent le contrôle. L'indicateur d'efficience s'inscrit dans cette catégorie.

Qu'est-ce que l'efficience ?

$$\text{Efficience E} = \frac{\text{heures de production standards générées}}{\text{temps d'ouverture ou de présence réel}}$$

Suivant la définition ci-dessus :

- <u>Si E < 1</u> : on a généré moins d'heures de production (hommes ou machines) que prévu par rapport aux heures d'ouverture des machines ou aux heures de présence réelles du personnel. Dans ce cas, cela signifie que le groupe n'a pas été assez efficace.

- <u>Si E = 1</u> : l'exécution des tâches a été effectuée selon le standard prévu dans les gammes de fabrication.

- <u>Si E > 1</u> : le personnel a trouvé des solutions pour améliorer la performance par rapport au standard des gammes de fabrication.

On différenciera ici deux types d'efficiences : l'efficience homme Eh, et l'efficience machine Em.

L'efficience est un indicateur simple à comprendre et source de motivation pour le personnel direct.

4.4. Taux de service atelier

Être efficace ne se limite pas à être rentable. Encore faut-il produire ce dont le client a besoin. Quand on parle de client, cela ne signifie pas uniquement le client final. Pour une opération P, le client est l'opération suivante, P+1.
On définit alors :

$$\text{Taux de service} = \frac{\text{nombre de commandes livrées dans les temps prévus}}{\text{nombre total de commandes prévues d'être livrées}}$$

Que signifie « dans les temps prévus » ? On spécifiera la plupart du temps une tolérance sur la date de livraison dépendante des exigences du client et de la complexité du flux.
À noter que les livraisons en retard ne sont pas les seules à être pénalisées. Suivant les activités (pièces à forte valeur ajoutée ou de grandes dimensions notamment), une livraison en avance peut également constituer une contrainte économique ou logistique qu'il faut éviter.

4.5. Taux de qualité en nombre et en valeur

La plupart des rapports de non-qualité indiquent le pourcentage du nombre de déchets générés par rapport au nombre de pièces ou de produits fabriqués. Ceci n'est pas suffisant car, comme nous l'avons déjà précisé lors de la définition de la valeur ajoutée, un faible pourcentage de déchets en nombre peut générer une forte diminution de la valeur ajoutée nette.
En outre, aux coûts des déchets il faut également ajouter ceux des opérations de reprise ou de tri parfois nécessaires pour « sauver » des produits non conformes.

On mesurera alors le taux de qualité en valeur, rapport entre la valeur ajoutée nette sur la valeur ajoutée brute :

$$\text{Taux de qualité en valeur} = 1 - \frac{\text{coûts des (déchets + reprises)}}{\text{VA brute}}$$

Sachant que le taux de qualité en valeur dépend fortement du mix produit, il est toujours intéressant d'ajouter en parallèle l'information sur le taux de qualité en nombre. Ce dernier nous permettant de discrétiser les problèmes locaux des dérives globales des procédés de production.

5. Vers une industrie 4.0

Rappelons que l'un des grands principes de base du Natufacturing est de compenser le plus rapidement possible les dérives, selon le modèle naturel. Avec le développement croissant des technologies de l'automatisation et de la numérisation des moyens de production, l'industrie d'aujourd'hui est en pleine mutation. La 4ème révolution industrielle est une promesse clamée haut et fort pour consacrer le mariage du monde virtuel avec nos besoins concrets, toujours davantage personnalisés, pour nous emmener vers le concept de *Smart Factory* (Fig. 55)[63].

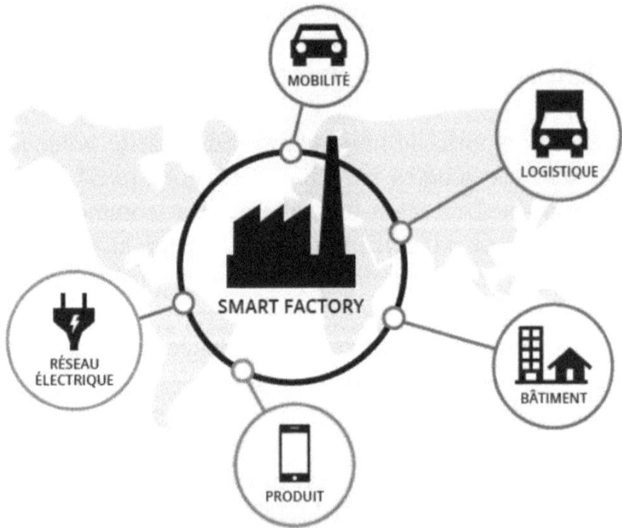

Figure 55 : Architecture d'une industrie 4.0

---

[63] D'après le site www.infoteam.ch

Dans ce nouvel écosystème, des machines bardées de capteurs communiquent en temps réel avec des systèmes SCADA[64] afin de transmettre le maximum d'informations à l'utilisateur à travers un MES[65]. Cette interface permet de visualiser différents éléments liés aux processus de production tels que (Fig. 56 et 57)[66] :

- les flux logistiques (lancement, suivi et planification des ordres de fabrication) ;

- le suivi de la performance (Taux de Rendement Synthétique, taux de qualité) ;

- la traçabilité (matière première, produits finis) ;

- les infrastructures (maintenance, gestion de l'énergie)…

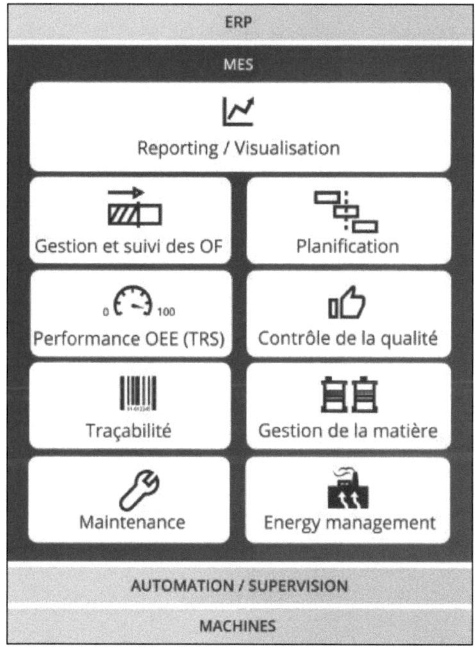

Figure 56 : Interface MES - 1ᵉʳ niveau

---

[64] Supervisory Control And Data Acquisition : système de contrôle et d'acquisition de données en temps réel.

[65] Manufacturing Execution System.

[66] Ibid. note 63.

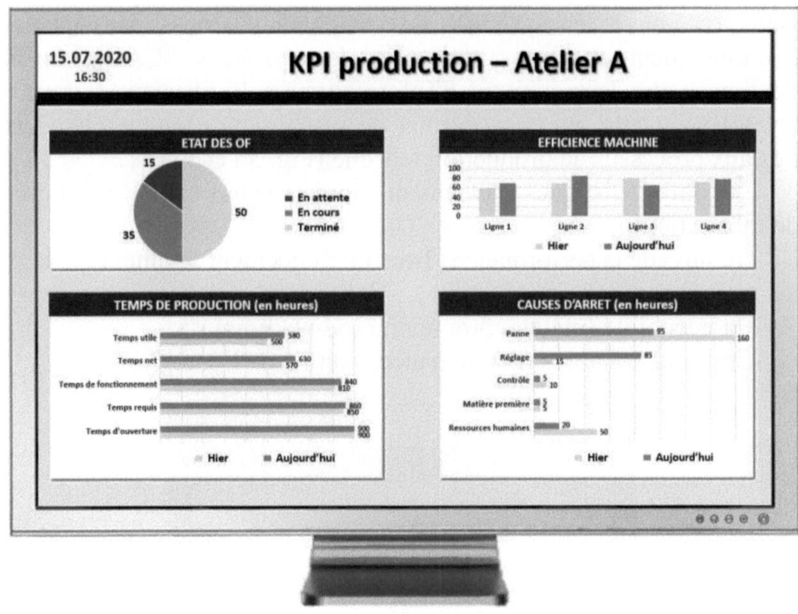

Figure 57 : Interface MES - 2ème niveau

Avec l'essor de l'informatique industriel, de la digitalisation et des systèmes embarqués, les MES se sont largement déployés sur l'autel de la transparence et la recherche de la performance.
Ces promesses peuvent-elles vraiment être tenues ?

5.1. Industrie 4.0 et machines conventionnelles

Les réflexions actuelles autour de l'industrie 4.0 sont soutenues par le développement de machines de dernière génération préparées dès leur conception à la communication bidirectionnelle « intelligente ».
Mais qu'en est-il des procédés de production traditionnels ? Ont-ils encore une place à défendre dans le paysage industriel de la Smart Factory ? Il faut bien avouer que la plupart des solutions de digitalisation de la production n'en font pour ainsi dire jamais référence. Comment peut-on sortir de cette impasse ?

Appliquer les concepts de l'industrie 4.0 à un vieux parc de machines nous met en quelque sorte dans la position d'un sourd et muet qui souhaiterait communiquer avec le monde extérieur. Faute de pouvoir entendre les mots et les prononcer, cette personne pourra contourner son handicap en utilisant, par exemple, un appareil pour retranscrire en texte écrit les communications verbales qu'il reçoit, et effectuer l'opération inverse pour se faire comprendre oralement.

Aussi, pour ce qui est de l'implantation de l'industrie 4.0 dans des structures pourvues principalement de machines conventionnelles, la première démarche consiste à récupérer des informations (même si rudimentaires) sur leurs automates. Au cas où celles-ci seraient difficilement exploitables ou insuffisantes, il est toujours possible d'ajouter divers capteurs sur les organes principaux. En exemple, je citerai les adaptations peu onéreuses apportées à un parc de tours automatiques à cames permettant de remonter, à partir de seulement trois signaux numériques, les statuts majeurs des machines en temps réel : en chauffe (fonctionnement à vide), en production, en réglage, ou bien à l'arrêt en raison d'un dysfonctionnement. La nature de ce dernier n'est dans ce cas pas toujours clairement identifiable. Mais est-ce nécessaire qu'elle le soit ? En effet, dans de nombreuses applications (et c'est justement l'une des caractéristiques des machines d'usinage automatiques), ces arrêts demandent une intervention humaine pour relancer le dispositif. L'opérateur peut dès lors définir la nature des arrêts à l'aide de signaux andons, de sorte qu'une acquisition automatique de celle-ci est inutile.

D'autres applications, comme les chaînes d'assemblages automatisées peuvent accepter des micro-arrêts. Ce sont en général des perturbations dans l'approvisionnement des composants qui se coincent temporairement dans des glissières, des bols vibrants ou tout autre type de chargeur automatique. Contrairement à des machines d'usinage, un déblocage naturel aléatoire est possible, de sorte que ces perturbations ne nécessitent pas toujours d'interventions humaines. Sachant qu'un assemblage est composé d'un minimum de deux composants, il n'y a pas une seule origine possible à ces micro-perturbations. Aussi, dans la mesure où ces dernières dégraderaient fortement le rendement de la machine, il est intéressant de connaître le facteur principal en intégrant des détecteurs automatiques spécifiques.

Sur ces deux exemples de procédés industriels utilisés dans le contexte de notre fil rouge, nous voyons que le degré de précision des informations nécessaires à leur optimisation n'est pas le même et, en étendant cette logique de réflexion à tous les types de machines automatiques, il est clair qu'une solution standard n'existe pas.

Là encore, on choisira de copier la Nature qui adapte son niveau d'alerte et de réaction à celui de la fréquence des interférences.

On évitera par conséquent la dépense de temps et d'argent à traiter des données superflues, pour concentrer les efforts d'analyse sur les perturbations principales et récurrentes des systèmes.

5.2. Industrie 4.0 et management visuel de la performance

Outre le fait qu'on l'associe (à tort) à des moyens de production modernes, l'un des principaux reproches que l'on peut faire à la mise en place de l'industrie 4.0 dans les entreprises est qu'elle peut coûter cher en investissements infrastructurels, en équipements/licences informatiques et en ressources humaines indirectes pour assurer la maintenance du système et l'exploitation des données. Sous sa forme la plus aboutie, on la réservera donc surtout à des structures de taille suffisamment importante qui peuvent justifier d'un retour sur investissement.

D'autre part, dans l'objectif d'une implémentation efficace de cette philosophie de travail, on s'attachera toujours à essayer de communiquer les informations recueillies sous forme visuelle, les rendant facilement et rapidement accessibles aux utilisateurs. Rappelons encore une fois qu'un système de collecte de données machines, aussi précis soit-il, ne sert à rien si ces dernières ne peuvent pas être exploitées en temps réel par le personnel en lien direct avec l'outil de production. On retrouve ici le modèle d'échange communautaire des grandes colonies d'espèces vivantes.[67]

La démarche 4.0 est fondamentalement juste dans le but qu'elle cherche à atteindre. Elle formalise la maxime qui consiste à dire que

---

[67] Voir chapitre 9, §1., p. 151.

l'on ne peut améliorer que ce que l'on mesure, sachant que la dérive est naturelle et inéluctable.

Cependant, avant d'entreprendre ce chantier sous sa forme la plus complète, avec une automatisation de la collecte et de la gestion de multiples informations, un travail préparatoire est nécessaire ; une phase préliminaire permettant d'une part, de sensibiliser le personnel à l'évaluation de son travail en utilisant dans un premier temps un support manuel et, d'autre part, d'identifier pendant cette phase d'étude les différents leviers de reporting d'atelier les plus pertinents.

Dans certains cas, notamment pour les petites structures ayant peu de moyens financiers ou pour celles dont la digitalisation de l'information est particulièrement complexe, cette étape sera suffisante. Pour d'autres, elle sera le gage d'une base solide pour pousser plus loin le concept de Smart Factory.

C'est le point de passage le plus important et le plus délicat, s'agissant de convaincre les collaborateurs de la nécessité d'être évalués, et ceci quel que soit le support utilisé.

6. Autoévaluation de la performance

Rappelons que les reporting d'Efficience, de Taux de service, et de Taux de qualité ateliers définis précédemment ne seront pertinents que s'ils sont construits de façon à être des vecteurs de motivation pour le personnel d'atelier. Afin d'y parvenir, le mieux est de faire en sorte que ces indicateurs soient renseignés directement par ce dernier et non par un service externe. Les collaborateurs ne voient alors plus cela comme une démarche policière répressive, mais comme un outil stimulant d'autoévaluation de leur propre performance.

Ces indicateurs n'ont pas besoin d'être très précis mais doivent impérativement être construits de manière à donner rapidement un ordre de grandeur suffisamment représentatif.

L'autoévaluation ne devra cependant en aucun cas servir de base au reporting officiel du Controlling, lequel est tiré des données du système de gestion.

Par ailleurs, en vue de pouvoir prendre les contremesures nécessaires assez tôt, la fréquence de mise à jour de ces données doit être suffisamment élevée. Dans la mesure du possible, privilégier un suivi journalier de la performance.

6.1. Indicateur d'autoévaluation de la qualité

Dans le cas d'un atelier travaillant à partir de pièces unitaires, la différence entre le nombre de pièces qui entrent dans l'atelier et le nombre de pièces qui en sortent constitue l'indicateur de déchets en cours de fabrication. Les différences de comptage, les erreurs de stock, les pertes et non conformités sont ici comptabilisées dans un même registre. Pour un atelier travaillant à partir de matière première (barres de métal, granulés d'injection plastique, etc.), la surconsommation de cette dernière nous permettra de remonter au nombre de déchets en cours de production.

En fonction du nombre d'opérations successives nécessaires à la réalisation d'un produit, un ordre de fabrication peut mettre plusieurs jours pour être achevé, décalant d'autant l'édition des rapports de performance officiels QDC, sachant que l'ordre de fabrication doit être clôturé.

Dans l'objectif d'une évaluation rapide des coûts de non-qualité par le personnel d'atelier, une estimation des valeurs ajoutées générées à chaque opération de la gamme est suffisante (à l'aide d'un tableur Excel par exemple). Pour effectuer ce reporting, on pourra choisir d'utiliser des valorisations moyennes ou par familles de produits. L'important ici n'est pas de recueillir des données excessivement précises mais d'impliquer le personnel d'atelier dans le suivi de ses coûts de non-qualité à partir d'une base de données constante. Les collaborateurs en charge de l'enregistrement de ces données sont rattachés à la logistique d'atelier, en lien immédiat.

Concernant les opérations de reprise ou de tri, la durée de celles-ci dépend de la nature et de la gravité des problèmes rencontrés. Pour cette raison, on attribuera ici les coûts effectifs des heures hommes et machines qui ont été dépensés pour corriger les non-conformités.

Les figures 58 et 59 représentent les rapports hebdomadaires des taux de non-qualité en nombre et en valeur (ou plus exactement en pourcentage de la valeur ajoutée générée) dans un atelier A.

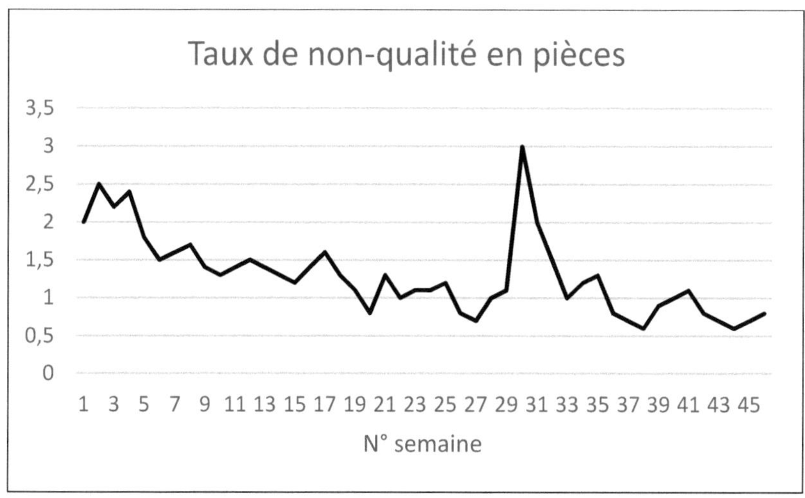

Figure 58 : Taux de déchets en pièces dans l'atelier A

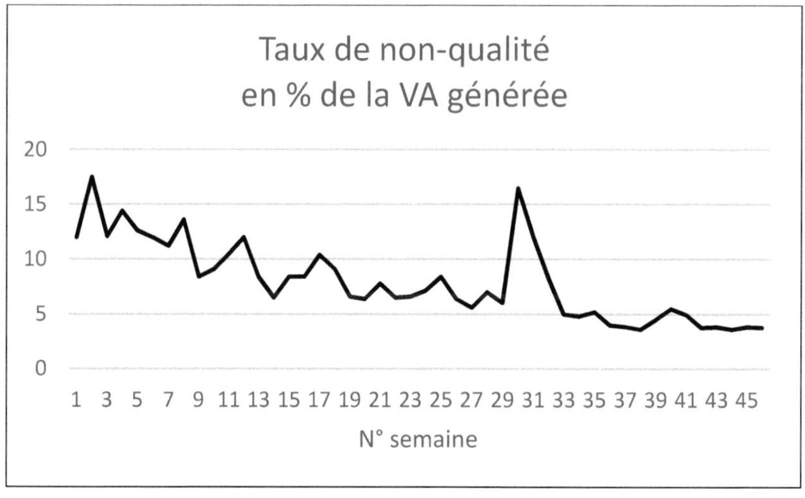

Figure 59 : Taux de déchets en valeur dans l'atelier A

On constate que la corrélation entre les deux courbes n'est pas parfaite, témoignant d'une variation du mix produits d'une semaine sur l'autre. Néanmoins, on peut grossièrement estimer que 1 % de non-qualité en nombre correspond environ à 5 % de la valeur ajoutée générée.

6.2. Indicateur d'autoévaluation du taux de service

L'autoévaluation du taux de service par la Logistique d'atelier procède de la même méthode que celle du taux de non-qualité. Afin de simplifier le modèle, nous ne ferons pas de différence entre les tailles de commandes et nous nous affranchirons des tolérances sur les délais de livraison : une commande est considérée comme livrée uniquement si elle l'est entièrement, et non livrée dans le cas contraire, même si des livraisons partielles ont été effectuées. Par ce biais, on sensibilise le personnel à avoir la même rigueur pour les petits clients que pour les gros et à livrer des commandes complètes.

L'introduction de la méthode CROM, abordée au chapitre 9, permet de simplifier grandement le reporting du taux de service qui revient dans ce cas à calculer le rapport entre le nombre de références dont le taux de couverture est supérieur ou égal à la valeur minimum requise et le nombre total de références en production. Afin de conserver une certaine cohérence, on envisagera ici uniquement les articles avec des besoins clients.

La figure 60 présente l'évolution du taux de service hebdomadaire dans l'atelier A, selon ce modèle.

<u>Remarque</u> : il est clair que les ruptures d'approvisionnement amont impactent le taux de service des ateliers aval. Pour tenir compte de ce paramètre, on s'attachera à présenter deux indicateurs de taux de service (TDS1 et TDS2), dont l'un (TDS2) est calculé en retirant de l'analyse les références ayant recensé un problème d'approvisionnement MP.
L'objectif est de faire en sorte que les deux courbes se superposent, témoignant alors d'un excellent taux de service amont.

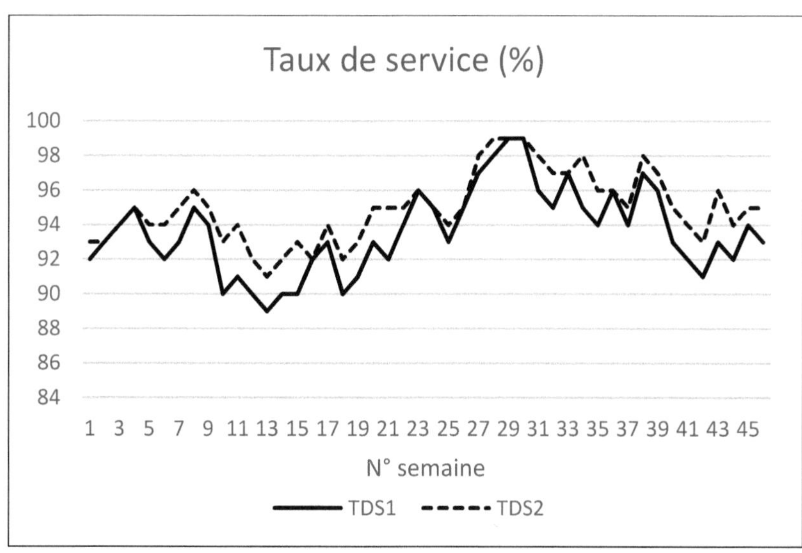

Figure 60 : Taux de service interne de l'atelier A

6.3. Efficience machine Em

Le but de cet outil est de permettre au personnel en charge d'un groupe de machines automatiques de pouvoir établir lui-même la performance de son parc.

Afin de garantir son utilisation et son efficacité, on privilégiera une approche simple et graphique ainsi qu'un reporting journalier.

Principe : l'opérateur renseigne chaque jour le film de production de chaque machine en temps réel.

Une solution peu onéreuse et très efficace est de remplir, sur un support manuel (feuille de papier plastifiée, tableau effaçable ou autre), une fiche à triple graduation (temps/pièces/heures de production efficaces) avec des feutres de couleurs correspondant à celles des signaux andons (Fig. 61).

Sur cet indicateur :

- L'échelle supérieure retranscrit le film de production au cours de la journée de travail, avec des zones vertes (gris medium ici) correspondant aux périodes où la machine fonctionne, et des zones rouges (gris foncé ici) correspondant à des arrêts accompagnés de leur signification par une lettre-code : temps de chauffe machine, temps de correction des réglages, affûtage des outils, pannes, manque ressources humaines, problème qualité, etc.

La couleur bleue a par ailleurs été choisie arbitrairement pour rendre compte du temps de mise en train initial de la machine (MET), sachant que cette dernière n'est pas encore en production (vert), et que ce n'est pas non plus un arrêt lié à une perturbation (rouge).

- La double échelle inférieure permet de visualiser graphiquement (en vert également) le nombre de pièces du compteur machine relevé chaque jour (dernière colonne), ainsi que le total des heures efficaces associées. Nous pouvons ensuite comparer la longueur de cette bande verte avec le total des segments verts de l'échelle supérieure. Un écart substantiel peut nous alerter sur deux différentes causes majeures : différence entre les temps de cycle réel et théorique (standard) ou erreurs dans les déclarations des temps d'arrêt machine.

Sur l'illustration de la figure 61, considérons par exemple le jour de vendredi. Nous pouvons constater que les heures efficaces équivalentes à 3'167 pièces produites sont égales à 22, lesquelles correspondent bien à la somme des heures « vertes » du statut horaire $(24 - 2(Q))$.

Chaque jour de la semaine, l'efficience machine est estimée en prolongeant le total des heures productives de la double échelle inférieure par une droite verticale virtuelle (à l'aide d'une règle par exemple) sur l'échelle supérieure du dernier cadran (SEMAINE).

Sur l'exemple de la figure 61, on constate ainsi que la production du lundi s'établit à 11 heures cumulées, ce qui correspond à une efficience de 46 %.

Par ailleurs, l'objectif idéal à 100 % (aucun arrêt) est matérialisé par un trait vertical noir.

À la fin de la semaine, le cumul des heures productives nous permet d'afficher la valeur hebdomadaire de l'efficience machine sur ce même dernier cadran.

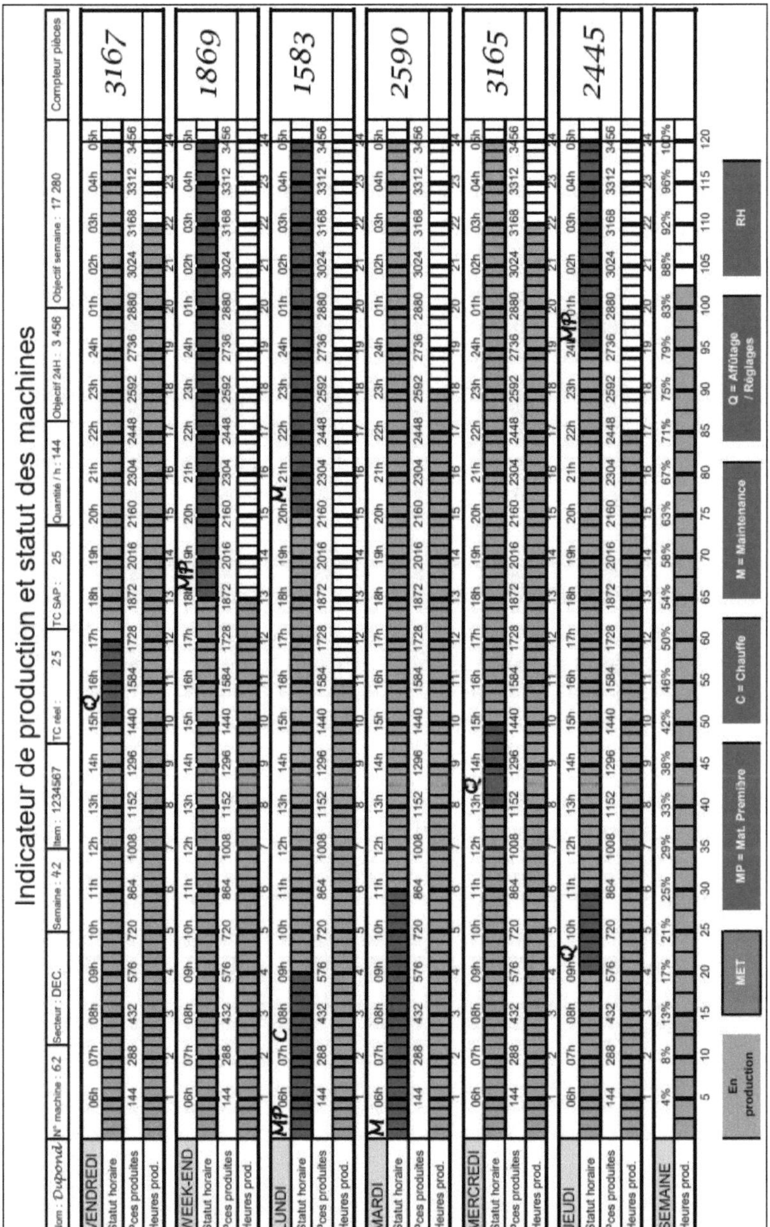

Figure 61 : Indicateur d'autoévaluation de l'efficience machine de l'atelier A

Notons que nous avons pris le parti d'un objectif hebdomadaire de 5 jours ouvrés, ce qui correspond à $5 \times 24 = 120$ heures de production dans des conditions idéales. C'est un choix personnel, sachant que les machines fonctionnent de manière automatique le week-end sans présence humaine. La justification de ce choix est de motiver le personnel à trouver des solutions pour compenser « gratuitement » les arrêts qui ont eu lieu au cours de la semaine. Il faut donc différencier ici la notion d'efficience machine ramenée sur 5 jours, d'un TRS (Taux de Rendement Synthétique), lequel tient compte de toutes les heures disponibles, y compris celles du week-end.

On remarquera que nous avons décidé de commencer la semaine par le vendredi (et donc de la terminer le jeudi). Ceci nous permet de visualiser le lundi matin si la transition entre le vendredi et le week-end précédents s'est correctement déroulée.

Grâce à ce type d'indicateur d'autoévaluation, le personnel direct est complètement impliqué dans le suivi de son parc. En effet, cet outil permet de calculer simplement le niveau d'efficacité de ce dernier et d'agir immédiatement sur les différentes sources de dérive.
Nous rassemblons ici les critères quantitatif et qualitatif sur le même document.

Cette méthode graphique, bien que non digitale, possède presque tous les attributs d'un véritable MES, avec l'avantage indéniable d'être pris en charge par les collaborateurs.
Toutefois, les informations affichées restent subjectives (puisque dépendantes de la rigueur de ces derniers) et ne peuvent être utilisées comme reporting officiel. Pour réaliser ce dernier, on tirera les données de production exactes enregistrées dans les systèmes MES ou ERP (Fig. 62).

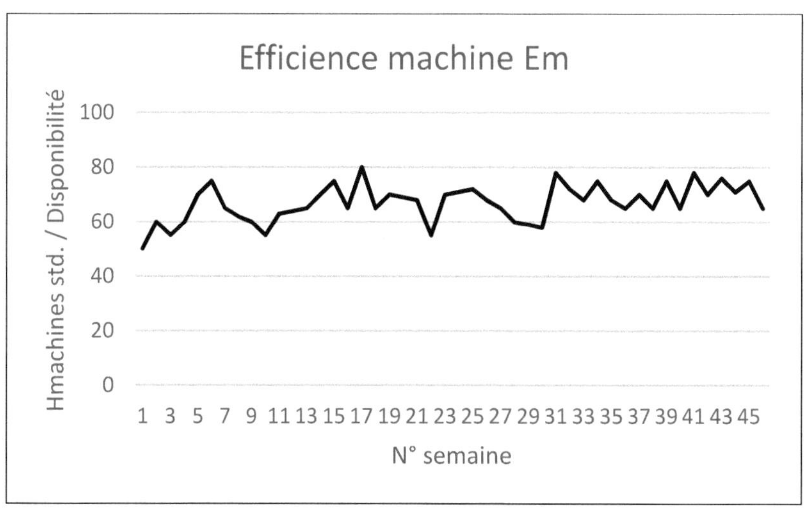

Figure 62 : Indicateur officiel de l'efficience machine de l'atelier A

L'efficience machine Em est alors définie par :

$$Em = \frac{\text{heures standards de production machines}}{\text{heures d'ouverture machines prévues}}$$

C'est-à-dire :

$$Em = \frac{\text{nb d'opérations conformes réalisées} \times \text{temps de cycle opération}}{\text{nb de machines} \times \text{temps d'ouverture machine à 100 \%}}$$

Par expérience, un reporting officiel hebdomadaire est suffisant, sachant que le suivi d'autoévaluation est assuré chaque jour.

Par ailleurs, même si ce dernier nous donne juste une estimation de l'indicateur système Em, la précision du relevé est suffisante pour pouvoir en tirer une comparaison et expliquer les écarts potentiels (erreur de comptage, erreur ou retard de reporting, etc.).

6.4. Efficience homme Eh

L'efficience Em d'un parc machines indique de quelle manière celui-ci est exploité. Elle ne donne cependant aucune indication sur l'efficience du personnel Eh. En effet, l'efficience machine peut être mauvaise mais l'efficience du personnel bonne si un manque de ressources fait que les collaborateurs sont débordés et s'occupent d'un grand nombre de machines. À l'inverse, un sureffectif personnel libère suffisamment de temps aux collaborateurs pour s'occuper du parc qui leur est attribué, d'où un rendement machines élevé, mais un rendement du personnel potentiellement insuffisant.

Par définition, l'efficience Eh du personnel correspond à :

$$Eh = \frac{\text{heures standards de production hommes}}{\text{heures de présence réelles du personnel}}$$

Concernant les heures standards de production hommes, elles sont, comme pour les heures standards machines, également tirées des gammes de production.

6.5. Efficience homme/machine Ehm

Les données correspondant aux heures standards hommes dépendent de nombreux paramètres, notamment du nombre de machines dont un collaborateur est censé s'occuper, du type de pièces produites, des exigences techniques, de la complexité des machines utilisées, etc.
Ces données nécessitent une mise à jour constante afin d'être exploitables. Pour cette raison, nous avons choisi de simplifier les choses en remplaçant la mesure de Eh par la mesure de la performance homme/machine Ehm :

$$Ehm = \frac{\text{heures standards de production machines}}{\text{heures de présence réelles du personnel direct}}$$

L'évaluation de cet indicateur requiert la collecte des heures machines standards (les mêmes que pour le calcul de Em) ainsi que les heures de présence réelles des collaborateurs (badgées).

L'avantage est que ces informations sont fiables. Par ailleurs, la dimension de cet indicateur est un nombre d'heures machines efficaces par heure de présence humaine, ce qui est assez « parlant » pour le personnel.

Pour chaque technologie de production, nous définirons alors le ratio Ehm à atteindre.

<u>Exemple</u> : si le standard veut qu'un collaborateur travaillant 8 h par jour doit s'occuper de 5 machines travaillant en 3×8, l'objectif Ehm sera de $3 \times 8 \times 5 / 8 = 15$.

Par le calcul inverse, un collaborateur dont l'efficience Ehm réelle serait de 12 aurait produit un nombre d'heures machines équivalentes à $12 / 3 = 4$ machines travaillant non-stop.

Avec cette méthode de calcul, l'objectif Ehm = 15 est atteint si :

    - le collaborateur s'occupe de 5 machines qui fonctionnent 24h/24, mais ceci est presque impossible à atteindre, sachant que des arrêts hebdomadaires sont inévitables ;

    - le collaborateur s'occupe de 10 machines qui travaillent à 50 %.

Au final, pour atteindre son objectif, peu importe le nombre de machines dont il a la charge, seule importe la performance Ehm.

Comme pour l'efficience machine Em, l'indicateur officiel de l'efficience Ehm se fera sur une base hebdomadaire et sera établi par le chef de groupe ou le responsable d'atelier.

La figure 63 représente un exemple d'efficience Ehm pour un parc machines de l'atelier A.

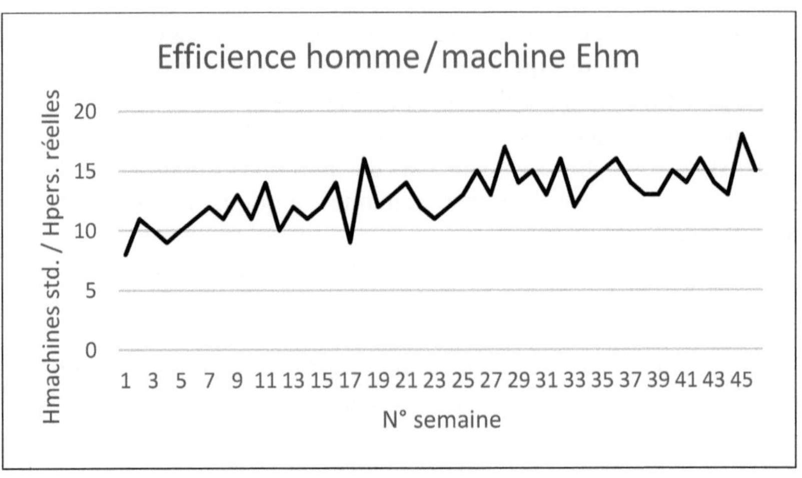

Figure 63 : Indicateur de l'efficience homme / machine pour un parc de l'atelier A

Comme pour la mesure de l'efficience Em, la puissance de l'outil tient dans l'autoévaluation journalière de la performance Ehm par le personnel de production. Il n'est par contre pas aisé, voire même pas utile, de demander aux collaborateurs de relever leurs heures de présence réelles ; on attribuera alors un forfait journalier (8 h/jour par exemple). De plus, en échangeant avec ces derniers, nous avons conjointement décidé d'afficher le nombre de machines efficaces équivalentes en complément de l'efficience Ehm, même si ceci correspond indirectement à la même chose.

Pour ce faire, il suffit de reporter graphiquement la somme des heures de production de tout leur parc. Une double graduation nous permet ensuite de convertir ces dernières en l'équivalent du nombre de machines qui fonctionnent sur la période d'ouverture prévue sans aucun arrêt, ici 24 h (Fig. 64).

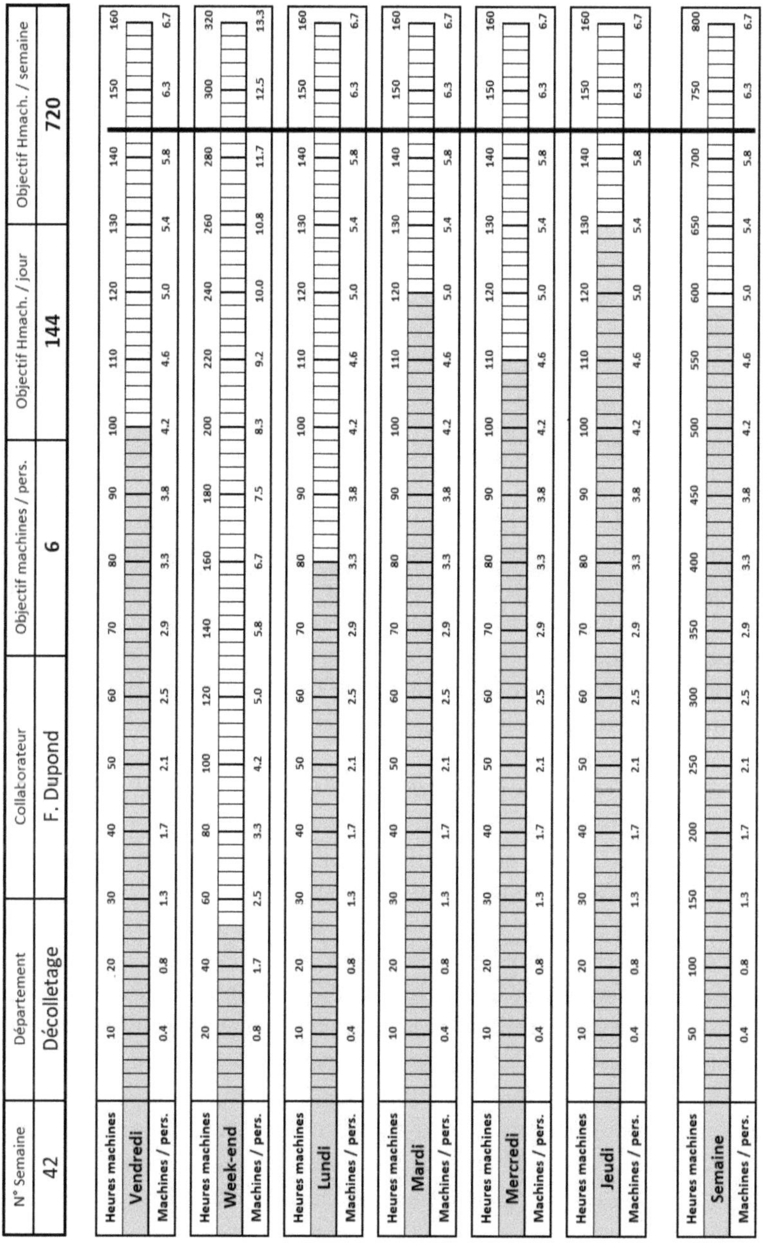

N° Semaine	Département	Collaborateur	Objectif machines / pers.	Objectif Hmach. / jour	Objectif Hmach. / semaine
42	Décolletage	F. Dupond	6	144	720

Vendredi

Heures machines	10	20	30	40	50	60	70	80	90	100	110	120	130	140	150	160
Machines / pers.	0.4	0.8	1.3	1.7	2.1	2.5	2.9	3.3	3.8	4.2	4.6	5.0	5.4	5.8	6.3	6.7

Week-end

Heures machines	20	40	60	80	100	120	140	160	180	200	220	240	260	280	300	320
Machines / pers.	0.8	1.7	2.5	3.3	4.2	5.0	5.8	6.7	7.5	8.3	9.2	10.0	10.8	11.7	12.5	13.3

Lundi

Heures machines	10	20	30	40	50	60	70	80	90	100	110	120	130	140	150	160
Machines / pers.	0.4	0.8	1.3	1.7	2.1	2.5	2.9	3.3	3.8	4.2	4.6	5.0	5.4	5.8	6.3	6.7

Mardi

Heures machines	10	20	30	40	50	60	70	80	90	100	110	120	130	140	150	160
Machines / pers.	0.4	0.8	1.3	1.7	2.1	2.5	2.9	3.3	3.8	4.2	4.6	5.0	5.4	5.8	6.3	6.7

Mercredi

Heures machines	10	20	30	40	50	60	70	80	90	100	110	120	130	140	150	160
Machines / pers.	0.4	0.8	1.3	1.7	2.1	2.5	2.9	3.3	3.8	4.2	4.6	5.0	5.4	5.8	6.3	6.7

Jeudi

Heures machines	10	20	30	40	50	60	70	80	90	100	110	120	130	140	150	160
Machines / pers.	0.4	0.8	1.3	1.7	2.1	2.5	2.9	3.3	3.8	4.2	4.6	5.0	5.4	5.8	6.3	6.7

Semaine

Heures machines	50	100	150	200	250	300	350	400	450	500	550	600	650	700	750	800
Machines / pers.	0.4	0.8	1.3	1.7	2.1	2.5	2.9	3.3	3.8	4.2	4.6	5.0	5.4	5.8	6.3	6.7

Figure 64 : Indicateur d'autoévaluation de l'efficience Ehm

Les objectifs journalier et hebdomadaire, matérialisés par une droite verticale, sont calculés en fonction :

- du nombre de machines dont un collaborateur est censé s'occuper ;

- de leur temps d'ouverture théorique ;

- de la durée moyenne d'une journée de travail des collaborateurs (8 h en général) ;

- du nombre de nouvelles mises en train (nouvelles exécutions) effectuées dans la semaine. Dans ce cas particulier, la solution retenue est d'ajouter aux heures de production réelles, des heures fictives de production correspondant aux temps de mise en train.

<u>Conversion des heures de réglage en heures de production équivalentes</u>

Sur l'exemple de la figure 64, les collaborateurs ont pour objectif de gérer un parc de 6 machines travaillant 24 h par journée de travail de 8 h hommes. Une même droite verticale matérialise les objectifs de $6 \times 24 = 144$ h machines par jour ainsi que $144 \times 5 = 720$ h machines par semaine de 5 jours.

Au cours d'un réglage/mise en train (MET) qui nécessite par exemple 8 h de travail hommes en temps normal (temps alloué dans les gammes opératoires), le technicien en charge de cette tâche n'a théoriquement pas le temps de s'occuper également du suivi de production d'autres machines. Autrement dit, sa charge de travail de réglage correspond à la même que celle qu'il aurait s'il était affecté au suivi de production de 6 machines. Pour cette raison, à chaque MET de 8 h réalisée et validée par le service Contrôle, on attribuera au collaborateur l'équivalent de 144 h de production machines.

Ces heures ne sont pas des heures réelles de production, mais un barème qui permet de traiter les heures de réglage avec les heures de production et de comparer les performances des employés affectés à différentes tâches sur une base commune.

Cette traduction d'heures de réglage hommes en heures de production machines équivalentes est fondamentale sachant que, dans un grand nombre de structures, les régleurs sont également affectés au suivi de la production.

Par conséquent :

$$\text{Ehm} = \frac{\text{heures mach. std} + \text{heures mach. éq}}{\text{heures de présence réelles du personnel direct}}$$

où :

$$\text{heures mach. éq} = \frac{\text{heures régl. std} \times \text{nb mach./pers.} \times \text{ouv. th. mach.}}{8}$$

avec ouv. th. mach. : les heures d'ouverture théoriques journalières des machines (24 h pour des machines travaillant en 3×8).

6.6. Em ou Ehm, laquelle choisir ?

« Les deux mon capitaine », me direz-vous !

Eh bien, cela dépend :

- Quand la demande client est très forte, la plupart des machines sont sollicitées et on ne peut pas se permettre d'avoir des arrêts, sous peine de générer des retards. Dans ce cas on privilégiera l'efficience machine Em, même si cela doit se faire au détriment de l'efficience homme (attribution d'un sureffectif pour surveiller les machines).

- Quand la charge atelier est modérée, il n'est pas nécessaire de faire fonctionner toutes les machines. Plutôt que de partager la charge de travail moins importante sur le même nombre de collaborateurs, on essaiera de « garder le rythme » en réduisant l'effectif de production. De la sorte, la productivité Ehm reste de bon niveau et on attribuera les ressources humaines supplémentaires à des projets d'optimisation ou à des formations que l'on n'a pas toujours la possibilité de réaliser en temps normal.

6.7. Efficience moyenne

Les indicateurs de performance Em et Ehm officiels sont, rappelons-le, calculés à partir des données de production reportées dans le système ERP par le service compétent. Par conséquent, il peut exister un décalage entre ceux-ci et les indicateurs d'autoévaluation, si leurs fréquences de mise à jour respectives sont différentes, ce qui est la plupart du temps le cas. En effet, la pratique montre que le reporting officiel est en général hebdomadaire, tandis que les indicateurs d'autoévaluation sont journaliers. D'autre part, certains ordres de fabrication peuvent être répartis sur plusieurs semaines, ce qui en décale d'autant l'enregistrement dans le système.

À ceci, il faut ajouter que les indicateurs d'autoévaluation se basent principalement sur les quantités produites « a priori conformes » et ne tiennent pas nécessairement compte des non-conformités pouvant être identifiées a posteriori, des pertes de pièces potentielles ou des contrôles destructifs. De sorte que la performance autoévaluée est toujours plus optimiste que la réalité.

Afin de pouvoir comparer puis exploiter les différences entre les deux méthodes, il faut tout d'abord lisser leurs variations dans le temps, en calculant par exemple leurs moyennes hebdomadaires cumulées respectives (Fig. 65).

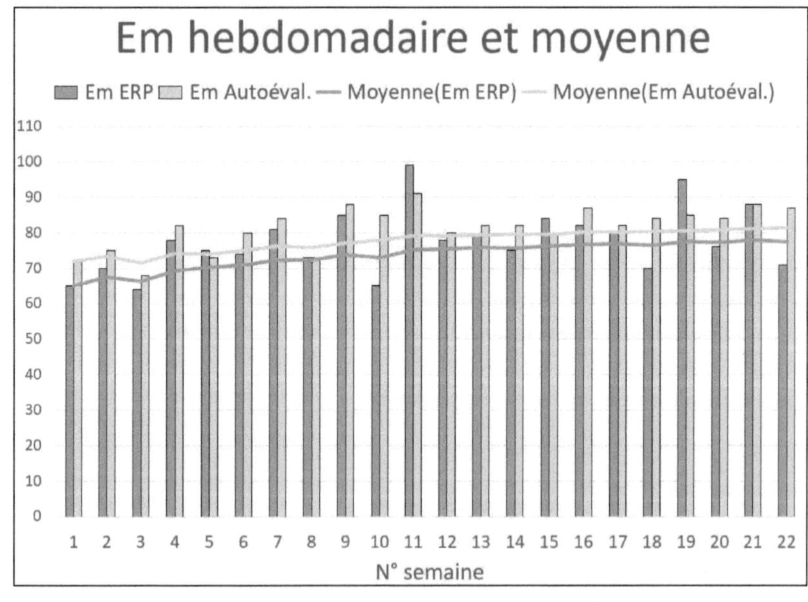

Figure 65 : Comparaison Em ERP et autoévaluation

Notons que même les systèmes de remontée automatique de données de production SCADA intégrés dans les infrastructures 4.0 ne permettent pas toujours de nous affranchir de ces écarts. Lesquels écarts sont une mine d'informations pour rendre compte des temps de passage, de la dimension des lots, des pertes de pièces, des déchets non détectés, etc.

6.8. Efficience homme Eh et opérations manuelles

Dans le cas d'opérations manuelles ou semi-automatiques, le personnel ne s'occupe cette fois-ci que d'une machine à la fois, de sorte que les efficiences homme et machine sont identiques.
Nous avons alors imaginé un indicateur Eh « dérivé » de l'efficience Em précédente, mais plus adapté.

Pour commencer, la première étape consiste à construire, pour chaque opération manuelle, un abaque de calcul de la performance (Fig. 66).

Ces abaques sont établis sur la base de la production horaire théorique et permettent de déterminer l'efficience du personnel en connaissant le nombre de pièces produites et le temps de travail effectif.
Pour mesurer ce dernier, on pourra par exemple mettre à disposition des chronomètres manuels dans les ateliers.

À noter sur la figure 66 la différenciation entre l'efficience de réglage et l'efficience de production.

pces/h 200 (PIÈCES PRODUITES)	EFFICIENCE PERSONNEL — HEURES TRAVAILLÉES																
	2,0	2,5	3,0	3,5	4,0	4,5	5,0	5,5	6,0	6,5	7,0	7,5	8,0	8,5	9,0	9,5	10
50	13%	10%	8%	7%	6%	6%	5%	5%	4%	4%	4%	3%	3%	3%	3%	3%	3%
75	19%	15%	13%	11%	9%	8%	8%	7%	6%	6%	5%	5%	5%	4%	4%	4%	4%
100	25%	20%	17%	14%	13%	11%	10%	9%	8%	8%	7%	7%	6%	6%	6%	5%	5%
125	31%	25%	21%	18%	16%	14%	13%	11%	10%	10%	9%	8%	8%	7%	7%	7%	6%
150	38%	30%	25%	21%	19%	17%	15%	14%	13%	12%	11%	10%	9%	9%	8%	8%	8%
175	44%	35%	29%	25%	22%	19%	18%	16%	15%	13%	13%	12%	11%	10%	10%	9%	9%
200	50%	40%	33%	29%	25%	22%	20%	18%	17%	15%	14%	13%	13%	12%	11%	11%	10%
225	56%	45%	38%	32%	28%	25%	23%	20%	19%	17%	16%	15%	14%	13%	13%	12%	11%
250	63%	50%	42%	36%	31%	28%	25%	23%	21%	19%	18%	17%	16%	15%	14%	13%	13%
275	69%	55%	46%	39%	34%	31%	28%	25%	23%	21%	20%	18%	17%	16%	15%	14%	14%
300	75%	60%	50%	43%	38%	33%	30%	27%	25%	23%	21%	20%	19%	18%	17%	16%	15%
325	81%	65%	54%	46%	41%	36%	33%	30%	27%	25%	23%	22%	20%	19%	18%	17%	16%
350	88%	70%	58%	50%	44%	39%	35%	32%	29%	27%	25%	23%	22%	21%	19%	18%	18%
375	94%	75%	63%	54%	47%	42%	38%	34%	31%	29%	27%	25%	23%	22%	21%	20%	19%
400	100%	80%	67%	57%	50%	44%	40%	36%	33%	31%	29%	27%	25%	24%	22%	21%	20%
425	106%	85%	71%	61%	53%	47%	43%	39%	35%	33%	30%	28%	27%	25%	24%	22%	21%
450	113%	90%	75%	64%	56%	50%	45%	41%	38%	35%	32%	30%	28%	26%	25%	24%	23%
475	119%	95%	79%	68%	59%	53%	48%	43%	40%	37%	34%	32%	30%	28%	26%	25%	24%
500	125%	100%	83%	71%	63%	56%	50%	45%	42%	38%	36%	33%	31%	29%	28%	26%	25%
525	131%	105%	88%	75%	66%	58%	53%	48%	44%	40%	38%	35%	33%	31%	29%	28%	26%
550		110%	92%	79%	69%	61%	55%	50%	46%	42%	39%	37%	34%	32%	31%	29%	28%
575		115%	96%	82%	72%	64%	58%	52%	48%	44%	41%	38%	36%	34%	32%	30%	29%
600		120%	100%	86%	75%	67%	60%	55%	50%	46%	43%	40%	38%	35%	33%	32%	30%
625		125%	104%	89%	78%	69%	63%	57%	52%	48%	45%	42%	39%	37%	35%	33%	31%
650		130%	108%	93%	81%	72%	65%	59%	54%	50%	46%	43%	41%	38%	36%	34%	33%
675		135%	113%	96%	84%	75%	68%	61%	56%	52%	48%	45%	42%	40%	38%	36%	34%
700			117%	100%	88%	78%	70%	64%	58%	54%	50%	47%	44%	41%	39%	37%	35%
725			121%	104%	91%	81%	73%	66%	60%	56%	52%	48%	45%	43%	40%	38%	36%
750			125%	107%	94%	83%	75%	68%	63%	58%	54%	50%	47%	44%	42%	39%	38%
775			129%	111%	97%	86%	78%	70%	65%	60%	55%	52%	48%	46%	43%	41%	39%
800			133%	114%	100%	89%	80%	73%	67%	62%	57%	53%	50%	47%	44%	42%	40%
850				121%	106%	94%	85%	77%	71%	65%	61%	57%	53%	50%	47%	45%	43%
900				129%	113%	100%	90%	82%	75%	69%	64%	60%	56%	53%	50%	47%	45%
950					119%	106%	95%	86%	79%	73%	68%	63%	59%	56%	53%	50%	48%
1000					125%	111%	100%	91%	83%	77%	71%	67%	63%	59%	56%	53%	50%
1050					131%	117%	105%	95%	88%	81%	75%	70%	66%	62%	58%	55%	53%
1100						122%	110%	100%	92%	85%	79%	73%	69%	65%	61%	58%	55%
1150						128%	115%	105%	96%	88%	82%	77%	72%	68%	64%	61%	58%
1200						133%	120%	109%	100%	92%	86%	80%	75%	71%	67%	63%	60%
1250							125%	114%	104%	96%	89%	83%	78%	74%	69%	66%	63%
1300		OBJECTIF RÉGLAGE : 1h					130%	118%	108%	100%	93%	87%	81%	76%	72%	68%	65%
1350		Temps Régl.		Eff. Régl.			135%	123%	113%	104%	96%	90%	84%	79%	75%	71%	68%
1400		0,5 h		200%				127%	117%	108%	100%	93%	88%	82%	78%	74%	70%
1450		1 h		100%				132%	121%	112%	104%	97%	91%	85%	81%	76%	73%
1500		1,5 h		67%					125%	115%	107%	100%	94%	88%	83%	79%	75%
1550		2 h		50%					129%	119%	111%	103%	97%	91%	86%	82%	78%
1600		2,5 h		40%					133%	123%	114%	107%	100%	94%	89%	84%	80%
1650		3 h		33%						127%	118%	110%	103%	97%	92%	87%	83%
1700										131%	121%	113%	106%	100%	94%	89%	85%

Figure 66 : Abaque efficience opérations manuelles ou semi-automatiques

Une fois les abaques établis, le collaborateur reporte pour chaque jour de travail son efficience en inscrivant son numéro de badge suivi de la lettre E (Efficience), en référence à l'échelle de l'axe des ordonnées situé à gauche (Fig. 67).

Il procède de la même manière pour reporter son temps de travail, mais en remplaçant la lette E par la lettre T (Temps), et en se référant cette fois-ci à l'échelle de droite.

En outre, comme pour les feuilles d'autoévaluation de l'efficience machine (Fig. 61), il est possible de déclarer les arrêts non prévus (couleur rouge) ainsi que la quantité des pièces produites et les potentiels déchets.

<u>Exemple</u> : le 12 avril 2019, l'opérateur possédant le badge n°345 a réalisé 720 pièces conformes en 4.25 heures, ce qui correspond à une efficience d'environ 75%. En outre, il justifie cette performance insuffisante par un problème qualité (Q) qui a généré 80 rebuts.

Cette méthode présente l'avantage d'être très flexible et de s'adapter à la variabilité intrinsèque aux opérations manuelles.

En effet, contrairement à une machine prévue pour fonctionner en continu, les opérations manuelles sont généralement destinées à des petites séries ou à des processus pour lesquels le flux n'est pas suffisamment stable pour envisager une automatisation.

Aussi, de la même manière que la méthode CROM ne mesure pas une quantité de pièces mais un rapport nombre de pièces/besoin du client, l'indicateur Eh manuel détermine ici le ratio nombre de pièces/temps de production.

On notera qu'en cas de changement de collaborateur en cours de journée, on peut superposer plusieurs enregistrements, ce qui est excellent pour la stimulation collective.

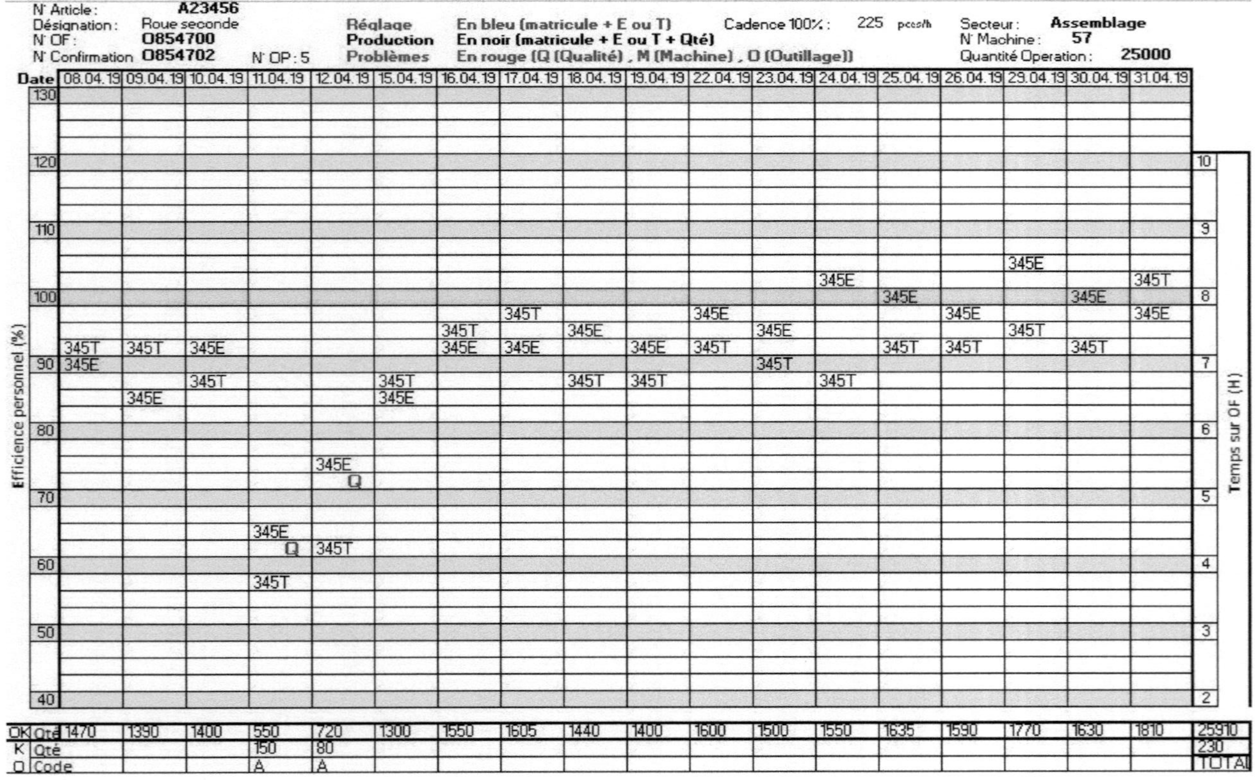

Figure 67 : Indicateur d'autoévaluation de la performance individuelle

240

6.9. TRS, Performance et Taux d'emploi

Le Taux de Rendement de Synthétique, communément appelé TRS, est une grandeur couramment utilisée pour mesurer l'efficience ou productivité réelle d'une machine ou d'un groupe de machines.
Cette grandeur peut être décomposée comme le produit de trois grandeurs :
   - <u>la disponibilité machine</u>, rapport entre les heures de travail réellement disponibles et celles théoriquement prévues ;
   - <u>la performance</u>, rapport entre le nombre de pièces réalisées pendant les heures de travail réellement disponibles et celles attendues pendant la même période ;
   - <u>le taux de qualité</u>, rapport entre le nombre d'opérations effectuées dans les standards qualité demandés et le nombre total d'opérations effectuées, c'est le taux qualité « en pièces » décrit précédemment.

De sorte que : TRS = Disponibilité × Performance × Taux qualité

D'où :

$$\text{TRS} = \frac{\text{Houverture réelles}}{\text{Houverture th.}} \times \frac{\text{nbpièces réelles}}{\text{nbpièces attendues}} \times \text{Taux qualité}$$

$$\text{TRS} = \frac{\text{Houverture réelles}}{\text{Houverture th.}} \times \frac{\text{nbpièces réelles OK}}{\text{nbpièces attendues}}$$

$$\text{TRS} = \frac{\text{TCycle} \times \text{nbpièces réelles OK}}{\text{Houverture th.}}$$

→ TRS = efficience machine Em

Peut-on de la même manière décomposer l'efficience homme Eh sous la forme d'une sorte de TRS ?
Rappelons que :

$$\text{Eh} = \frac{\text{Hstd OK hommes}}{\text{Hprésence}} = \frac{\text{Hstd hommes}}{\text{Hprésence}} \times \text{Taux qualité}$$

Concernant les heures de présence du personnel, ces dernières sont constituées de la somme d'heures attribuées à des ordres de fabrication (OF) et d'autres heures réparties sur d'autres tâches non valorisées par une gamme standard (réunions, nettoyage, tris, contrôles non prévus…)

Soit H_{OF} les heures de présence attribuées à des ordres de fabrication. On a alors :

$$Eh = \frac{\text{Hstd hommes}}{\text{HOF}} \times \frac{\text{HOF}}{\text{Hprésence}} \times \text{Taux qualité}$$

Le premier terme $\dfrac{\text{Hstd hommes}}{\text{HOF}}$ de ce produit représente la performance du personnel quand il travaille exclusivement sur des tâches de production. C'est la <u>performance opérationnelle</u>.

Le deuxième terme $\dfrac{\text{HOF}}{\text{Hprésence}}$ représente le rapport entre les heures dédiées à des tâches de production et les heures totale de présence. Autrement dit, le rendement des heures de présence, ou <u>taux d'emploi</u>.

D'où : **Eh = Performance × Taux d'emploi × Taux qualité**

L'intérêt de cette décomposition de l'efficience homme en trois termes de type TRS est de permettre d'effectuer des analyses plus détaillées pour travailler en priorité, soit sur la performance opérationnelle, soit sur le taux d'emploi, soit sur le taux qualité.

D'où l'idée de faire déclarer l'affectation des heures de travail sur OF directement par le personnel. Soit par l'intermédiaire d'un système de déclaration électronique (timbreuse), soit, si ce n'est pas possible, sur une fiche plastifiée comme celle présentée à la figure 67. Dans les deux cas, ces déclarations seront manuelles et dépendent de la fiabilité des collaborateurs. Néanmoins, ces derniers ne peuvent pas vraiment « tricher », dans la mesure où l'efficience Eh est une donnée connue, et que l'amélioration de la Performance par l'affection d'un moindre nombre d'heures attribuées à la production dégradera dans le même temps le taux d'emploi, et vice-versa.

6.10. Indicateurs de performance des activités de services

La fiabilité des services supports peut avoir un impact important sur les résultats de l'entreprise quand ils influencent directement le niveau de performance de la production : approvisionnement tardif de matière première ou intervention trop lente de la maintenance pour s'occuper d'une panne machine.

Dans tous les cas, on peut envisager de mettre en place des indicateurs afin de mesurer et piloter l'efficacité de ces services.

Néanmoins, il faut rester rationnel et ne pas chercher à mettre systématiquement des indicateurs sur chacun des départements de l'entreprise : si la mesure du temps d'intervention moyen de la maintenance sur les pannes machines peut être un indicateur intéressant, la mise en place d'un indicateur de retards causés par le service Logistique n'est pas forcément justifiée. L'effort de reporting ne pouvant être motivé par le nombre d'occurrences de ce type de dérive qui reste somme toute très faible.

Pour ce qui concerne les activités de R&D ou de gestion de projets, la mesure de la performance du personnel pourra être envisagée sur le même modèle que l'efficience homme d'une activité de production, à la différence près que l'on choisira ici d'évaluer le niveau d'avancement du projet par rapport à des jalons prédéfinis au départ. S'agissant d'activités de développement, les dépassements du budget sont courants, surtout pour les nouveaux concepts qui recèlent toujours des surprises. Une solution très efficace et motivante pour les collaborateurs est alors de les impliquer en leur demandant d'estimer eux-mêmes le temps restant pour la finalisation de leurs différentes tâches ou jalons. La connaissance du temps déjà affecté sur chacune d'elles/d'eux permet alors de connaître leur taux d'avancement ainsi que la performance future y relative :

$$\text{Taux d'avancement} = \frac{\sum \text{heures déjà affectées}}{\sum \text{heures déjà affectées} + \text{temps restant estimé}}$$

$$\text{Performance prévue} = \frac{\text{temps budgété au départ du projet}}{\sum \text{heures déjà affectées} + \text{temps restant estimé}}$$

Grâce à cette approche intégrative du personnel dans leur propre évaluation, les collaborateurs s'engagent et se challengent personnellement sans souffrir de la frustration courante d'être jugés par une « instance » extérieure. De plus, s'agissant de la mesure de la performance future, il est possible de connaître par avance les dépassements par rapport au budget et d'agir en conséquence pour réduire les délais : soit par un soutien technique, soit par des simplifications techniques, soit par une extension du budget (dans la mesure du possible).

Pour ce qui est du taux d'emploi, il sera toujours défini comme le rapport entre la somme des heures affectées aux projets sur la somme des heures de présence dans l'entreprise.

Maintenant, concernant le terme taux de qualité défini précédemment dans le calcul des efficiences machine et homme pour des activités de production, rappelons que celui-ci est défini comme :

$$\text{Taux qualité} = \frac{\sum \text{pièces fabriquées} - \sum \text{pièces KO}}{\sum \text{pièces fabriquées}}$$

Ce qui, pour une activité de service, correspond à :

$$\text{Taux qualité} = \frac{\sum \text{heures réalisées} - \sum \text{heures KO}}{\sum \text{heures réalisées}}$$

Illustrons ceci par un exemple, où une entreprise E développe et assemble des machines spéciales pour l'industrie. Au cours du processus de conception, un ingénieur du département Développement fait une petite erreur, ayant pour conséquence de générer plusieurs heures de travail de reprises au cours du processus d'assemblage aval, non planifiées dans la gamme initiale.

À travers cet exemple, on comprend bien qu'il n'est pas aisé de pondérer la part des heures de travail non qualitatives des activités de service, sachant qu'une toute petite erreur peut avoir de grandes répercussions en aval. Aussi, et afin de garder une cohérence entre la cause et les effets, on choisira de définir le coefficient qualité du département Développement par le rapport suivant :

$$\text{Taux qualité}_{\text{Développement}} = \frac{\text{Hstd hommes}}{\text{Hstd hommes} + \text{HNQ(n+1)}}$$

où le terme Hstd hommes représente les heures budgétées sur la tâche et HNQ(n+1) les heures de correction de la non-conformité que doit dépenser le département aval (ici la Production).

Pour ce qui est du département Production, il est également « normal » de valoriser ce travail supplémentaire de compensation de la non-qualité amont à travers un coefficient de « surqualité » :

$$\frac{\text{Hstd hommes} + HNQ(n\text{-}1)}{\text{Hstd hommes}}$$

où HNQ(n-1) sont les heures de correction dues à la non-qualité amont. Aussi dans ce cas précis :

$$HNQ(n+1)_{\text{Développement}} = HNQ(n\text{-}1)_{\text{Production}}$$

D'une manière générale, sachant qu'un département peut être en même temps « victime » et « coupable », la formulation de l'efficience homme devient :

$$Eh = \frac{\text{Hstd hommes}}{\text{Hprésence}} \times \frac{\text{Hstd hommes} + HNQ(n\text{-}1)}{\text{Hstd hommes} + HNQ(n\text{+}1)}$$

<u>Application</u> : dans l'entreprise de développement et fabrication de machines évoquée précédemment, l'ingénieur de conception du châssis effectue son travail en 80 heures déclarées sur sa tâche, au lieu des 100 heures d'étude prévues initialement dans le budget du projet. De plus, pendant la même période, le total de ses heures de présence dans l'entreprise se monte à 92, dont 5 heures pour des formations et 7 autres sans affectation (ces 12 heures non productives sont à titre indicatif pour extraire le terme Disponibilité, $80/92 = 87\,\%$).

Cependant, au cours de son travail de conception, ce collaborateur a fait une légère erreur, entraînant des corrections mécaniques dans l'atelier d'assemblage aval. La durée de cette tâche de reprise étant de 20 heures.

Spécifiquement à cette mission, l'efficience de l'ingénieur est donc : $Eh = 100/92 \times 100/(100+20) = 91\,\%$, bien que sa performance opérationnelle hors indice qualité soit de $100/80 = 125\,\%$.

<u>Remarque importante</u> : afin d'assurer une équité de traitement pour les équipes Développement qui pourraient se sentir injustement évaluées et lésées, ces dernières ont également la possibilité d'imputer des heures de « non qualité » au département amont, les Ventes dans ce cas, si elles estiment que le budget qui leur serait alloué pour réaliser leurs tâches est insuffisant, donc non conforme.

Ainsi, la mesure des activités de services selon le même modèle que les activités de production permet d'assurer une équité de traitement entre tous les départements afin de corriger le système dans sa globalité.

7. Indicateurs d'autoévaluation et industrie 4.0

Pour conclure sur le thème du pilotage de la performance par l'utilisation d'outils d'autoévaluation, peu importe le support choisi : seule compte la motivation du personnel.
Après plusieurs expériences industrielles, les résultats sont tout simplement bluffants avec, dès les premières semaines qui suivent l'introduction de ces indicateurs, une augmentation systématique de plus de 20 % de la productivité, et ceci sans contraintes. Cela prouve la puissance de la méthode qui se forge avant toute chose sur l'implication directe du personnel dans l'atteinte de ses objectifs.
Dans les structures de taille importante, cette étape sera un point de passage préliminaire au projet de mutation vers l'industrie 4.0.

J'attire d'autre part l'attention des managers qui auraient tendance à considérer trop rapidement les outils manuels comme archaïques. En effet, j'ai personnellement fait le constat d'une baisse d'efficacité dans les ateliers pour lesquels l'introduction d'un système MES était immédiatement accompagnée par la suppression de ces outils d'autoévaluation. L'explication est simple : un document rempli à la main vous assure de la connaissance de l'information par le personnel, ce qui n'est pas nécessairement le cas pour un indicateur automatisé. Un peu comme le compte-tours d'une voiture, on finit par l'oublier. Pour les signaux andons, c'est la même chose. Aussi, dans le cadre de l'introduction d'un MES, je préconise dans un premier temps de maintenir le reporting d'autoévaluation en parallèle pour, d'une part, prendre le temps de nettoyer tous les bugs inhérents à l'introduction de tout nouveau système informatique et, d'autre part, disposer d'un modèle de référence jusqu'à ce que la version digitale apporte les mêmes convivialité et transparence aux collaborateurs. Par exemple, afin de s'assurer de la lecture des informations transmises par le système MES de la part du personnel de production, on peut imaginer un système de quittance obligatoire.

Cette étape transitoire de reporting manuel est importante. Elle est l'un des gages de succès de l'introduction d'un MES et du passage d'une entreprise vers le modèle 4.0.

8. Mise en place des indicateurs de performance

Symbolisons l'Entreprise par un verger. Si la récolte des fruits présente une qualité ou un rendement insuffisants, l'agriculteur procèdera généralement soit au remplacement des arbres, soit à des greffes d'espèces mieux adaptées, méthode plus rapide, moins risquée et tout aussi efficace. Avant de traiter tous les arbres, le paysan effectue des essais, une mise en place progressive afin d'éviter d'avoir une année sans fruits en cas d'échec : **ne jamais tout capitaliser sur ce que l'on pourrait avoir, mais sur ce que l'on a déjà**. Une fois qu'une greffe a pris et donne de bons résultats, alors seulement peut-on envisager de traiter le reste du champ, progressivement. En effet, l'expérience montre que ça ne se passe JAMAIS comme prévu (encore ce satané chaos !).

Dans l'Entreprise, c'est la même chose. Changer brusquement de ressources ou de méthode présente toujours un risque de perte de maîtrise des procédés. Avec une approche identique à celle adoptée pour le verger, on privilégiera donc la greffe au remplacement, en validant préalablement un Proof Of Concept. S'agissant de la mise en place d'indicateurs de performance, un projet pilote permettra de diffuser la philosophie de transparence opérationnelle multiniveaux à l'environnement de travail.

Une fois que l'on a réussi le premier chantier, que les résultats sont bons et que le personnel est motivé, le plus dur est fait et on peut déployer la démarche plus loin.

• **Primes de performance individuelles**

L'argent ne fait pas le bonheur, mais il y contribue. C'est un adage aussi vieux que la monnaie existe et le monde de l'Entreprise ne déroge pas à la règle.

Dans les nations libérales comme les États-Unis, la Chine (l'Asie en général), ou la Suisse que je connais mieux, la législation fait que l'on peut engager et licencier du personnel facilement ; de sorte que dans les entreprises de ces pays, l'implication des collaborateurs est dictée en filigrane par la crainte de perdre leur emploi, même si elle est en partie compensée par la possibilité d'en retrouver un rapidement.

D'autres pays, parmi lesquels on peut citer la France, ont choisi d'avoir une politique sociale protectionniste pour l'employé. Dans ce type d'économie, la difficulté à licencier rend les employeurs plus frileux à l'embauche. Le marché de l'emploi y est moins dynamique et les salaires pratiqués sont plus bas.

Quel que soit le modèle social retenu, la motivation du personnel est toujours un élément déterminant pour l'atteinte des objectifs de l'Entreprise. Et, à ce sujet, le salaire n'est pas le seul facteur de stimulation. La sécurité de l'emploi, l'environnement de travail, la proximité du lieu de vie, la reconnaissance du travail bien fait et l'ambiance de travail sont également très importants. Toutefois, la récompense financière est une source de motivation supplémentaire non négligeable, surtout pour les plus bas salaires.

Après diverses expériences, je suis arrivé à la conclusion que les primes collectives ne sont pas les plus efficaces. Dans tout groupe, il y aura toujours un individu qui se reposera sur les autres, ce qui est générateur de conflits. C'est comme à l'école, l'être humain a ce besoin d'être évalué et reconnu individuellement. Je recommande donc les primes individuelles quand elles sont envisageables. Dans le cas contraire, il faut essayer de les ramener au plus petit collectif possible pour préserver la finesse de l'analyse. D'aucuns pourraient voir ici une contradiction avec les développements précédents et, en particulier, la nécessité de privilégier l'esprit d'équipe sur les exploits individuels. Ce n'est en fait pas incompatible. En effet, pour réussir dans leurs tâches respectives, les collaborateurs auront forcément besoin, à un moment donné, du support d'un ou plusieurs collègues. De sorte que l'on peut affirmer que la mesure et la reconnaissance de la performance individuelle favorisent in fine, même si de manière indirecte, la collaboration et le travail collectif. Un peu comme dans une équipe de football, où les attaquants stars ont besoin de tous les autres joueurs pour briller.

Comment calculer les primes ? Celles-ci doivent être objectives, et seront donc de préférence évaluées sur des éléments tangibles.
La fréquence de rétribution doit être suffisamment élevée (mensuelle ou au maximum trimestrielle) afin de maintenir un bon niveau de motivation.

- **Personnel direct**

La meilleure manière de calculer les primes est d'utiliser les indicateurs de performances individuels définis précédemment. C'est un outil rationnel qui a le mérite d'exister et pour lequel il n'y a pas d'effet de surprise. Le plus simple est de définir des objectifs par rapport à l'efficience homme Eh ou à l'efficience homme/machine Ehm, lesquelles intègrent à la fois les dimensions quantitatives et qualitatives du travail réalisé.

- **Personnel indirect**

S'il est possible de mesurer de façon assez objective la performance individuelle du personnel direct, il est en revanche parfois moins évident de déterminer celle des Services.
Aussi, concernant la Logistique, la Qualité ou la Maintenance, on pourra choisir de déterminer leur contribution individuelle à travers la mesure de la performance industrielle globale.
Pour ce qui est du Développement ou de l'Industrialisation, nous avons déjà envisagé la possibilité d'évaluer le niveau d'avancement des projets et d'en valoriser les non conformités.

De manière analogue, on s'attachera à définir des projets dans tous les départements indirects, que l'on suivra avec une fréquence suffisamment élevée pour en limiter les dérives. De la sorte, personne n'est lésé, tout le monde y gagne et se sent faire partie intégrante de l'équipe. Pour l'entreprise, l'investissement est faible en regard des gains obtenus rapidement : l'assurance d'un absentéisme maîtrisé et de résultats opérationnels excellents.

- **Fréquence de mesure de la performance**

La surenchère n'est pas synonyme d'efficacité, quand elle n'est pas contre-productive. Aussi, un bon indicateur, au-delà du fait qu'il soit juste et choisi afin de donner des informations pertinentes, a également pour mission d'adapter sa fréquence de mesure en congruence avec le besoin. Il n'est ainsi pas nécessaire de relever l'efficience Eh ou Ehm plusieurs fois par jour quand un reporting journalier ou hebdomadaire suffit.

Idem pour les activités de services. Le rythme de suivi des tâches d'un chef de projet, par exemple, doit être cohérent avec le degré d'avancement que l'on peut en attendre. C'est là parfois le piège dans lequel la digitalisation peut nous faire tomber : surcharger les serveurs de données inutiles, sachant que, rappelons-le, trop d'informations tuent l'information.

À l'inverse, des processus très instables nécessiteront une fréquence d'analyse poussée, afin de rendre compte de phénomènes transitoires ou aléatoires.

Nous avons pu voir au fil de cet ouvrage que le Natufacturing est une philosophie aux pouvoirs tentaculaires, touchant toutes les branches de n'importe quelle activité.

Regardons à présent comment les outils du Lean Management et la Méthode Six Sigma s'inscrivent finalement directement dans cette démarche, ne serait-ce par le fait qu'ils s'inspirent tous les deux de bon sens ou de principes physiques naturels.

Chapitre 12
Lean Management, Six Sigma et Natufacturing

La colonne vertébrale du présent ouvrage est, rappelons-le, que l'observation de la Nature et la compréhension des principes qui la régissent peuvent nous aider à résoudre la plupart des problèmes que nous rencontrons dans notre monde artificiel. C'est ce thème central qu'il faut retenir, et pas nécessairement tous les outils, toutes les recettes qui en découlent.

1. Lean Management et Natufacturing

Dans le cadre de la construction de son organisation autour du Lean Management, Toyota n'est pas allé jusqu'à décrire une méthode naturaliste générique qui puisse toucher toutes les sphères de la société. Son champ d'observation s'est principalement concentré sur le recensement des contraintes qui perturbent le fonctionnement de l'Entreprise. Cette philosophie s'intègre toutefois parfaitement, de par sa démarche et les réponses données aux problématiques rencontrées, dans le concept plus global du Natufacturing.

Dans la conclusion du premier chapitre, nous avons relevé que la grande force de Toyota fut de construire et de diffuser largement son apprentissage continu sous la forme d'un manuel. Celui-ci constitue en quelque sorte une valise d'accessoires dont l'utilisation efficace requiert cependant, en préambule, d'en comprendre les grandes lignes.

On structure généralement la démarche Lean selon quatre niveaux :
- la chaîne de valeur produite par l'entreprise ;
- l'organisation de production ;
- le management des équipes ;
- la stratégie à long terme.

Compte tenu du fait que le Lean Manufacturing est né avec l'optimisation des processus de production, ce thème est le plus largement exploité.

Je vous propose maintenant d'aborder de manière très synthétique quelques outils qui s'y réfèrent, avec le regard d'un esprit « natufacturé ».

1.1. Le 5S

C'est traditionnellement le premier outil Lean. Il s'agit d'une méthode d'organisation applicable à tout département d'une entreprise, mais le plus souvent dans la production, pour laquelle il s'agit de sélectionner uniquement le matériel dédié à son fonctionnement et de l'organiser de la façon la plus efficace possible.
Finalement, derrière une appellation très savante, le 5S n'est rien d'autre que du bon sens : n'utiliser que ce qui est nécessaire et suffisant, l'organiser le plus rationnellement possible et le ranger après utilisation. La propreté étant, bien entendu, une condition préalable.

Le nettoyage de printemps des abeilles est un exemple, parmi tant d'autres, du 5S comme faisant partie intégrante de l'ADN des organisations vivantes.

1.2. Le VSM (Value Stream Mapping)

C'est la cartographie de la chaîne de valeur que l'on représentera simplement à l'aide d'un système blocs-flèches. L'objectif de cet exercice est de mettre en relief l'écart entre le temps de passage total et celui réservé à la seule valorisation du travail.
Sur l'exemple de la figure 68, on constate ainsi que pour 14 minutes de travail effectif, le temps de passage total est de 20 jours !

Après avoir établi cette cartographie, la suite du travail sera de chercher à l'optimiser.

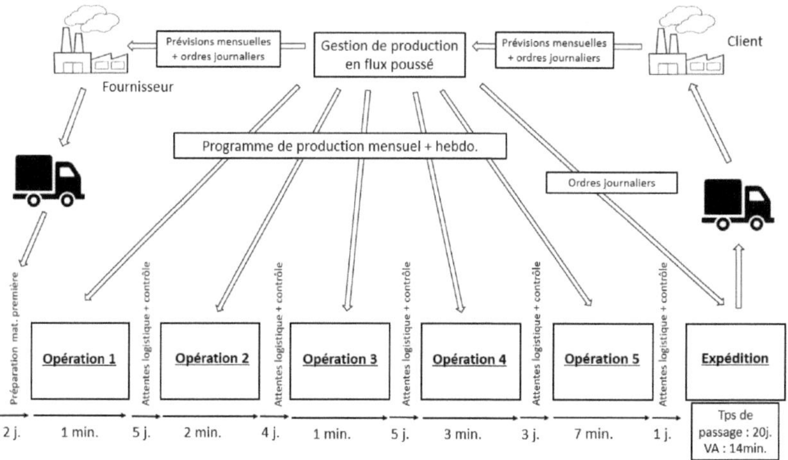

Figure 68 : VSM ou représentation de la chaîne de valeur

Rappelons que la chaîne de valeur est le fondement même de l'organisation de la Vie, pour laquelle tout s'orchestre avec la plus grande efficacité et sans temps morts, à tous les niveaux.

1.3. Le Travail Standard (Standard Works)

Parfois appelé chantier Hoshin, c'est une activité importante qui consiste à définir un flux tiré de production et à décomposer le travail en tâches de durées équivalentes afin d'équilibrer au mieux la charge. Le but est ensuite d'organiser la production au rythme de la demande client. Pour y parvenir, on détermine le temps « takt » qui correspond au délai qui sépare la production de deux unités de la ligne-produit pour satisfaire la demande. Il est calculé à partir du temps de travail à disposition et du besoin client.

$$\text{Takt time} = \frac{\text{temps de travail à disposition en secondes}}{\text{besoin journalier}}$$

Exemple : 8h de travail pour un besoin de 1'000 unités par jour.
Takt Time = $8 \times 3'600 / 1'000 = 28{,}8$ s.
On en déduit par la suite un scénario de production basé sur les ressources calculées au plus juste.

Dans la Nature, le temps takt est par exemple la fréquence d'alimentation des différentes espèces pour subvenir à leurs besoins vitaux.

1.4. Le Kanban

Nous avons précédemment abordé cet outil.
La mise en place du Kanban dans une entreprise est le chantier le plus long et le plus compliqué. Il nécessite de la rigueur de la part de tous les collaborateurs et sous-traitants.
Nous avons également vu que la méthode CROM est une alternative intéressante à la méthode Kanban et n'allons pas revenir ici sur le sujet.

Rappelons simplement que la Nature est majoritairement organisée en Just in Time, pierre angulaire de ces deux méthodes.

1.5. Le TPM (Total Productive Maintenance)

Ce chantier permet de réduire les arrêts machines en effectuant une maintenance anticipée, planifiée et optimisée, en cours ou en marge du processus de production. Le but est de dépenser le moins d'argent possible tout en garantissant une utilisation maximale des ressources machines.

Pour survivre, tous les organismes vivants sont construits autour de ce principe. Le cycle diurne, par exemple, permet de dégager des périodes de repos où l'organisme a la possibilité de se régénérer.

1.6. Le SMED (Single Minute Exchange of Die)

C'est un exercice qui consiste à trouver des solutions pour changer de série de production le plus rapidement possible. On travaillera autant sur les méthodes de changement d'outils que sur celles de réglage rapide des machines.
Malheureusement, cette réflexion fait trop souvent l'impasse sur la problématique de réduction de la fréquence des changements d'outils, qui est encore plus fondamentale.

Dans la Nature, cette notion se rapproche en quelque sorte de l'adaptabilité de certaines espèces, comme les omnivores, à un environnement très changeant.

1.7. Le PDCA (Plan Do Check Act)

C'est une méthode d'optimisation continue des processus selon un cercle vertueux comportant 4 étapes :
   - Plan : on planifie, on prépare l'amélioration que l'on souhaite apporter.
   - Do : on réalise ce que l'on a prévu.
   - Check : on contrôle que les résultats sont satisfaisants.
   - Act : on applique la solution trouvée dans le processus et on la standardise.

On recommence à la première étape pour un nouveau cycle.

Cette méthode est représentée par une roue de Deming[68], d'après le nom de son inventeur dans les années 50 (Fig. 69).

---

[68] William Edwards Deming, professeur d'université, auteur et consultant américain (1900-1993), spécialisé dans différentes branches du management.

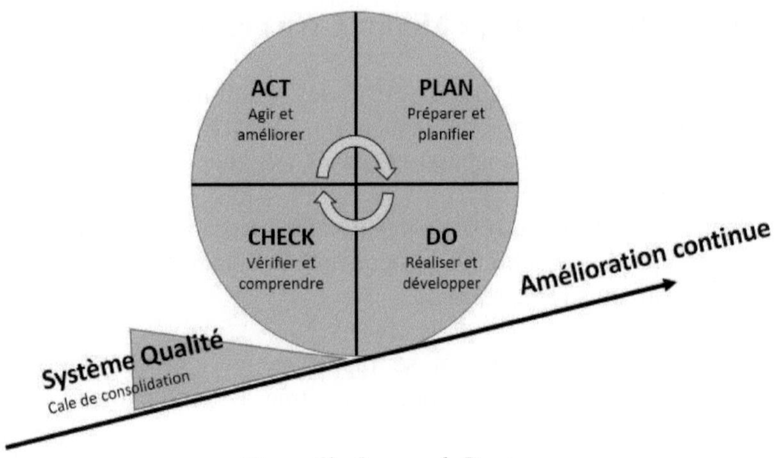

Figure 69 : La roue de Deming

La cale représente ici la nécessité d'introduire une rigueur dans la gestion documentaire et la mise en place d'audits réguliers pour éviter de revenir en arrière.

Encore une fois, il s'agit d'un concept a priori logique d'amélioration continue des processus en prêtant une attention particulière à leur formalisation afin d'éviter les dérives. On parle également de « bon sens codifié »[69].

La Nature, quant à elle, est en permanente évolution par rapport à son environnement. Par conséquent, les étapes C et A de contre-réaction de la roue de Deming font partie des principes de l'organisation de la Vie. Quant à la formalisation des acquis, elle est inscrite dans le code génétique des espèces.

---

[69] André Chardonnet et Dominique Thibaudon, *Le guide du PDCA de Deming*, éd. d'Organisation, 2e tirage, 2003, p. 29.

2. Six Sigma et Natufacturing

C'est une méthode globale d'analyse statistique et d'amélioration des processus apparue chez Motorola dans les années 90.
Le terme « Six Sigma » ou « 6σ » provient de la formulation du calcul de la capabilité Cp des processus, dans lequel σ représente l'écart type d'une distribution de valeurs.

Cette méthode se base sur 5 étapes, condensées sous l'acronyme DMAIC (Fig. 70) :
    - <u>Define</u> : on définit ce que souhaite le client avec des données mesurables, sous la forme d'enquêtes si nécessaire.
    - <u>Measure</u> : on évalue si le processus actuel est capable de répondre à la demande client par des mesures de capabilité des moyens de fabrication et de contrôle, des capacités de production, des diagrammes causes à effets, etc.
    - <u>Analyze</u> : on effectue des analyses statistiques sur les résultats obtenus afin de trouver les causes premières influant sur la performance.
    - <u>Improve</u> : on améliore les processus à partir des résultats de l'étape précédente.
    - <u>Control</u> : on mesure si les améliorations effectuées apportent bien les effets attendus.

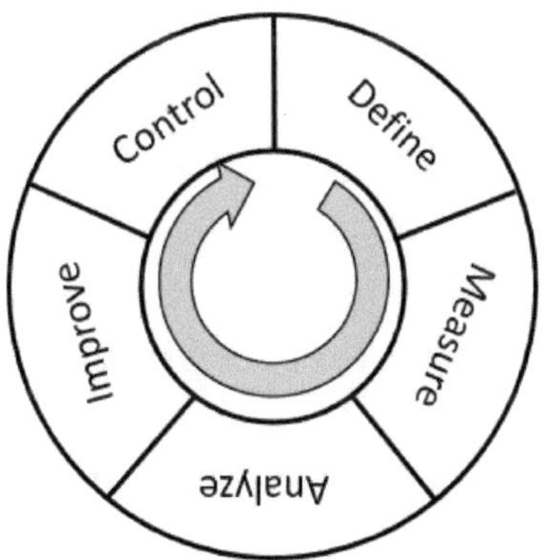

Figure 70 : La méthode 6σ

Cette approche est complémentaire aux outils Lean traditionnels, lesquels se préoccupent principalement de l'organisation des processus.
Nous constatons néanmoins des analogies entre le DMAIC et le PDCA de Deming apparu 40 années plus tôt. On ajoute ici la dimension mathématique sous la forme d'analyses statistiques issues de la loi normale qui prévaut dans les processus naturels.

Comme le Lean Management, le Six Sigma s'inscrit donc complètement dans la philosophie du Natufacturing, de sorte que l'on parle aujourd'hui de Lean Six Sigma pour la construction du concept plus global de l'amélioration continue.

Pour compléter cette description sommaire de la philosophie Six Sigma, nous allons à présent nous intéresser à son plus grand héritage : la MSP, ou Maîtrise Statistique des Processus.

Chapitre 13
Introduction à la Maîtrise Statistique des Processus (MSP)

1. Principe de la MSP

La Maîtrise Statistique des Processus (MSP) ou SPC (Statistical Process Control) en anglais, est un outil issu de la méthode Six Sigma. Son principe se décompose en 5 étapes majeures :

- Sachant que tout processus varie, on cherche dans un premier temps à en identifier les différentes sources de variabilité.

- Par la suite, on détermine les moyens de mesure adaptés.

- On observe le processus.

- On caractérise ce dernier grâce aux données statistiques que l'on a recueillies.

- On pilote l'ensemble par boucles de correction en utilisant des cartes de contrôle.

Ce chapitre n'a bien entendu pas pour prétention de développer de manière exhaustive cette méthode, 200 pages n'y suffiraient pas.
Nous nous bornerons ici à en présenter le concept sous-jacent ainsi que les résultats majeurs. Pour plus de détails sur cette partie, je laisserai le lecteur se tourner vers les ouvrages spécialisés, comme l'excellent *Appliquer la maîtrise statistique des processus MSP/SPC* écrit par Maurice Pillet.

Sachant que cet outil se base sur des analyses statistiques, il est nécessaire que les processus sur lesquels elles s'appliquent soient mesurables, comme peuvent l'être les procédés de production.
Aussi, dans le cadre de cette introduction, nous nous limiterons à l'application de la MSP sur ces derniers.

Je vous propose maintenant de nous intéresser à un paramètre important pour la caractérisation d'un procédé : sa capabilité.

2. Capabilité d'un procédé

La capabilité d'un procédé physique représente l'aptitude naturelle de ce dernier à atteindre un résultat recherché, lequel est constitué d'une cible et d'une tolérance (par exemple : l'usinage d'un axe en acier, avec un diamètre cible de 10 mm et une tolérance de ± 0.01 mm).

2.1. Capabilité machine intrinsèque Cp

Dans le cas d'une machine-outil, sa capabilité intrinsèque Cp représente sa capacité à atteindre un certain niveau de précision, lequel est spécifié sur les plans des pièces à réaliser.

Afin de s'affranchir d'effets externes comme l'usure des outils ou les variations de température qui peuvent se produire sur le long terme, on l'évaluera sur un échantillon de pièces limité dans le temps, en général 50 à 100 unités consécutives. On définit alors :

$$Cp = \frac{LTS\text{-}LTI}{6\sigma}$$

où LTS et LTI représentent respectivement les limites de tolérances supérieure et inférieure autorisées, et σ l'écart type de la distribution.

La figure 71 représente 3 distributions pour différentes valeurs de Cp :

a) $\underline{Cp \leq 1}$: le processus n'est pas capable, c'est-à-dire qu'il n'est pas possible d'atteindre la précision demandée avec ce processus.

b) $\underline{Cp = 1}$: le processus est tout juste capable, mais aucune dérive n'est autorisée.

c) $\underline{Cp > 1}$: le processus est capable d'atteindre la précision demandée, avec une certaine marge de sécurité.

Afin que cette dernière soit suffisante, on prendra 1.66 comme valeur minimale de Cp.

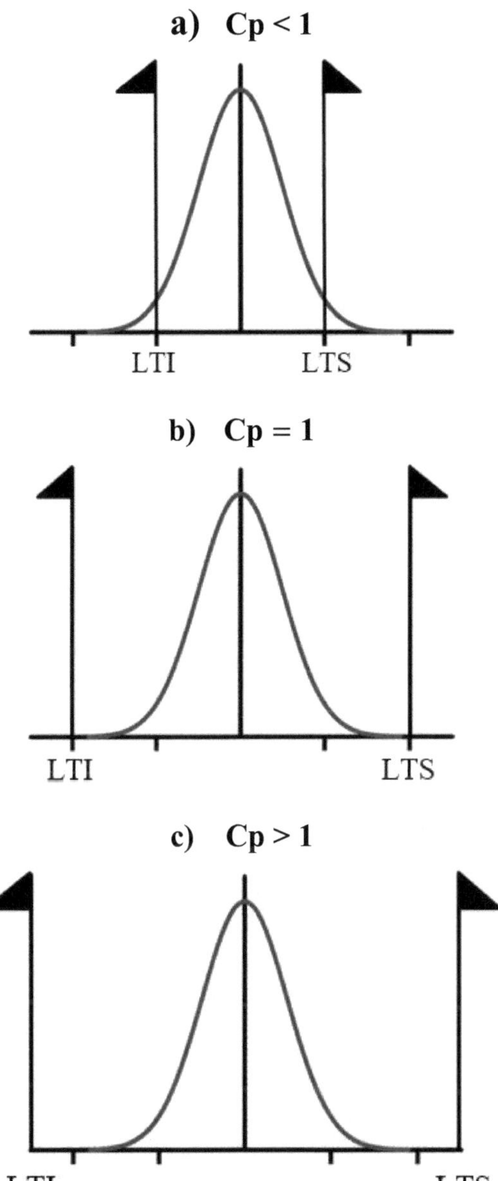

Figure 71 : Capabilité machine Cp

2.2. Capabilité réelle Cpk

Contrairement à la capabilité intrinsèque du moyen de production, la capabilité réelle Cpk tient compte du décentrage de la distribution par rapport à la cible. Sa valeur sera donc au mieux égale à Cp, dans le cas d'un centrage parfait.
Afin de tenir compte de ce paramètre, on définira Cpk par :

$$Cpk = \min \left(\frac{LTS\text{-}\mu}{3\sigma} \; ; \; \frac{\mu\text{-}LTI}{3\sigma} \right)$$

où μ est l'espérance (ou valeur moyenne) de la distribution.

On constate que cette formulation de Cpk revient à calculer celle de Cp sur les deux demi-intervalles de tolérance, permettant de caractériser le décentrage par rapport à la cible.
Comme pour Cp, on prélèvera un échantillon réduit de pièces successives.

La figure 72 présente une même distribution Cp avec des valeurs de Cpk différentes, témoignant d'un décentrage de la machine au cours du temps.

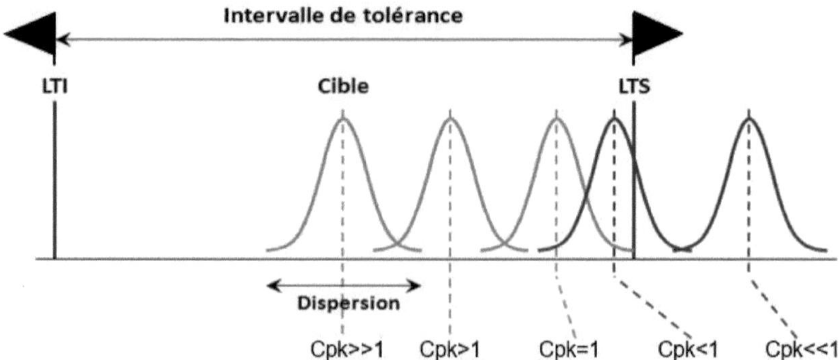

Figure 72 : Décentrage de la machine au cours du temps

a) $\underline{Cpk > 1}$: le processus est capable et le centrage de la distribution suffisant pour que toutes les pièces produites soient acceptées.

Afin d'avoir un processus sûr et stable avec une marge de sécurité suffisante, on prendra 1.33 comme valeur minimale de Cpk.

b) $\underline{Cpk = 1}$: le processus est capable et le centrage de la distribution tout juste suffisant pour que toutes les pièces produites soient acceptées, mais aucune dérive n'est possible.

c) $\underline{Cpk < 1}$: bien que le processus soit capable, le centrage de la distribution est mauvais et un certain nombre de pièces seront non conformes. Cela signifie qu'un ou plusieurs paramètres du processus a ou ont décentré la distribution par rapport à la cible recherchée. Il peut s'agir, par exemple :

     - d'un mauvais réglage ;

     - d'une casse outil ;

     - d'une dilatation ou contraction d'une partie de la machine liée à une variation de température…

On effectuera donc une analyse des causes d'influence dans le but de ramener Cpk à une valeur supérieure à 1.33.

Malheureusement, pour les pièces déjà produites, la seule solution est de les trier ou de faire une demande de dérogation.

2.3. Capabilités process Pp et Ppk

Les capabilités Cp et Cpk sont des « photos » à court terme de la distribution calculées sur un échantillon réduit de pièces successives. Aussi, afin de rendre compte des effets externes comme les usures d'outils et l'environnement de travail tout au long du processus, on évaluera les capabilités process Pp et Ppk (Fig. 73). Celles-ci ne sont rien d'autre que la mesure de Cp et Cpk sur une durée plus étendue (24 h au minimum).

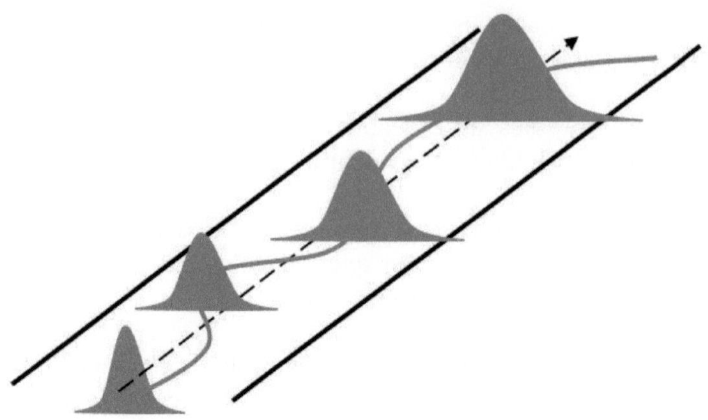

Figure 73 : Variation de Cp et Cpk au cours du temps

La capabilité Ppk tient compte de la précision intrinsèque de la machine, de la qualité du réglage et de tous les autres paramètres susceptibles d'altérer ces deux caractéristiques au cours du temps. C'est l'image de la production globale livrée au client. Sachant que sa valeur est une résultante de la variation du processus, le principe de la méthode MSP est de surveiller l'évolution de cette dernière afin de déclencher des alertes d'intervention pour corriger les dérives.

3. Carte de contrôle

Sur la figure 73, la largeur et la position de la distribution nous informent sur la stabilité de la machine et la précision du réglage. Néanmoins, sachant que nous utilisons des données numériques, ces deux informations sont rassemblées dans la valeur de Cpk sans qu'il soit possible d'en extraire le facteur majoritaire. Aussi, pour découpler l'influence des deux sources de variabilité et permettre une lecture aisée par le personnel de production, la méthode MSP propose un suivi graphique bimodal moyenne / étendue (Fig. 74)[70].

---

[70] Maurice Pillet, *Appliquer la maîtrise statistique des processus MSP/SPC*, éd. d'Organisation, 4ème édition, 2008, p. 44.

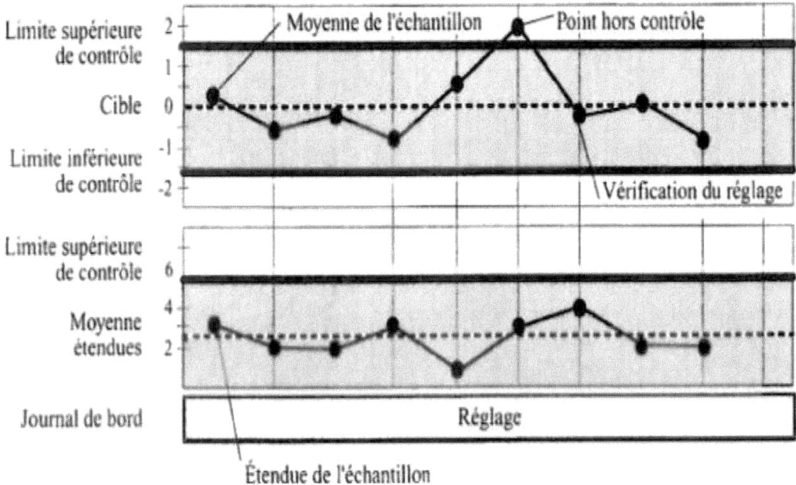

Figure 74 : Carte de contrôle moyenne / étendue

Sur la base de prélèvements réguliers dont la grandeur et la fréquence sont à déterminer, on construit deux graphes superposés :

- Sur le premier, on reporte la moyenne $\overline{X}$ des mesures des échantillons prélevés, image du réglage du procédé de production.

- Sur le deuxième, on en reporte l'étendue R (de l'anglais « range ») qui est la différence entre la valeur la plus élevée et la valeur la moins élevée de l'échantillon. Elle caractérise en quelque sorte l'écart type ou variabilité de la capabilité instantanée du procédé.

Les seuils d'alerte sont définis par des limites de contrôle qui sont calculées de la manière suivante :

- Limite Inf. carte $\overline{X}$ = cible - A2 $\times \overline{R}$
- Limite Sup. carte $\overline{X}$ = cible + A2 $\times \overline{R}$
- Limite Inf. carte R = D3 $\times \overline{R}$
- Limite Sup. carte R = D4 $\times \overline{R}$

où $\overline{R}$ est la moyenne des valeurs de R mesurées pendant une phase d'observation préalable, et A2, D3 et D4 des coefficients dépendants de la taille n des échantillons (Fig. 75)[71].

---

[71] Ibid. note 70, p. 57.

n	2	3	4	5	6	7	8	9	10
A2	1.88	1.08	0.73	0.58	0.48	0.42	0.37	0.34	0.31
D3	-	-	-	-	-	0.07	0.14	0.18	0.22
D4	3.27	2.57	2.28	2.11	2.00	1.92	1.86	1.82	1.78

Figure 75 : Coefficients pour le calcul des limites de contrôle

On constate que les limites de contrôle dépendent de $\overline{R}$ qui est l'image de la dispersion naturelle des échantillons. Par contre, elles sont indépendantes des tolérances spécifiées sur les plans techniques (dans la mesure où ces tolérances sont supérieures aux limites de contrôle).

Une fois les limites établies, on remplit les cartes de contrôle et on intervient dès que l'un des points en sort pour ramener la moyenne ou l'écart type sur la cible.

4. Mise en place de la MSP dans l'atelier

La tendance actuelle étant encore et toujours à la digitalisation, la MSP n'y échappe pas. Les appareils de contrôle sont dans ce cas connectés à un ordinateur équipé d'un logiciel ad hoc pour traiter les données recueillies. L'avantage de cette numérisation est de pouvoir effectuer des statistiques sur les moyens de production afin, par exemple, d'optimiser les fréquences de contrôle. Néanmoins, la plupart du temps ce type d'analyse est réservé à des entreprises de taille suffisamment importante qui sont les seules à disposer de ressources pour exploiter les données.

D'autre part, pour des flux de production comportant plusieurs étapes, le résultat d'une opération a généralement une influence sur celui des suivantes. Aussi, la consultation online des données de production pourrait être une aide précieuse pour orienter le réglage des machines des procédés successifs. L'expérience montre que cela est rarement le cas. La faute à un environnement de production le plus souvent non adapté, au manque de formation, au manque d'équipements informatiques et au temps que demande une recherche systématique.

Ainsi, la plupart du temps, ces logiciels sont uniquement utilisés pour s'assurer de la conformité de la production à chaque étape du processus.

Cependant, même si les pièces sont conformes, c'est-à-dire que leurs caractéristiques (dimensionnelles par exemple) respectent les exigences demandées, ces dernières peuvent se situer dans le bas ou le haut de la plage de tolérance, de sorte que cette information est utile pour optimiser le réglage des opérations ultérieures. Aussi, dans le but d'aider les collaborateurs dans la réalisation des tâches successives du processus de production, il est vraiment dommage de ne pas exploiter davantage les données amont vers l'aval sachant que, rappelons-le, la dérive est inéluctable.

Une première solution simple est de faire suivre les cartes de contrôle des caractéristiques ayant une influence sur les étapes suivantes avec les ordres de fabrication.

Dans le cas où l'entreprise aurait déjà fait le pas de la transition numérique, il sera possible d'effectuer cette transmission de données sur un support dématérialisé.

Dans le cas contraire, il est encore aujourd'hui très efficace d'utiliser des cartes de contrôle moyenne/étendue remplies manuellement. Cette solution est idéale pour les petites et moyennes entreprises qui disposent de moyens limités.

Se pose alors la question de la fiabilité des données reportées manuellement par les opérateurs. Ceci est un faux problème, pour plusieurs raisons :

- Il faut présenter les cartes de contrôle non pas comme une contrainte mais comme une aide précieuse pour les collaborateurs qui peuvent beaucoup mieux piloter et organiser leur travail. Ils n'ont donc aucun intérêt à tricher dans la saisie des données.

- Si cela arrivait, on détecterait l'erreur ou la tricherie au cours de l'une des opérations suivantes.

- Le risque de fraude n'est pas plus élevé qu'avec un système numérique avec saisie automatique où il est parfaitement possible de contrôler plusieurs fois la même pièce (expérience déjà vécue !).

C'est un travail de terrain et de longue haleine que d'introduire l'autocontrôle dans les ateliers. L'une des méthodes pour y parvenir est de simplifier au maximum le reporting. L'utilisation de cartes de contrôle manuelles qui suivent tout le processus de production est alors un exercice pédagogique préalable nécessaire à une saisie informatisée. Avec l'expérience, je tire le bilan que cette étape est, comme pour l'introduction d'un MES, fondamentale.

5. Travail en lots

Dès que le technicien intervient sur sa machine, que ce soit pour effectuer un réglage ou affûter un outil, la distribution va se déplacer. Dans certains cas, si le processus de production aval est très sensible au centrage des caractéristiques (dimensionnelles ou autres), il est indispensable de séparer les pièces entre deux réglages même si la production reste dans les limites des tolérances demandées et que la quantité de l'ordre de fabrication n'a pas été atteinte. On parle ici de fabrication par lots.
Par la suite, on fait suivre la feuille d'autocontrôle avec le lot concerné pour que les techniciens en aval du processus de production puissent régler leurs machines de manière optimale.
Afin de terminer la production de la quantité kanban ou atteindre le taux de couverture souhaité, on reprendra la production avec une nouvelle carte MSP, liée à un nouveau lot. De la sorte, à un ordre de production donné, peuvent être rattachés plusieurs lots, avec chacun sa carte MSP.

Remarque : nous pourrions penser qu'en investissant dans des technologies très précises et très chères, nous pourrons nous assurer d'une fabrication « parfaite ». Malheureusement, ceci n'est pas possible dans la mesure où, rappelons-le, tous les processus sont intrinsèquement entropiques. Leurs caractéristiques suivront donc dans tous les cas une distribution normale et la seule chose que l'on pourra espérer obtenir sera d'améliorer la capabilité machine Cp.

Pour terminer sur cette entrée en matière relative à la méthode MSP, rappelons que son principe de base est de compenser les dérives naturelles d'un procédé autour d'une valeur cible.

Cette méthode est très efficace quand les capabilités machines intrinsèques sont suffisamment élevées pour permettre des boucles correctives.

Dans le cas contraire, les deux premiers réflexes seront de :

- Remettre en cause les exigences sur la précision recherchée. Négocier alors avec le Bureau Technique pour augmenter les intervalles de tolérance.

- Si cette demande est refusée, nous n'avons pas d'autre choix que d'intervenir sur le processus pour le rendre capable : modification ou remplacement d'une machine, de son environnement, de la méthode de travail, de la matière utilisée, etc.

Malheureusement, dans d'autres cas, si les exigences techniques sont vraiment trop élevées par rapport aux moyens techniques à disposition, les capabilités deviennent insuffisantes et il n'est plus possible d'appliquer la MSP. La seule solution qui se présente est alors le tri.

Cette problématique de machines en limite de performance se rencontre dans la manufacture de certains composants ou assemblages de haute précision comme peut en proposer l'horlogerie.

Pour tenter de nous sortir de cette impasse, nous avons imaginé une nouvelle approche de la maîtrise des procédés industriels, décrite dans le prochain chapitre :

la méthode de Compliance De Classes (CDC).

Chapitre 14
Méthode de Compliance De Classes (CDC)

1. Compensation des dérives

Dans tous les ouvrages, la méthode MSP insiste sur le centrage des caractéristiques autour d'une cible et sur la réduction de la largeur des distributions gaussiennes, selon le modèle de la loi de Faraday-Lenz vu au chapitre 2.

Prenons l'exemple de pièces de révolution réalisées sur un tour automatique. En fonction du type de technologie utilisée, les trajectoires des outils d'usinage (en carbure de tungstène) sont définies par des programmes mécaniques ou numériques correspondant à la forme des pièces à produire.

Malgré leur dureté très élevée, ces outils vont s'user au cours du temps, réduisant d'autant leur zone active. Conjointement, la quantité de matière retirée diminue progressivement et les dimensions des pièces augmentent.

Pour compenser ce phénomène, le but de la méthode MSP est que l'opérateur puisse détecter le seuil d'intervention pour corriger la machine manuellement.

Mais est-ce toujours envisageable, et quel est le prix à payer ?

Eh bien, cela dépend, comme nous allons le voir maintenant, de la stabilité du système.

1.1. Dérives lentes

Dans un atelier de machines automatiques, l'objectif est que celles-ci puissent travailler avec le minimum de surveillance durant la semaine et le week-end ; l'autonomie requise est donc de 72 h.

On qualifiera de lente, une dérive dont la fréquence de correction est compatible avec les horaires du personnel de production (Fig. 76).

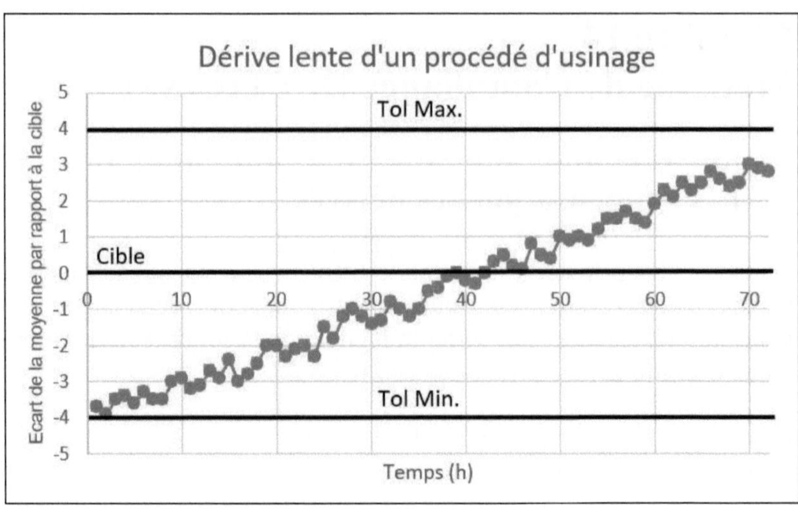

Figure 76 : Dérive lente d'un procédé d'usinage

<u>Remarque</u> : sur cet exemple, nous avons considéré une dérive pseudo-linéaire pour simplifier l'illustration, même si ce n'est pas toujours tout à fait le cas.

La courbe ci-dessus a été effectuée avec des échantillons de 5 pièces. La valeur de $\overline{R}$ calculée au cours de la phase d'observation étant de 2.75 µm, on obtient des limites de contrôle à ± 1.6 µm (Fig. 77).

Dans ce cas de dérive lente, la méthode MSP assure un bon centrage et des composants de qualité. Par ailleurs, elle engendre ici un réglage toutes les 30 h environ, ce qui reste très acceptable ; sauf le week-end, pour lequel le responsable décidera soit d'attribuer des ressources en personnel, soit d'arrêter les machines le samedi soir, si la charge de l'atelier le permet.

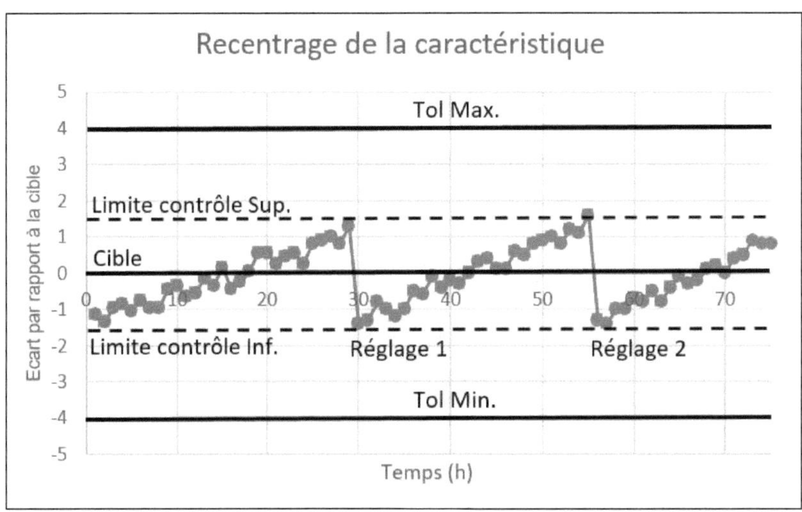

Figure 77 : Recentrage de la caractéristique par la méthode MSP

1.2. Dérives rapides

Dans d'autres cas, la dérive naturelle journalière se répartit sur la quasi-totalité de l'intervalle de tolérance (Fig. 78), traduisant une capabilité du processus global Pp insuffisante.

En appliquant les règles de recentrage de la méthode MSP à ce type de dérive, il faudrait intervenir sur la machine toutes les 8 h environ, ce qui implique une organisation du travail en 3 équipes.

Une solution efficace serait alors de compenser l'usure des outils de façon dynamique en corrigeant la position de ces derniers de manière automatique.

Malheureusement, cela n'est pas possible à mettre en application sur une machine conventionnelle fonctionnant avec des cames.

Certains modèles numériques le permettent. Le problème est qu'ils sont beaucoup plus chers et pas nécessairement aussi productifs que des machines à cinématique mécanique.

De plus, la dérive n'étant pas toujours linéaire et constante dans le temps, il n'est parfois pas facile de l'anticiper. On devrait alors se tourner vers une mesure automatique des pièces dans le moyen de production, mais leurs très petites dimensions et l'environnement huileux nous confrontent à des développements technologiques très pointus.

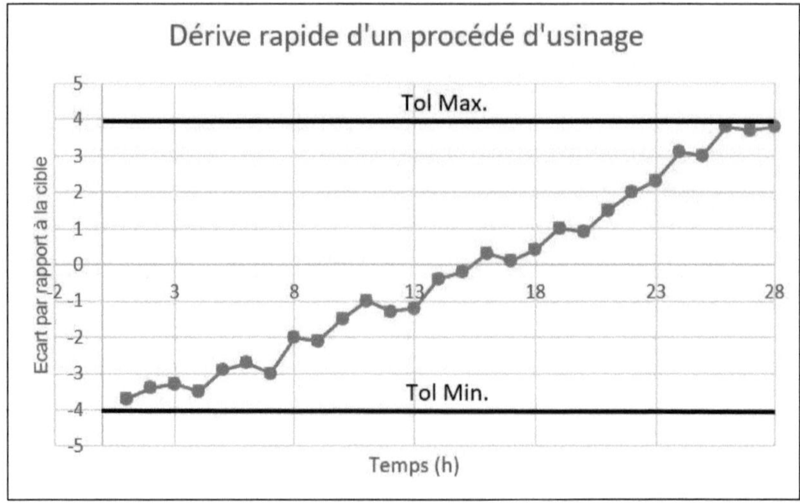

Figure 78 : Dérive rapide d'un procédé d'usinage

Nous allons maintenant emprunter une nouvelle voie pour tenter de résoudre avec peu d'investissements cette problématique de capabilité Pp insuffisante.

2. Vers une organisation en classes

Quand nous nous promenons dans la forêt, nous ne sommes pas surpris de constater que celle-ci est composée de multiples essences plus jolies les unes que les autres et que, si tous les spécimens se ressemblent, aucun n'est parfaitement semblable à un autre.
Chez les populations animales et humaines c'est la même chose.
Ainsi, contrairement aux produits issus de notre imagination que nous cherchons à reproduire à l'identique, la Nature s'autorise des dérives qui font que chaque « produit » d'une famille est unique.

Partant de cette observation, nous avons imaginé une approche de gestion de la qualité légèrement différente de la méthode MSP, tout en gardant comme objectif d'obtenir un produit conforme à la fin.

2.1. Des classes naturelles

Une classification est une division permettant de séparer une population d'individus ou de données en groupes distincts, appelés classes.

La règle de classification obéit dans la plupart des cas à un seul critère, mais on peut également en envisager plusieurs (ex : âge et sexe pour un groupe de personnes).

Quand on l'observe bien, on constate que le Monde est organisé en classes. Chez les humains, on parle de classes d'âge, de classes sociales. On distingue les hommes, les femmes, les enfants. Les langues et les coutumes propres aux pays, aux régions, créent par ailleurs autant de niveaux, autant de sous-classes.

Les animaux et les insectes ne sont pas en reste, leurs sociétés étant elles aussi structurées en groupes distincts.

2.2. Compatibilité de classes

Sur la Terre, les individus des différentes espèces se réunissent en communautés, en tribus, en couples, selon une approche sélective répondant au principe de compatibilité. C'est ce principe qui assure la stabilité des caractéristiques intrinsèques à chaque espèce dans le temps. On ne peut rien à cet état de fait. D'ailleurs, si cette sélection est probablement réalisée de manière inconsciente, elle n'en demeure pas moins réelle.

Voyons maintenant comment cette notion de compatibilité de classes peut être appliquée à un procédé de production, et à celui d'un assemblage de deux composants en particulier.

Revenons à l'exemple de notre fil rouge, la fabrication d'un mobile horloger, issu de l'assemblage d'un pignon et d'une roue.

Sachant que les rouages d'une montre doivent assurer des fonctions majeures pendant des dizaines d'années de service, il est indispensable qu'ils soient robustes. L'interaction ou serrage entre la roue et le pignon est fondamentale : ni trop faible, car dans ce cas la tenue est insuffisante ; ni trop forte, car cela peut engendrer une déformation de la roue.

Dans les technologies de haute précision comme l'horlogerie, l'assemblage des composants présente une sensibilité dimensionnelle de quelques microns. Le Bureau Technique doit alors accepter un compromis pour calculer les intervalles de tolérances de chacune des deux pièces pour, d'une part, prendre le minimum de risques pour l'intégrité du produit final et, d'autre part, s'assurer que la fabrication des composants reste possible. Toutefois, malgré tous ces efforts, la sécurité de l'assemblage n'est pas toujours assurée, notamment quand les cotes fonctionnelles des deux composants se situent dans les extrêmes opposés (alésage roue dans le maxi et diamètre pignon dans le mini, et inversement), comme l'illustre la figure 79.

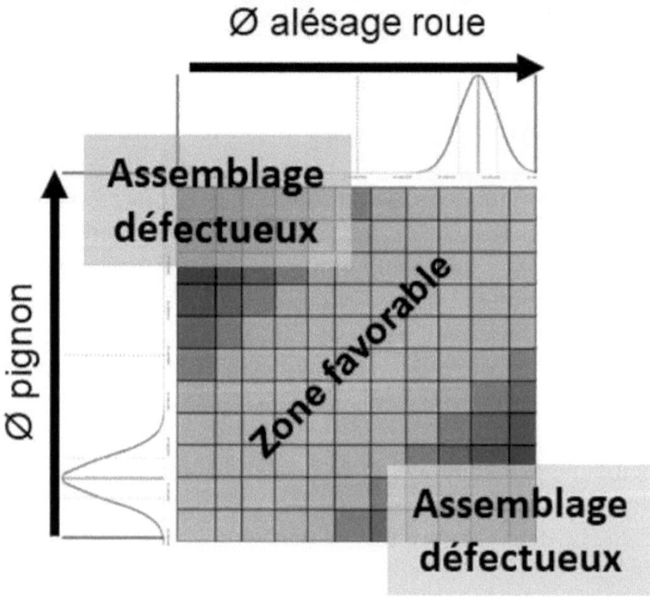

Figure 79 : Sensibilité de l'assemblage au centrage des distributions

À l'inverse, il est très intéressant de noter que les conditions d'assemblage sont favorables quand les deux distributions se situent dans les mêmes extrêmes (roue et pignon dans le mini ou dans le maxi).

Au final, au-delà des valeurs absolues des caractéristiques, on comprend que ce sont surtout leurs valeurs relatives qui sont déterminantes. Partant de ce constat, nous avons imaginé une méthode de compliance de classes qui consiste, comme son nom ne l'indique pas forcément, à appairer des populations compatibles.

Reprenons à présent la distribution de la figure 78 pour laquelle, rappelons-le, la quasi-totalité de l'intervalle de tolérance est couvert en 24 h. S'il s'agit d'une pièce horlogère utilisée dans un assemblage sensible comme peut l'être un pignon de mobile, il est nécessaire de réduire la largeur de sa distribution gaussienne.

Comme la méthode de recentrage MSP engendre une fréquence d'intervention trop élevée, l'autre solution consiste à laisser la production se poursuivre sans correction, et de séparer les pièces selon trois lots (ou classes) C1, C2, C3 consécutifs recouvrant chacun 1/3 de l'intervalle de tolérance (Fig. 80).

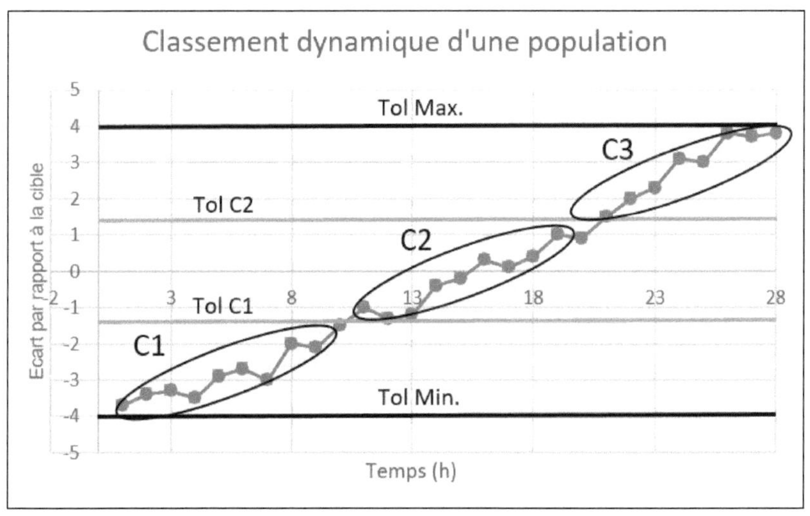

Figure 80 : Séparation d'une population en 3 classes distinctes

Dans l'idéal, pour des questions pratiques et économiques, il faudrait que cette méthode s'appuie sur une séparation automatique des pièces dans le temps, cette dernière pouvant par exemple être effectuée en intégrant des séparateurs rotatifs aux machines.

Une fois le tri réalisé, il ne reste ensuite plus qu'à assembler chacune des classes du premier composant avec la même classe de la pièce antagoniste.

La figure 81 représente un exemple de superposition de deux classes d'un lot de pignons (diamètre de chassage) sur deux autres classes de d'un lot de planches (alésage) pour réaliser un mobile horloger.

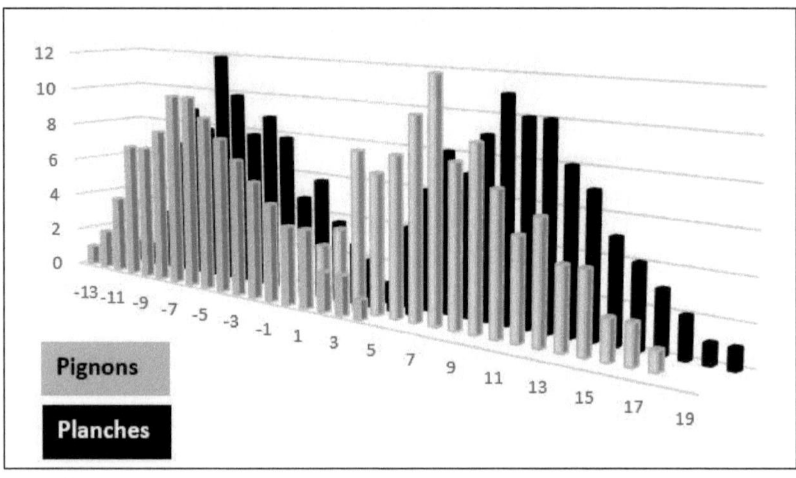

Figure 81 : Superposition de deux distributions de roues et de pignons

Grâce à cette méthode, nous pouvons raisonnablement envisager obtenir un assemblage robuste, à la condition de bien séparer les classes des différents composants et de les appairer deux à deux selon le principe de compatibilité.

On parle alors d'appairage ou compliance de classes CDC.

2.3. Le fort aide le faible

Rappelons que, dans la Nature, les forts aident les faibles[72] et appliquons maintenant ce principe à la méthode de compliance de classes.

Considérons l'assemblage d'un composant A avec un composant B. L'expérience montre qu'il y a (presque) toujours l'un des deux composants qui est plus facile à produire que l'autre, par exemple A par rapport à B, de sorte qu'il est plus aisé d'adapter les dimensions de A sur celles de B que l'inverse.

Dans ce type de situation, le principe est que le fort (A) aide le faible (B). Ainsi, s'il se présente que l'on a un déficit important d'une classe CA_1 d'un composant A par rapport à la même classe CB_1 du composant B, la solution sera de régler la machine sur demande pour produire la classe CA_1 en quantité suffisante afin que l'on puisse utiliser tous les composants CB_1.

Dans l'exemple de notre fil rouge, la maîtrise de l'alésage de la roue effectué par découpage est plus simple que celle du diamètre de chassage du pignon réalisé par décolletage. Aussi, la solution serait d'avoir plusieurs jeux de poinçons et matrices (en général trois suffisent) présentant quelques microns de différence afin de pouvoir adapter les volumes respectifs des classes de planches à ceux des classes de pignons déjà mises en stock.

2.4. Des lots qui ont de la classe

Je vous propose maintenant de revenir à la fabrication d'un simple composant, indépendamment du fait qu'il soit ou non assemblé ultérieurement avec un autre.

Dans le paragraphe 5 de la page 268, nous avions relevé l'avantage de travailler par lots de production, surtout si la gamme de travail est constituée d'une succession de tâches dont le niveau de qualité dépend

---

[72] Voir chapitre 8, §1., p. 143.

fortement de l'homogénéité des caractéristiques amont (comme le roulage dans notre fil rouge).

L'application de la méthode CDC va encore plus loin. En effet, si la gestion traditionnelle par lots nous permet de ne pas mélanger des volumes de production impactés par des événements ponctuels de dérive immédiate comme un réglage ou une casse outil, elle ne nous dispense pas cependant de la dérive progressive inéluctable à tout processus continu. Concrètement, la démarche consiste alors à séparer les lots en classes par la méthode CDC. On pourra ensuite mélanger les mêmes classes de plusieurs lots entre elles afin d'obtenir la quantité économique requise pour l'opération aval. La granulométrie de tri sélectif est ainsi plus élevée, facilitant d'autant le réglage et la bienfacture pour la suite des opérations.

3. Avantages et limites de la méthode CDC

3.1. Avantages

Le concept de la méthode CDC s'est construit par nécessité. Nous étions alors confrontés à des difficultés de mise en place de la méthode MSP dans la sphère de l'horlogerie ; domaine pour lequel les exigences sur la précision de pièces fabriquées avec des procédés dits traditionnels sont les plus élevées.

Son principe est finalement assez simple : au lieu de nous acharner à essayer de ramener les caractéristiques sur leur cible (méthode MSP), on laisse dériver le processus de manière naturelle et on sépare au cours du temps la population en classes distinctes. Dans les applications rencontrées, trois classes suffisent, chacune d'entre elles se répartissant sur le tiers de l'intervalle de tolérance.

Cette méthode permet de faire d'une pierre deux coups, avec une meilleure maîtrise des différentes opérations propres à la fabrication des composants de précision, à leur assemblage, tout en étant plus économique :

    - Les interventions sur les machines étant moins fréquentes, ceci permet de réduire les coûts en ressources humaines ;

- Il n'est pas nécessaire d'investir dans des moyens de production de haute précision que pourrait exiger la méthode MSP traditionnelle, pour laquelle le prérequis est d'avoir des capabilités de procédés élevées ;

- En outre, qui peut le plus peut le moins. Si ce n'était pas son but premier, cette approche n'est toutefois pas limitée au seul domaine de la micromécanique. On peut donc l'appliquer partout, du moment où l'on rencontre des difficultés à faire correspondre deux populations.

En synthèse, la méthode de Compliance De Classes permet la maîtrise d'un assemblage à moindre coût. C'est en quelque sorte un tri gratuit des pièces en cours de fabrication.

Afin de pouvoir déclencher le seuil de séparation des différents lots, elle nécessite au préalable la mise en place du contrôle en cours de fabrication via des cartes MSP.

3.2. Limites

Bien que cette méthode soit très efficace, elle est surtout limitée à des assemblages de deux composants car la complexité du modèle augmente rapidement avec le nombre de variables.

Comment faire dans le cas d'assemblages multi-composants ?

Nous avons dû nous frotter à cette problématique dans le cadre d'un projet d'amélioration de la qualité d'un micro-assemblage à trois composants, pour lequel la variabilité intrinsèque de chaque pièce nécessitait une correction en reprise du produit fini. Bien qu'étant automatisée, cette opération supplémentaire était quatre fois plus chère que l'opération d'assemblage, tout en présentant le risque d'endommager le produit.

Afin d'appliquer facilement la méthode CDC à cet assemblage tripartite, l'astuce fut de supprimer l'incidence de la variabilité de l'un d'eux. Pour y parvenir, nous avons revu la gamme d'usinage de ce dernier afin que ses zones fonctionnelles soient réalisées avec le même outil, neutralisant du même coup leurs variabilités relatives.

Une fois ce travail effectué, nous sommes revenus à un modèle simple à deux variables.

Finalement, la plus grande limite à l'application de la méthode CDC est qu'il est nécessaire que l'ensemble des composants en interaction soient organisés en classes ; c'est tout ou rien.
Aussi, dans la mesure où les caractéristiques fonctionnelles suivies ne sont pas uniquement utilisées en interne mais chez un client externe, il est nécessaire que ce dernier implémente la méthode ; ce qui n'est pas toujours possible, soit pour des questions culturelles, soit en raison de contraintes de service après-vente.

3.3. La CDC dans notre vie

J'adore les abricots. Mûris à point, mais pas trop. Pendant tout l'été, l'agriculteur va scruter le ciel, bichonner ses arbres et en prélever les fruits :
- les plus jeunes, encore pâles, finiront de rosir dans les cagettes des magasins ;
- leurs aînés, tachés de soleil, garniront les étals des marchés locaux ;
- juste au-devant des plus matures, parfaits pour les tartes ou les confitures ;
- quant aux plus abîmés, les plus flétris, ils livreront leurs arômes concentrés dans les alambics en cuivre des fabricants d'eau de vie.

Tant de paramètres influencent le degré de maturité : la météo, l'exposition du verger, la position des fruits dans l'arbre, la qualité de la taille d'automne, etc.

Chaque année, ce film défile devant nos yeux et nous n'en sommes point surpris. Au lieu de chercher à maîtriser la Nature rebelle, l'Homme respectueux l'observe et lui prélève à chaque instant ce qu'elle accepte de lui offrir. C'est un peu ça, la Compliance De Classes…

Conclusion

L'étude des sciences nous a permis de dégager des principes physiques universels qui régissent l'Univers :

- d'un côté, la dérive de tous les processus est incontournable, à l'origine de la Vie ;
- de l'autre, une compensation même partielle de l'augmentation de cette entropie fait qu'un ordre intrinsèque existe, même dans le Chaos ;
- enfin, la Théorie de l'Évolution suppose que les êtres vivants s'adaptent en permanence à leur environnement pour se développer.

Chaque fois que nous avançons dans les sciences, nous créons des ponts entre les différents courants épistémologiques de sorte que l'on prend de plus en plus conscience que l'Univers semble doté d'une structure interne dont les fondements sont universels.

L'observation de la Nature nous fournit des informations capitales quant à son organisation :

- prévalence du flux tiré et Just in Time ;
- décomposition des processus vivants en éléments simples ;
- développement de nouvelles espèces sur la base d'espèces existantes, standardisation ;
- absence de gaspillages ;
- compensation immédiate et systématique des dérives.

Le monde de l'Entreprise n'échappe pas à l'augmentation naturelle de son niveau de déséquilibre, que ce soit à cause de paramètres internes ou externes. Aussi, la même démarche que celle appliquée dans le Monde du Vivant doit être déployée dans les organisations humaines. Afin de servir au mieux nos clients, nous devons donc mesurer et compenser nos sources de dérive avec, en plus de l'application des quatre premiers principes tirés du monde naturel, l'utilisation d'outils simples mais diablement efficaces pour assurer le cinquième :

- indicateurs de performance QDC visuels et interactifs ;

- Kanban ou méthode CROM (mutation « natufacturée » du Kanban).
- MSP et CDC (mutation « natufacturée » de la MSP) ;

La présence sur le terrain des managers est un prérequis indispensable pour qui souhaite atteindre rapidement des résultats durables. C'est une question de volonté et de méthode et il n'est, dans un premier temps, pas nécessaire d'investir lourdement dans des ressources humaines ou machines.
Malheureusement, c'est quand tout va mal que les managers décident de « faire quelque chose ». Il est parfois trop tard et la crise n'est souvent qu'un révélateur d'une situation déjà fragile. Il faut donc anticiper les crises, voire les provoquer. Ainsi, même quand la santé de l'entreprise semble au beau fixe, posons-nous continuellement deux questions, à tous les niveaux de l'organisation :
- Quel est le goulot, le maillon faible ?
- Comment puis-je l'éliminer en simplifiant le processus ?
Ces deux questions résument à elles seules la philosophie du Natufacturing.

Néanmoins, restons modestes : le modèle parfait n'existe pas, dans les sciences comme en gestion d'entreprise. Aussi, comme pour la vitesse de la lumière, ne dépensons pas trop d'énergie à nous en approcher dogmatiquement, car on ne pourra jamais l'atteindre.

Plus généralement et au-delà du champ d'action industriel, le Natufacturing est un courant de pensée. Celui-ci peut nous amener à prendre conscience de notre impact environnemental de manière à agir directement et individuellement afin de le réduire. Son application sur le terrain dans le monde professionnel pouvant être le parfait vecteur didactique pour travailler nos réflexes naturels oubliés.

J'espère sincèrement que ce livre pourra vous accompagner dans vos différentes activités ou réflexions.

Bibliographie

- CHARDONNET André et THIBAUDON Dominique, *Le guide du PDCA de Deming*, éd. d'Organisation, 2e tirage, 2003
- ECKES George, *Objectifs Six Sigma*, Village Mondial, 2012
- GALFARD Christophe, *L'Univers à portée de main*, Flammarion, 2015
- GLEICK James, *La Théorie du CHAOS*, Flammarion, coll. « Champs Sciences », 1991
- GOLDRATT Eliyahu M. et COX J., *Le But*, Afnor, 2011
- HAWKING Stephen, *Une brève histoire du temps*, Flammarion, coll. « Champs Sciences », 2008
- HAWKING Stephen, *Une belle histoire du temps*, Flammarion, coll. « Champs Sciences », 2009
- HEISENBERG Werner, *La partie et le tout*, Flammarion, coll. « Champs Sciences », 2010
- KLEIN Étienne, *Discours sur l'origine de l'Univers*, Flammarion, coll. « Champs Sciences », 2012
- LAUNAY Mickaël, *Le grand roman des maths*, Flammarion, 2016
- MANCUSO Stefano et VIOLA Alessandra, *L'intelligence des plantes*, Albin Michel, 2018
- MANDELBROT Benoît, *Les objets fractals – Forme, hasard et dimension*, Flammarion, coll. « Champs Sciences », 1995
- MONOD Jacques, *Le hasard et la nécessité*, éd. du Seuil, coll. « Essais », 1970
- PILLET Maurice, *Appliquer la maîtrise statistique des processus MSP/SPC*, éd. d'Organisation, 4ème édition, 2008
- PILLET Maurice, *Six Sigma*, éd. d'Organisation, 2004
- POINCARRÉ Henri, *La Science et l'hypothèse*, Flammarion, coll. « Champs Sciences », 2014
- PRIGOGINE Ilya, *Les lois du chaos*, Flammarion, coll. « Champs Sciences », 2008
- OHNO Taiichi, *Toyota Production System : Beyond Large-Scale Production*, Productivity Press, 1988

- REEVES Hubert, *Patience dans l'azur*, éd. du Seuil, coll. « Points », 1988

- de SAINT-EXUPÉRY Antoine, *Le Petit Prince*, Gallimard, 1999

- SCHOPENHAUER Arthur, *De la Volonté dans la nature*, Presses Universitaires de France, Quadrige, 3ème édition, 2017

- SCHOPENHAUER Arthur, *Le Monde comme volonté*, Ellipses, 2015

- STAUNE Jean, *Notre existence a-t-elle un sens ?*, Pluriel, 2017

- STEWART Ian, *La chasse aux trésors mathématiques*, Flammarion, coll. « Champs Sciences », 2014

- SUN Zi, *L'art de la guerre*, Economica, 2012

- TRINH XUAN Thuan, *Le Chaos et l'Harmonie*, Gallimard, coll. « Folio Essais », 1998

- Magazine « Comment ça marche », *Tout le savoir : les secrets de l'Univers*, Jan/Fév/Mars 2016

- Revue « La Revue POLYTECHNIQUE », *Décolletage et taillage dans l'Arc jurassien*, Avril 2017

- Journal « Le Temps », *Un nouveau regard sur l'Univers*, Lausanne, 12.02.2016, n°5431

- Site d'horlogerie, page sur la description d'une montre
Disponible sur : https://www.horlogerie-suisse.com/horlomag/jsh-technique/0050/description-de-la-montre-suisse-a-l-usage-personnel-de-vente-des-magasins-d-horlogerie-3eme-partie

- Site de l'entreprise Infoteam Automation
Disponible sur : https://automation.infoteam.ch